愛欲正見

愛欲正見

愛欲正見

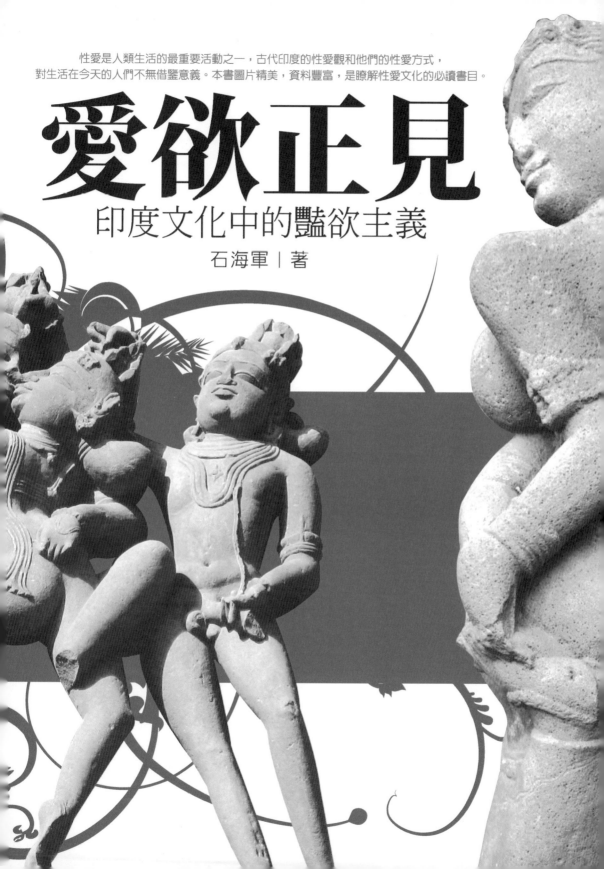

性愛是人類生活的最重要活動之一，古代印度的性愛觀和他們的性愛方式，對生活在今天的人們不無借鑒意義。本書圖片精美，資料豐富，是瞭解性愛文化的必讀書目。

愛欲正見

印度文化中的豔欲主義

石海軍｜著

概要

 第一部
重要典籍

目錄

第二部
旁門左道

第三部
神靈諸相

目錄

**第四部
生活百態**

第五部
性愛與藝術

概要

　　早在西元三〇〇至五〇〇年，具有性愛寶典性
質的《欲經》在印度應運而生。在作者犢子氏看
來，性愛是複雜的遊戲，可以在多種層面上展開，
針對各種女人，性愛的花樣也各不相同，《欲經》
對此做出了詳細的劃分和精緻的描述。拋去其繁瑣
的性愛花樣分類，我們看到犢子氏對性愛的基本態
度是：性愛並不是情和欲的氾濫，而是要克制自我
的激情，要在對自我情欲的嚴格控制之下，才能享
受到真正的性愛。據說，犢子氏正是在進行嚴格的
禁欲後，才創作了《欲經》。和我們一般的想像不
同，性愛雖然是溫柔與激情交織的生活藝術，但犢
子氏卻認為，性愛的最高境界是淡然無情。這種觀
點多少讓人覺得匪夷所思，但從印度密教的角度，
則是司空見慣。

　　在大多數的宗教中，愛常常被神聖化，與愛相
關的性，則基本上被抑止並消失不見。而印度密教
在將性事神聖化的同時，與性相關的愛不僅沒有被
神聖化，反而成了性的對立面而被加以抑止。在密
教經典中，愛不起什麼作用，密教特別強調對各種
關係形式，包括心理和社會意義上的愛的拒絕，人
類感情意義上的愛，對於修行密教的人來說是完全

不能相容的，因為愛是一種感情或激情，是非常個性化的行為，只有自私者才會愛；而密宗則將性愛從個人和社會中獨立出來，認為不帶情感、不帶功利的世俗的性行為才是最神聖的，性愛的最高境界在於：淡然無情。因此，密教儀式中的性事並不表現為激情，而是一種非個性化的行為，它是一種無狀態的心靈狀態和渾然一體的自我，是一種真正意義上的愛：無愛。

或許正是與此相關，佛教密宗中的女性神在形象上，多半表現出怪異的特徵，密教中女性形象的塑造不僅不美，而且是以醜與惡為其典型特徵，目的可能與密教對情愛的拒絕有相當的關係。宗教文化在對性行為進行非難時，常常將女色與醜陋、邪惡和死亡聯繫在一起，使人們在心理和感情上，對性感到厭惡、恐懼。密教因為是沉醉於性，所以它也沉醉於與性相關的醜陋、邪惡和死亡。密教試圖超越美與醜、善與惡的界限，從而使性愛變成一種純潔而自由的行為。而與情愛相結合的性行為，常使人們在專一的感情中變得自私、狹隘甚至麻木，因為愛情常常是一個排斥他人的小天地。

密教的這些看法不是空穴來風，而是從古印度文化中自然生成的。古印度文化多將性愛看成一種人生遊戲。在這種遊戲中，女人不僅是欲望和享樂的化身，也是享樂的對象，女人渴望於男人的與男人渴望於女人的都是享樂。因此，男人不要將女人視作永恆或美的化身，西方文化中的聖母或永恆的女性美，在古印度文化中是找不到蹤影的。古印度文化認為，性愛遊戲誕生於人們過剩的精力，而這種遊戲的樂趣和奧祕恰恰在於，性愛中的男女要保持精力旺盛，否則，性愛便不是一種遊戲而是令人筋疲力盡的身體耗損。女人是欲望的化身，她們在性愛方面的旺盛精力是天生固有的，就像木柴一樣會越燒

越旺。男人與女人不同，要想使性愛充滿樂趣，男人就要克制自己，尤其不要對女人產生愛與激情，因為這二者是性愛遊戲的大敵，只有克制情，引導著欲，男人才能保持活力。從印度神祕主義文化的角度說，男女性愛是陰陽二氣在男女雙方身體內相推相摩、交互激盪的過程，性事的高妙之處在於，能夠使陰陽二「氣」處於合和的狀態，使男女雙方的體內充溢著盈實、圓滿之感。

　　早期印度佛教曾竭力排斥人的性行為，將性愛從僧侶們的生活中排除。僧侶們習慣將身體視為由鮮血、各種體液、糞便和骷髏構成的令人厭惡的整體，將來必會解體。但密教即坦陀羅卻反其道而行，將人的身體比作一艘可以渡過苦海的大船，是眾生藉以解脫的根本依靠和手段。密教認為，在我們有限的生命中隱藏著無限和永恆，人最崇高的價值在於愛，但愛若停留於精神層面，便會在靜止不動之中逐漸枯竭，人們的身體總是渴望性愛，性愛體現的雖然是欲望和激情，但卻是通向崇高和解脫的必經之路。

　　顯然，印度密教是一種極端形式的唯身論（也譯作身諦或身論，即關於身體的真論或真諦），可以說是「我者無它，身體而已」，如果說世界上有什麼神聖的東西，便是身體了。正是基於這種認識，密教使印度宗教發生翻天覆地的變化。至少在西元五、六世紀，色情奧義化已經成為印度社會生活中存在的普遍現象，豔欲主義在印度文化的發展中占據了主導地位，長達數百年之久，直到西元十世紀之後，隨著伊斯蘭教入侵，豔欲主義逐步演變成印度文化潛流，變得面目全

非;而在近代歷史中,經過英國清教主義的洗禮,加上甘地主義的改造,印度似乎早已失去了真正的豔欲主義文化傳統。

與此同時,自十九世紀下半葉以來,有越來越多歐洲人聲稱他們相信印度宗教,他們對瑜伽和印度神祕文化的興趣不減。在當今世界,佛教廣泛傳播,大有復興之勢,但大多數學者認為,佛教的復興主要是佛教密宗,也就是藏傳佛教的復興。在西方,人們對密教充滿更多興趣,主要是因為密教更關注於個人生活:密教使印度宗教複雜化、神祕化的同時,也使印度的宗教(包括佛教)世俗化、普遍化了,使宗教的真諦變成生活的真諦。

深受印度古代文化,尤其是奧義書和佛教思想的浸染,叔本華從人之欲望的角度來認識生命存在的意義。認為人生是在痛苦和無聊之間,像鐘擺一樣來回擺動的過程。叔本華的思想直接影響了尼采,而尼采的思想又直接啟迪了傅科,傅科一生都在努力進行一場偉大的尼采式探索:「我何以活著?我該向生活學習什麼?我是如何變成今天這個我?我為何要為做今天這個我而受苦受難?」他對於性的問題尤感興趣,因為性實際上是人的欲望最直接的體現。「這麼多世紀以來,在我們的社會中,把性與真理的追求連接在一起的線索是什麼……在我們這樣的社會,性為什麼不是一種簡單的對種族、家庭和個人進行再生產的手段?為什麼它不單單是獲取快樂和享受的手段?為什麼性最終被認為是我們最『深刻』的真理藏身和表白的地方?」古印度文化實際上也一直在探討這些問題,而且非常深入,甚至超乎現代人的想像。

第一部 重要典籍

性愛源流

　　《欲經》（*kamasutra*）大約出現在西元三世紀下半葉，一般認為作者是犢子氏（Mallanaga Vatsyayana，音譯筏蹉衍那）。這是一部關於性愛生活藝術的典籍，涉及到如何找到性愛對象，如何與性愛對象和諧相處，在婚姻中如何處於主導地位，如何與高等妓女交往或做高等妓女，以及關於性愛的情味和各種性愛姿勢，也涉及到性愛的各種習俗和心理等等。它主要是反映當時印度北部城市（靠近現在的巴特納城）有閒階層的生活情調，用古印度語言梵語寫成。

　　在犢子氏之前，巴伯拉維亞（Babhravya）曾就性愛生活藝術寫下一部著作。但這部著作已經失傳，按《欲經》的說法，巴伯拉維亞的著作由一百五十個章節組成，共分七大部分，篇幅很長，犢子氏刪繁就簡，將其濃縮為《欲經》。在《欲經》中，我們知道，在巴伯拉維亞之前，南帝克什瓦爾（Nandikeshvara）和烏達蘭克·什瓦特凱圖（Uddalaka Shvetaketu）等人，已寫下專門探討性欲問題的著作。巴伯拉維亞只是借鑑了這些著作寫

就《欲經》，而犢子氏的《欲經》是對巴伯拉維亞《欲經》的縮編和改寫。在此，犢子氏表現的也許是一種尚古的心理傾向，其意在說明古印度對於性欲、性愛問題的關注由來已久，性愛作為一種生活藝術可謂源遠流長。

事實確實如此，雖然《欲經》之前的性愛著作已無法考察，但《欲經》之後依然出現很多相關著作。

一方面，人們津津有味地對《欲經》一書進行闡釋，出現了很多注解本。《欲經》是微言大意，後世對它的理解常常出現歧異，因此出現各種注解本，其中最著名的是西元十一至十二世紀耶學特拉的注解本，它不僅對《欲經》進行注解，而且還做出相應的闡發，對《欲

▼印度卡朱拉霍寺廟，美女與怪獸，10~11世紀

經》的研究具有極為重要的意義。二十世紀也有如達維達特・夏斯德里（Devadatta Shastri）等著名學者對此書進行注解。這些注解本使得《欲經》經典著作的地位達到鞏固。至今，印度對《欲經》的各種注解和改寫本幾乎年年翻新，其中有的是學術研究，而大部分則是胡亂拼湊。

另一方面，受《欲經》的啟示，古印度不斷出現豔欲學方面的著作，其中較有名的是：

一、達摩達拉笈多（Damodaragupta）關於妓女生活的《妓女的經驗》（*Kuttanimata*）。它主要講述的是：妓女瑪拉蒂發現自己無法吸引男人，就向年老而有經驗的妓女維克拉爾請教，維克拉爾建議她去勾引達官貴人之子齊德莫尼，並向瑪拉蒂詳細描述妓女如何勾引男人、如何賺錢的方法，同時也講述一些成功妓女的故事。全書充滿了喜劇調性。此書約出現於西元八至九世紀。

二、鳩科迦（Kokkokk）的《性快樂的祕密》（*Ratirahasya*）。全書分為十五章，全面描寫女人和豔欲生活，主要內容是模仿《欲經》，但也有些內容是《欲經》沒有的，如把女人分為蓮花女（Padmini）、藝術女（Chitrini）、螺女（Shankini）和象女（Hastini）四類，並舉出不同類型的女人春情萌動的日子和時辰。此書約出現於西元十至十二世紀。

三、卡什曼陀羅（Kshemendra）的《性愛藝術》（*kamakala*），約成書於十一世紀。

四、馬赫什瓦拉（Maheshvara）的《欲望論》（*ragasastra*），約成書於十四世紀上半葉。

五、朱蒂梨娑（Jyotirisha）的《五箭集》（*pancasayaka*），約

成書於十四世紀上半葉。印度神話中愛神的弓上搭著五支箭，隨時準備射向戀人，此書因此得名。全書近六百頌，共分五章，一章一「箭」。

六、德瓦拉加（Devaraja）的《性快樂寶蓮燈》（ratiratnapradipika），約成書於十五世紀。

七、卡雅拉瑪納王（King Kalyanamalla）的《無體者之形》（anangaranga），「無體者」即愛神，在印度神話故事傳說中，愛神在誘惑濕婆大神時，被濕婆大神的第三者眼睛放出的光燒為灰燼，在愛神之妻的請求下，愛神雖然得以復活，卻從此成為一個無形之神。該書是為取悅洛底王朝的阿瑪達王（Ahmada）之子而寫的，約成書於十六世紀初。在印度，一般認為它是僅次於《欲經》和《性快樂的祕密》的性愛經典之作。此書也被譯作《欲海之舟》。

八、勝天（Jayadeva）的《愛欲花環》（Ratimanjari），它以六十首詩歸納了各種豔欲之情。約成書於十五世紀。

九、維拉巴德納王（King Virabhadra）的《情欲之神的寶飾》（kandarpacudamani），成書於一五七七年，是《欲經》的韻文改編本。

▲豔情，當代繪畫

2 有閒階層的生活

犢子氏的名著《欲經》生動地反映出，古印度富有市民的社會生活習俗。城市富有市民在《欲經》中也被稱為有閒階層，他們不僅擁有財富，在社會上也有一定的影響。著名的梵語戲劇《小泥車》，反映的就是當時城市有閒階層的生活。這部戲劇的主人翁是一個名叫查魯達

▲手持蓮花的女人。印度文學與藝術都呈現出誇飾的風格，這幅繪畫中，人物的衣著與裝飾都顯得極其艷麗，表現出迷人的性力色彩，同時在人物的表情中，又隱含著某種悲憫與寧靜的精神。

塔的青年商人，他不僅揮金如土，而且周圍還有一群幫閒食客，服務他的生活和文化享受，他的興衰榮辱關係到他手下一幫人的生計，所以總有不少人支持他。他們有自己的俱樂部，這個俱樂部的目的就是休閒娛樂，絕口不談政治。查魯達塔純粹憑財

富出入歌舞台榭、沉緬於聲色犬馬的享樂生活，是當時城市有閒階層的一個代表。這個階層的人完全以財富論高下，沒有了財富便會降為一般市民，而有了財富，不管他的出身如何，都會受到社會尊重。

按《欲經》的描寫，富有市民的生活不僅是養鳥、鬥鵪鶉、鬥雞、鬥羊、玩各種雜耍，而且要學會欣賞音樂和其他類型的藝術，因此，藝妓是他們必不可少的伴侶。此外，他們還要有學問，不僅生活富裕，還要受良好的教育。

他們一般都居住在富人生活區。居室環境要求臨水、有花園。一般情況下，他們的居室至少要有兩間臥室，另有僕人生活的地方。臥室的佈置要求：柔軟的床鋪兩邊都擺放枕頭，上面覆蓋著白色床單。床頭要有草席和聖壇，聖壇上放著蜂蠟、花環、香水等，有擺放書、筆的桌子和擺放賭博、遊戲用品的桌子。

▼眾神在濕婆和婆爾娃蒂面前舞蹈，康打格細密畫，1780～1790 年

他們早上起來之後，要將面容和牙齒清洗一番，抹抹香水。他們每天都要沐浴，一日三餐過後，多半從事高雅的藝術和遊戲以及一些社交活動。晚上伴著歌舞和音樂，與歌女們嬉戲遊樂。他們也常常參加各種節日、聚會、郊遊等活動。節日主要是些宗教活動和舞台演出，聚會主要是相同階層，有著共同愛好和情趣的富人舉辦的活動，在這種聚會中，高等歌女（妓女）是不可少的。她們也參與關於詩歌和藝術作品的討論，並發表意見，陪伴男士們飲酒。郊遊主要是由僕人、高等歌舞伎陪伴到野外進行娛樂活動，常常伴隨著鬥雞、賭博以及藝人雜耍等等。

性愛是城市有閒階層生活的重要組成部分，《欲經》對他們的性愛生活情調是如此描寫的。在開始性愛之前，房間要裝飾鮮花，並灑一些香水，使房間芬芳怡人。城市有閒人士在朋友和僕人的陪伴下，迎來他的女人；女子已沐浴完畢，把自己打扮一番，啜飲適量的美酒以助雅興。他會讓女子感到自在輕鬆，邀女子再喝一杯美酒。他坐到女子右邊，撫摸著她的柔髮和腰部，用左手輕抱著她，為接下來的性愛作準備，隨意談笑以挑逗女子的風情，此時可伴奏歌舞和音樂，談論高雅藝術，並邀女子再喝一杯美酒。當女子對他產生柔情蜜意時，他會用鮮花和香水送走在場陪伴之人，然後他便與女子擁抱並解衣了。

性愛結束之後，男女各自沐浴，雙方好像互不相識似的，似有困窘之感，互不相看。沐浴之後，各自回到自己往常的位置上坐下，穿上衣裝後，彼此消除困窘之感，這時男子會用左手挽住女人的身體以示愛撫，使女人在淡雅的情調中感到放鬆，然後共進茶點或水果，也可走出房間賞月或講些與此時情調相應的故事或逸事，也可在房間進

▲杜爾迦女神，12世紀，南印度，德里國家博物館

行些輕鬆活動或說些甜言蜜語。

一方面，《欲經》中描寫到現實生活中食物、衣著、遊戲等等，另一方面，它不僅把世界想像成性愛完全自由的世界，也將社會想像成完全自由的社會，男主人翁可以來自任何社會階層，不是只有高種姓的人才富有，低種姓的人也會富有，只要富有了，他的社會地位就會提高。

《欲經》的感情基調是輕鬆愉快的。其中風流倜儻的男子，除了談論詩歌，與歌女調情說愛之外，他們在穿著打扮和訓練鸚鵡上花很多時間，下午和晚上常常去飲酒、聽音樂和跳舞。

《欲經》中這種輕鬆優雅的豔欲主義，在西元前後幾世紀的時代氛圍中出現，這種時代氛圍直接影響當時和後來的文學創作，古典梵語文學是輕歌慢舞的浪漫世界，豔欲主義更多表現為享樂主義而非激情，其基調明快，色彩鮮豔。

3 《欲經》：性愛生活藝術的經典

　　《欲經》是一部極其重要的印度教典籍，但從內容上看，與其說它是宗教文獻，不如說它是道地的性愛生活寶典。它描述了古印度年輕的藝術愛好者無拘無束的生活：沉湎於詩情、音樂、繪畫和雕刻等高雅的藝術生活，輔之以鮮花、香水、美味佳餚，以及其他精心安排的日常生活。當然，日常生活中最重要的還在於，性愛以及性愛中的各色女人。

　　在作者犢子氏看來，性愛是複雜的遊戲，可以在多種層面上展開，針對各色女人，性愛的花樣也各不相同。《欲經》對此做了詳細的劃分和描述，單是接吻的方式就有十七、八種。拋去其繁瑣的性愛分類，我們看到犢子氏對性愛的基本態度是：性愛需是男女雙方共同求得滿足，並不是男人的性欲發洩，進一步地，犢子氏認為，女人雖然常處於被動的地位，但性愛中的女人常充滿更熱烈的激情，與男人相比，女人從性愛中能獲得更多的快樂；女人對性愛的感受，也比男人更細膩、更為豐富。換言之，《欲經》實際上是一部關於女人的書，它的

意圖在於使男人認識女人：女人是溫柔和激情的化身，男人想從性愛獲得真正的快樂，必須了解女人。

《欲經》雖然專門談論性愛，但性愛在作者筆下，主要表現為一門生活的藝術。首先，作者犢子氏並不沉醉於性愛，相反地，他是在進行嚴格的禁欲後才創作《欲經》，在作者的心目中，性愛與人的職責和社會義務相關，是對生活的美妙享受。其次，在犢子氏看來，性愛並不是情和欲的氾濫，而是要克制自我的激情，要在對自我情欲的嚴格控制下才能進行，《欲經》是對情和欲的引導和昇華，使之有節有度，滋潤人的身心，使人的品格得到有益的培養與發展。

在古印度學習豔欲知識有專門的課程，不僅王公貴族如此，詩人在學習詩學、邏輯學、語法學的同時，也要學習豔欲學，梵語史詩是在王公貴族的資助下進行創作，他們的讀者也是王公貴族，豔欲不僅是他們生活的體現，也是情味所在。文學中，情味不僅是詩人情感的流露，同時也是訓練有素、有節有度的情愛遊戲與享受。《欲經》在印度文學史上扮演著重要角色，豔情味是梵語文學中主要的情味，《欲經》有關性愛生活的考察和探索，得益於詩人和藝術家們的情味，同時又影響到藝術情味的進一步發展。《欲經》的一些辭彙和分類被後來的豔情詩所吸收，對文學發生了一定的影響。

《欲經》在十九世紀下半葉傳入歐洲時，曾被認為是一部黃書，至今還常被摘選編譯成各類性愛姿態的樣貌，來吸引讀者，這使《欲經》這樣一部嚴肅的古印度經典變得面目全非了。實際上，《欲經》所提供的性愛姿勢或許已沒有什麼新鮮感，或是不再適用，第二部和第七部也沒有什麼實用技巧的價值。第五部談論如何贏得女人的芳心，第六部從女人的角度談論如何得到男人喜愛、如何支配男人、

如何對付對自己失去熱情的男人，對現代讀者尚有一定的啟發意義。

《欲經》的經典價值主要在於，其對欲望、愛情、拒絕、引誘等人類不變的本質的獨特探討，它像是一面古色古香的鏡子，我們可以從中看到久遠年代的古老文化，又可使我們發現自己隱蔽的自我。

4 性愛：最完美的人生享受

《欲經》以討論法、利、欲開篇。法、利、欲
在古印度被認為是人生三大目的；也被譯成宗教、
權力和享樂。大致來說，「法」（以《摩奴法論》
為代表），指的是合乎社會道德的法則和合乎自然
的規律，是人應該遵守或必須遵守的法則，主要包
括社會責任和義務、宗教道德和純潔品格、法律、
正義等等；「利」（以《利論》即《政事論》為代
表），主要關涉於政治和經濟生活，體現的主要是
利益、成功、金錢、政治權力及相關的東西，主要
表現為對世俗權力和利益的追求，如君主的治國之
道，商人的謀財之道、軍人在戰爭中的謀略、一般
人對世俗利益的追求等等；「欲」則主要體現為人
之情欲、愛欲和占有欲等等，關涉的主要是個人生
活，它不僅包括身體上的快樂，更包括感情和精神
方面的快感，因此與音樂、美食、衣著打扮等也聯
繫在一起。

古印度並不貶低性愛，性愛不僅被視為人生三
大目的之一，而且在所有合法的享樂中，性愛被認
為是最富於激情、也是最為完美的人生享受，也最

▲財富女神勒克什來，19世紀，南印度，
千里國家博物館

易被轉化為宗教熱情和藝術的情味。一般來說，古印度人在生活中把「法」放在第一位，認為人們不應該沉醉於享樂，因為它是實現「法」和「利」的障礙，而「法」和「利」顯然比享樂更重要；享樂只會使人毀滅。但也有將「欲」放在第一位的，談享樂的人認為，享樂在人生三大目的中最重要，因為它是其他兩個目的的起因和結果。

對大多數人來說，人生目的是「法」；對國王來說，人生目的是「利」，對有身分的妓女來說，人生目的是「欲」，「欲」不能影響前二者。透過對「欲」的追求，妓女最終也能獲得印度宗教意義上的解脫。而對一般人來說，對於「欲」的追求不亞於對「法」和「利」的追求，而且，在一定情況下，過於追求「欲」時，會對「法」和「利」構成破壞。如何使法利欲並存，各得其所，正是《欲經》探討人之性愛的目的。因此，《欲經》對性愛藝術的探討，具有超越性愛本身的意義，使之具有合理（「利」）合「法」的性質。

犢子氏認為，享樂就像食物一樣是維持人身體的一種方式，是法和利的獎賞。享樂要有節制，不然會像疾病一樣折磨人。動物是在發情時進行性交，主要目的是為了延續生命，而人的性愛，除了延續生

命之外，還有享樂；動物的行為是本能，而人除了本能之外，還知道如何更好地享樂。人有知識、理性、有感情，這是不同於動物之處，不宜將人的享樂降低到動物的水準。

　　享樂是人的本性，我們不應該痛恨享樂，將之視為洪水猛獸；同時，人也要善於享樂，引導享樂，才不至於使享樂變成苦果。《欲經》就是為了引導人們享樂而寫就的知識讀物。與《欲經》一起，還要學習六十四般技藝，歌、舞、樂、繪畫、插花、室內裝飾、化妝、烹飪、針線、猜謎、填字、寫詞、賦詩、養鳥、賭博、遊戲等等。在犢子氏筆下，受城市有閒階層喜愛的高等歌女，不僅氣質、容貌、品德俱佳，且精通各種享樂和遊戲方面的技藝，能夠隨機應變。

　　我們從《欲經》中可以大致推斷，人之性活動的目的主要表現為：一，為了生殖繁衍，傳宗接代；二，為了建立和維持某種人際關係，如情人關係、利益關係等等；三，為了性愉悅本身。婚姻與家庭意義上的性愛是人最基本的性愛方式，它體現的主要是「法」的意義。在此之外，出於各種原因和目的，人與人之間還會出現其他性愛關係，這是犢子氏重點考察和分析的對象，因為它構成了婚姻、家庭之外重要的社會關係，體現的是「利」。人們的性愛若只停留在婚姻、家庭的意義上，性愛本身會逐漸失去快樂的本質，因此人們常常追求合「法」婚姻之外的性愛快樂。似乎只有這樣，才能真正實現純粹性愛的快樂。但這樣的結果常常使性愛在「法」和「利」之間失去平衡，社會常常譴責或是懲治人們非「法」的性愛關係，但犢子氏的《欲經》卻不是如此，它是認真考察人們的性習俗和性心理，引導人們善於享樂。如此一來，性愛本身才能實現其價值和意義。

　　《欲經》也常被譯為《愛經》，但實際上《欲經》談論的主要是

性，而且是從純粹享樂主義的角度來談論性欲，因此，「愛」在《欲經》中基本上是沒有地位的。與我們對性愛的觀念不同的是，犢子氏認為，性愛的最高境界是淡然無情，只有在這種境界中，性愛才能實現其純粹享樂的本質。因此，性事並不表現為激情，而是表現為對情和欲的節制，「欲」的節制有益於身，而「情」的節制則有益於心。這種說法與印度密教多少有些聯繫。在印度密教看來，性愛是超越現象世界的有效手段，是最為神聖的。密教對女性的崇拜是一種無私的行為，是真正意義上的愛：無愛。因此，密教儀式中的性事並不表現為激情，而是一種非個性化的行為，一種無狀態的心靈狀態和渾然一體的自我，沉浸其中的是徹底的自我和自我解脫。正是在這種解脫的意義上，禁欲與縱欲、苦行與性力化為一體，成為「同歸」的「殊途」。

　　《欲經》的性愛觀不同於起源於十二世紀，西方文學中《特麗斯坦和伊索達爾》描寫的浪漫激情，也不同於伊斯蘭世界流傳甚廣的內紮米的《蕾麗與瑪傑農》的生死愛情故事。《欲經》所宣導的溫柔典雅主要是為了更好地服務於性欲，它使激情沿著正常軌道運行，使性和愛得到較完善的統一：因性而愛，因愛而性，因此它描寫的不是浪漫之情，而是富於生活藝術的豔情：在占有性的性欲和溫柔的浪漫渴求、無序的本能和有序的道德、天性和人性之間，尋求某種模糊的平衡，在構成人類性欲各種相互衝突的力量之間謀求和諧。

5 性與欲

　　性愛產生於人的兩種心理傾向：愛和性的渴求，愛和性的滿足會使人變得慷慨大方、充滿同情心，而愛和性的饑渴則使人變得自私、嫉妒。性與愛二者是相輔相成的，如何使性與愛更好地結合，犢子氏首先從生理的角度，讓讀者關注男女在性生理方面的差異。《欲經》認為，男人和女人在性愛方面，存在明顯不同的感受：女人並不像男人那樣迅速達到高潮，因此，男人在高潮過後便會對女人失去興趣，而女人則不然，她喜愛男人堅持不懈（泄），在不斷的興奮和享受中，持續不斷地得到高潮，因此女人常常憤恨很快就結束性愛的男人。男人隨著射精而達到高潮，便失去了性愛的興趣，而女人液體的分泌卻不會很快停止。《欲經》認為，女人在性愛中分泌的液體遠遠超過男人，只有在黏液不再分泌後，性愛的欲望才會停止，因此，女人在性愛的享受上渴望長久。有詩證道：

　　木材只能使烈火越燒越旺，
　　河流永遠填不滿大海，

▲戀人，卡朱拉霍寺廟雕塑，10～11世紀

眾生餵不飽死神，

男人永遠滿足不了女人。

　　女性在性愛中處於被動的地位，其性器官的功能主要表現為吸納，因此《欲經》將之比喻大海和烈火。男人隨著射精行為而完成性愛的享受，但女性卻還在回味中體驗享樂，假如碰巧還有其他可以享用的男人，她會繼續進行性愛而不知疲憊。在此，犢子氏只是從生理的角度對男人和女人的性欲做出認知，並未對女性有歧視或偏見。他認為，一方面，女性在性愛中處於被動，因此她們對於性事是謹小慎微；另一方面，女性在性欲方面的要求比男性熱烈而持久，這是男女之間的差別。

　　在此，犢子氏告誡我們的是，男性常常只顧自己享受而不注意女性的快感，實際上是很可怕的事，因為體驗不到性愛之歡的女人，常常會對她的男人產生憤恨轉而投入其他男人的懷抱。即使是談論「正法」的《摩奴法論》，也從生理欲望的角度對「不幸婚姻」中的女人寄予同情：如果是因為丈夫精神失常、墮落、不舉、沒有精子，或正在遭受他自身罪過而引起的疾病，她不該因對丈夫的憤恨而被遺棄或剝奪繼承權。犢子氏發展了這種傳統觀點，認為從性愛中得不到歡樂（性高潮）的女人，投入其他男人的懷抱是一種正常行為，這種觀點即使在歐洲，也是近幾十年來才開始流行。比如，勞倫斯《查特萊夫人的情人》對查特萊夫人的做法竭力頌揚，從側面反映出當時歐洲並不主張「不幸婚姻」的女人的「出軌」行為。

　　犢子氏的《欲經》只是直接從生理、從性的角度對「欲」進行考察，十一至十二世紀的耶學特拉基於《欲經》對男女性欲差異的考

察，進一步將「欲」分成基本和特殊的兩種形式。基本的形式是在思想、心靈與自我結合的力量控制下產生作用，主要支配人的感受和情感，耳用於聽，皮膚感應於觸摸，眼睛觀察形狀，舌頭用以品嘗，鼻子用以聞味，這些感官作用都是為了滿足欲望，但這卻是一種心靈或想像上的滿足。而特殊的「欲」本身則是透過嘴、手、腳等身體器官而發生作用，當男女進行真正的性愛時，是他們的下半身在進行接觸並產生快感。顯然，「欲」首先產生於心靈，並出現在想像的層面上，然後才會發生特殊的「欲」；而特殊之「欲」的滿足則會增進基本之「欲」。耶學特拉在將基本之「欲」（快樂）和特殊之「欲」（性快樂）區分開來後，進而將特殊的「欲」分為性感區的快樂，和身體其他部分的快樂，這些都是從生理的角度對性愉悅的產生所做出的考察。

再者，耶學特拉也將「性」分為基本和附屬的。基本的性以女人為中心，而附屬的性則指激發性欲的外在事物，如花園、香水、音樂、美酒等等，前者是性愛本身，後者則是性愛的刺激物，二者也是相互促成、相互發展。

耶學特拉進一步將性分為公開的和祕密的。祕密的指私下進行的性愛，而公開的則是指為了性愛而找到公開的聚會，為前者鋪路。

在耶學特拉看來，愛欲的刺激，即使不牽涉性器官的接觸，也是基本之「欲」的體現，因為它可以在想像中進行性愛，相反地，與自己沒有愛欲的人進行性事，即使是肉體接觸，也不是基本之「欲」的體現，因為它沒有激起真正的愛欲。

6 反常的性行為

　　性愛主要發生在異性之間，這是一種正常而普遍的現象，如果性愛產生在同性之間，則被視為是異常的。達維達特・夏斯德里說，犢子氏在談到這個問題時，注意到性行為是一種非常複雜的現象。生活是五花八門，各色各樣的人也具有不同的性需求，反常的性行為一方面可能與某些人的天性有關，另一方面也可能是某些人在特殊的生活環境，逐步形成的特殊愛好，也可能與一時一地的風俗人情有關。

　　不過，在古印度，反常的性行為與現代同性戀的觀念還是有些不同，它指的主要是某種非典型性的性行為。梵語 kliba 一詞，傳統上常譯成「閹人」或是宦官，實際上它指的並非如此。其意主要是「不像一個男人應該的那樣去行事」，包含的意義較為廣泛，可指失去性能力的男人或進行口交等等的男人。男性之間的口交被認為是同性之間發生的性行為，在印度是自古有之，並且被印度正統文獻如《達摩經》認為是邪惡的。《欲經》在這方面的觀念與此不同，犢子氏認為，同性口交或其他形

▲卡朱拉霍寺廟雕塑，10～11世紀

式的性行為，牽涉到人在性愛方面的正常欲望，如果它是某人的特殊愛好，那麼這種行為無可厚非，因為這種特殊愛好反映出某些人在生理方面的特殊需求，在一般人看來是異常行為，在他們的心目中可能是正當的要求；再者，某些特殊的性行為也與某些人的生活習性或環境有關，不可簡單而厭惡地斥之為「雞姦」。總的來看，犢子氏對同性戀行為既不贊同，也不妄加否定或譴責；而且他對非男非女的第三性私下口交等行為，也進行較細緻的探討，可謂津津有味。《欲經》中女性對男性的極度讚美中，也會出現這樣的句子：「他如此地令人愛戀，即使是男人也渴望得到他。」

《欲經》中也提及女同性戀，主要出現在類似後宮一類的地方。

犢子氏討論了性欲無法得到滿足的人，各種正常和非正常的滿足方式，他雖然反對女人之間的口交或其他相似形式的性行為，不過他認為這主要是這些女人所處的生活環境，造成她們在性行為方面的異常，是異常環境中的正常現象。

在犢子氏看來，異性之間也存在反常的性行為現象，他在這方面的分析特別注重性別之間的差異和需求。比如，他反對女人在上、男人在下的性愛方式，他認為這也是一種反常的性行為，它使男女性別發生顛倒。印度傳統觀念認為，女人代表的是苦難、消極、被動、忍受折磨、軟弱、自我否定等意義；而男人則代表積極、主動、勇猛、粗暴和力量等等。男人如果絮絮叨叨、靦腆羞澀、情感纏綿、行為優雅、心理纖細的話，便會成為不像男人的第三性，只有在與表現出第三性生理傾向的男人做愛時，女人才會在上面。這時她會違背她的天性，顯示出主動性或攻擊性，犢子氏認為，這是一種非正常、扭曲女人天性的性愛方式，是女人忘記了自己的女人之身、失卻女人的羞澀和謙遜本性，或是一個女人在與她不愛的男人做愛時採取的方式，一旦女人恢復了本性、重新回到女人之身時，她就會放棄性別倒錯的做法，進而瞧不起甚至厭惡陰柔的男人。

在反常的性行為中，《欲經》也談到一個男人與兩個女人或多個女人之間的性愛。在這種性愛方式中，男人同時或接連與女人進行性愛，反映的是一種性狂想或異常的性行為和性心理。而在女人占據主導地位的地方，如巴厘加，則有一個女人與多個男人進行性愛的習俗，或是多個男人一起侍候一個女人，有些高等歌舞伎也會同時享有多個男人。

《欲經》也較詳細地討論口交的各種方式：「唇吻」、「用嘴唇

輕咬」、「舌尖接觸」、「內舌擦揉」、「親吻」、「舔」、「吸
吮」、「吞」等等，逐步深入。從異性的性行為上說，口交多表現為
正常性行為的花樣翻新；若是同性之間，口交則是主要的性愛方式。
但無論如何，口交與正常的性行為和社會道德是相違的，《欲經》並
不提倡，只是加以考察，而《摩奴法論》對此嚴加禁止。在犢子氏之
前和犢子氏生活的時代，印度南方社會中存在肛交現象，這也是一種
反常的性行為。對此，《欲經》只是從社會習俗的角度，進行謹慎的
考察。在犢子氏看來，人從動物發展而來，在本質上具有動物的天
性，有些人會從反常的性行為中獲得快感，對這些反常的性行為，不
宜掩飾或粗暴地加以譴責或禁止，而要進行合理的考察和分析，有些
現象需要我們理解，有些則需要加以疏導。古印度時，基本上豔情生
活維持在異性之間，對同性戀多是譴責，《欲經》雖然涉及同性戀，
但筆墨之間極為謹慎、冷淡。

7 性相近，習相異

　　從動物的角度來看，性並不複雜，人類的性事也是如此。就像人冷了要穿衣，餓了要吃飯一樣，也如古人所言：「食、色，性也。」但人又不同於動物，一般人的觀點認為，因為人有情有愛，所以性事便不再停留於本能的滿足。但實際上，動物也不是無情無愛，在很多方面，動物的情愛甚至遠遠超出了人類。在性事上，是什麼使人和動物有別？犢子氏認為，主要是社會的習俗和傳統使人的性愛變得極其複雜。《欲經》提醒我們，正是個人的習性和社會習俗使人的性愛變得五顏六色。對於性愛，我們要想使自己不至於目迷五色、一頭霧水的話，就要注意觀察不同地區、不同習俗中的女性。

　　男性應考慮女性來自什麼地方，當地的風俗常常對女人的性情有一定的影響。印度中部的女人大多顯得高貴典雅、習慣良好，她們不喜歡親吻以及性愛中的衝動行為，比如抓、咬等等。巴厘加地區的女人雖然喜歡異常的性愛，但她們也不喜歡抓、咬等容易留下傷痕的行為。馬爾維和阿比爾的女人儘管並不喜歡「挨打」，但她們喜歡被擁抱、親

吻、抓、咬、吸吮乳房等性行為。印度河流域的女人喜歡口交。印度
西部的女人精力旺盛，但她們在做愛時的呻吟卻很溫柔。有些女性占
據社會主導地位的地區，女人喜歡被打耳光，還喜歡用情趣用品來滿
足自己，她們的性能力非常強。安德拉地區的女人在天性上顯得纖
柔，但在性愛上則顯得有點迷狂，喜歡粗野、骯髒的性行為。印度南
部摩訶拉什德拉的女人精通各種做愛技巧，喜歡粗野的髒話。達羅毗
荼（印度土著居民）喜歡相互挑逗以刺激性愛，但她們在性液分泌方
面則顯得很遲緩。瓦那瓦薩的女人在性愛方面的精力不錯，但她們卻
不願裸露自己的身體，也無法忍受粗魯的性行為和性髒話。瓜達的女
人說話文雅、體態纖細，容易墜入愛河。因此，在一處習以為常的性
愛，換個地方便會「水土不服」，變成反常的性行為和性心理，不同

▲伴侶，10世紀，孟買威爾斯博物館

習俗、不同傳統之間便是不同的天地,人的性愛便有了不同的意義,因此變得豐富多采。

一方水土養育一方人,東西南北各不相同,這是就一個國家或民族而言;而就不同民族而言,其性愛方式是在自身的社會習俗和文化傳統中長期培育而成,所以不瞭解習俗,就無法理解並體味性愛的箇中奧祕;反之,對性愛的觀察也是瞭解社會群體的一種有效手段。這是就大環境而言。

不過,在犢子氏看來,女人的個別習性比一個地方的習氣更為重要。社會習俗是大的環境,而個人習性則是小環境,主要是指個人在家庭、生活經歷以及所受的教養中培育出來的性情。

再者,犢子氏也注意到,隨著時間的變化,穿衣打扮和各地的生活方式也會不斷變化,所以不可固執於習俗,只需要對此有所瞭解,而對個人而言,性情也不是一成不變,它是在不斷地生成與發展。習、性、情是相輔相成的,性不可以背「習」,而要在對「習」的觀察和體驗中,以「性」養「情」,更順利地發展社會習俗和傳統。

顯然,犢子氏是從寬廣的視野中對人之性愛進行考察和認識,他非常重視不同地域之間相異文化的考察,認為某些性愛方式只存在於特定的地區,而不同的人興趣也不同,對有些人可能會激發愛欲,對另一些人則可能適得其反。從個人的角度而言,性愛涉及人類情操的發現與培養,而從更深刻的社會效果上看,性愛也與社會文化傳統關係密切,因此性愛不單是個人的行為,也有較複雜的社會背景和文化效應。

 性愛與男人

　　《欲經》認為，性愛就像是戰爭，因為性愛體現的是人的欲望，而欲望的本質和特徵就是爭鬥。正像在爭鬥中受了傷一樣，性愛中女人的呻吟、低語、叫喊、吁喘、哭泣等等表示，就像戰爭中的苦難一樣：天呢！、滾！、停！、夠了！但是，性愛顯然又不同於現實生活中的爭鬥或戰爭，所以這些話語並不是表示女人的真實感情，而是一種情緒和氣氛。顯然犢子氏在此是以男性的角度，來對愛中的男人和女人進行考察、描述和分析。他認為，當女人喊「停止」時，並不是表明她們想逃避所受的痛苦，而是為了刺激男性夥伴的一種手段。「嘴上說不，但她的眼神卻說是。」這種話類似我們現在所謂的精神強姦，男人的潛在心理大多渴望施虐，女人的潛在心理則渴望受虐。在此，犢子氏是從性愛中男人主動、女人被動這樣的生理構造，和印度傳統文化習俗的角度加以認可，男人在性愛中扮演的是侵略和征服者的角色；女人體現的則是「戰爭」的苦難。有詩為證：

男人的天性
粗暴而猛烈；
軟弱的女人
是苦難的化身。

　　在此，犢子氏主要是從心理和精神層面，對男人和女人的性傾
向、性衝動與性幻想進行考察和分析，而從現實的角度來看，他認為
性暴力是最惡劣、最不能忍受的性行為，是對性愛遊戲和性愉悅最殘
酷的摧殘和踐踏。換句話說，「施虐」與「受虐」在犢子氏的筆下，
主要表現為戰爭式的遊戲，它只是一種遊戲，如果破壞了遊戲規則，
或是超越遊戲的界限，真正的苦難便會隨之降臨，正所謂「失之毫
釐，謬之千里。」

　　《欲經》的意圖並不是要將人之性愛粗野化，相反地，它對性愛
中的暴力傾向分析，是為了將性愛從無節制的性欲滿足中解救出來，
使之真正體現出性愛遊戲的快樂本質。犢子氏認為，欲望常常傾向於
無度、殘暴和一時的本能性滿足，但人類不同於動物，其性愛除了生
理上的滿足之外，尚有更高境界的追求。毀滅性的「入侵」行為往往
伴隨性幻想，如果沒有想像性的暴力，很多男人便會失去性愛「戰
爭」的激動和興奮。對女人的「入侵」不僅是男人性愛力量的體現，
也變成男人性幻想的重要內容。種種占有性的幻想常常成為《欲經》
同時代梵語愛情詩的內容，女人在性愛之前表現出的，常常不是身體
上的激動，而是心理的恐懼，這種恐懼感成為男人和女人激動的源
泉，如迦梨陀娑的《鳩摩羅出世》，這部大致與《欲經》同時代的豔
情名劇中，濕婆是在婆爾娃蒂開始感到恐懼與愛情交織的震顫感受

中，得到興奮的極點。同時，對女人來說，「吸納」意味的不僅是充滿愛意的接受，而且是一種占有和勝利的象徵，在女人的想像中也有毀滅男人的意味，所以女人也渴望男人對她的「侵入」。為了體現一部豔欲主義著作的真實性，《欲經》顯然不可能忽略性欲中的暴力占有傾向。在談到性愛中的咬、抓、打耳光等現象時，犢子氏認為這是人類動物本性的流露，他盡力使性暴力停留在一定的界限內，並使之文明化、規範化。在舉出了一些女性受到傷害的例子後，他告誡男性：性暴力有可能導致生命危險。這樣與身體暴力、心理刺激、以及瘋狂的占有欲結合的性欲，會徹底毀滅豔情的快感。在豔情暴力充塞影視傳媒的今天，《欲經》對我們依然有很大的啟發意義：快感不可沒有節制，本能需要文明。

9 性愛與女人

　　在犢子氏看來，女人雖然比男人更渴望性愛，
但女人在身體和精神上都比男人更脆弱。她們就像
鮮花一樣怕受到暴風雨的摧殘，這種摧殘不僅表現
在身體上，更重要的是表現在精神上，她們心靈留
下的創傷，比如終生恐懼、懷疑、憤恨等，遠甚於
身體上的折磨。因此，《欲經》雖然是寫給男性，
但對性愛行為考察和分析的著眼點卻在於女性，也
常常直接引用女性的話語給予男性忠告，並對女
性——尤其是婚姻不幸的女人寄予深切的同情。

　　與同時代的其他文獻相較，《欲經》表達的聲
音事實上傾向女人。如《摩奴法論》對通姦的女人
表示的是傳統父權制的觀點：她們只顧陶醉其中，
而不管男人的長相與年齡。《欲經》討論到同類的
問題時，表達的則是男女平等的觀點：女人渴望看
到有吸引力的男人，男人也是如此，但三思之後，
男人常常會停止不前；而女人則較少顧及道德。和
男人相比，女人更容易陷入情感之中，基本上，這
反映出女人更渴望性愛的情感和心理。但從情感走
向性愛、從心理傾向走向生理行為，女人要比男人

更謹慎。在這方面，女人對男人的觀察和感受要細微得多。犢子氏說，那些想成全「好事」的男人常常會經不住女人的考驗，他常會如此思索：如果所有的女人都渴望男人的話，他為什麼不會得到某個女人的青睞呢？犢子氏認為，女人並不是不願成全「好事」，實際上她很願意投入自己看重的男人懷抱之中，但女人在這方面的天性遠比男人敏感，犢子氏對女人這種天性寄予深切同情。他認為，男人應對女人的疑慮和擔心給予充分的理解，設身處地，消除女人內心的疑慮和恐懼，否則性愛不會快樂。表面上，這傾向引導男人如何「控制」女人，事實上這是對女人心理的細緻考察，教育男人要理解女人，並說明那些粗心的男人為什麼得不到女人的芳心。

　　一旦進入性愛，男人常停留在對女性身體的占有與滿足，女人則在情感上變得更豐富多采，她會使性愛變得有滋有味，她會使「戰爭」的場面上演得活靈活現。《欲經》寫道：女人在性愛中，會根據自己的想像自由表達感情：模仿鴿子、布穀鳥、夜鶯、鴨、鵝等的聲音，女人的天性一旦獲得解放，她會使性愛遊戲充滿輕鬆、愉快的喜劇色彩。

　　犢子氏認為，女性也並非男性欲望的被動接受者，有時在性愛中也會扮演積極的角色，參與性愛。出於激情和性愛技巧

▲佛教雕塑，2世紀，德里國家博物館

的原因，有時男女角色在性愛中也會
轉變。這一方面是出於女人的性欲，
另外也會出於男人好奇的豔欲心理。
女人在性愛中占據男性征服的角色，
按《欲經》的說法，須徵得男性的同
意，這時的性愛姿勢常常是女人在上
男人在下，女人會顯得像男人一樣粗
野、放縱。《欲經》認為，這種性愛
方式更能體現一個女人的個性和本
性。不過，在犢子氏看來，女人的積
極主動，最終也是為了更好地服務男
人的享樂：女人主動參與性愛，對男
人來說也是更大的享受。

▲《梳妝打扮中的女人》，康打格
繪畫，17～18世紀

　　犢子氏認為，性愛中的男人體現更多的是「欲」，而女人則常常
是「情」的化身，情欲結合便具有了「豔」的浪漫色彩。因此，《欲
經》中的女人不僅是代表豔欲的對象，而且是豔欲的主體，男人需要
理解女人的感情和感受，以便在性愛中得到更完美而充分的享受。

　　不過，對女人在性愛上的「情」，犢子氏認為也要加以克制，不
可使情感氾濫以致決堤。女人透過性愛常會對男人充滿愛情，這種愛
情會表現在情感上的完全占有，女人無法忍受戀人提起別的女人，尤
其是引起她嫉妒的女人，否則，她便會與對方爭吵、大鬧甚至怨恨、
憤怒。《欲經》認為，女人的感情不可由愛轉恨，即使男人犯了再大
的錯，女人無論多麼生氣，如何哭鬧，依然要愛男人，千萬不可釀成
大錯而走向極端，這與西方女性的離家出走可謂雲泥之別。印度文學

中，沒有類似西方文學中美狄亞一類的剛烈女性形象，她總是在一定的限度內，與男人進行有節制的抗議，最有效的抗議手段便是哭泣，並隨時準備與男人妥協。《欲經》常常教導女人如何哭鬧、爭吵。顯然，犢子氏的這種觀點依然使男女處於不平等的狀態之中，這與印度社會結構中，女人所處的地位關係密切。不過，犢子氏寫《欲經》其意不在於，改變當時印度的社會結構，而是著眼於性愛的享受來引導日常生活中的男男女女。

從性愛享受的角度看，《欲經》反映與促進了女性在性愛中的愉悅和享受，並從豔情與快感的角度，將女人從男人性欲滿足的粗魯目的，和生兒育女的生物性功能中解救出來。犢子氏還從宗教的角度將性愛合理化，將追求豔情快感等同於宗教情感。佛教在當時將愛與死聯繫在一起，在這樣的背景下，犢子氏卻高舉性愛之美的旗幟。他繼承的是印度兩大史詩的傳統，在《摩訶婆羅多》和《羅摩衍那》中，性愛被看成人類正常欲望的滿足，神聖而不可侵犯，一方面，女人被視為男人滿足性愛快感的工具和目標，是可以消費的對象；另一方面，《摩訶婆羅多》也寫到有些已婚女性在性愛方面的淫蕩和放縱，顯示出女人在性愛方面的天性和原始的本能性色彩。

10 各種性愛方式

性愛並不是單一的，《欲經》根據當時的社會情況，從享樂的角度討論以下各種性愛：

一、激情之愛：雙方歷經磨難，終成好事，或是一方出門在外，久別重逢。這時的性愛常常會充滿激情，正是「久別似新婚」。

二、乘興之愛：雙方的性愛平時沒有什麼激情，因某種原因或受到感官方面的刺激，雙方的性愛產生衝動，變得越來越興奮。犢子氏認為，這時的性愛會不同於平常，應當珍惜，且需要性愛技巧的引導，使性愛的感覺更接近完美。

三、假戲真做：這種性愛多半出於某種特殊目的，為了掩飾虛假的激情，也需要性愛技巧的引導。

四、移花接木：與某個女人進行性愛，但心中想的卻是另一個女人，並且將眼前的女人想像成心中的女人，這種性愛也容易產生激情，並從中得到高潮和美妙的享受。

五、主僕性愛，指的是與身分與地位均比自己低下的女人做愛，不講究技巧，也不講究文明，是

一種有性無愛的欲望滿足。

六、與鄉下人做愛，指的多是城裡的妓女與進城的鄉下人，或是城裡的男子與市郊或鄉下女人之間的性愛，這種性愛多表現為某種營生或獵奇。

七、無拘無束的性愛，指互相信任、心心相印的男女性愛。

《欲經》主要是寫給當時印度城市的有閒階層，如達官貴人和商賈富豪，犢子氏不贊同他們與低等女人的性愛關係，認為這有損豔情的高雅。

性愛有種種不同的表現，性愛方式更是五花八門。犢子氏像是耍弄六十四般技藝似的，在《欲經》中描寫各種性愛姿勢，這是現在各種假借《欲經》之名，兜售黃色豔情的人最感興趣的。但實際上，《欲經》對各種性愛姿勢的描述大多是雜技技巧性的，很難或根本無法實際操作。為什麼會如此呢？其中有種種複雜的原因。

首先，據犢子氏說，他是在進行嚴格的禁欲主義式的苦行後，才創作出《欲經》，這樣《欲經》中的性愛難免有瑜伽修行式的意義，它所描寫的性愛方式也像是瑜伽。比如，「車輪滾滾」式，要求男女雙方在性愛中背背相依、首尾相結，形成一個圓（見圖示），這就像中國道家的陰陽圖一樣。顯然，這裡的「車輪」表現的是宗教上的象徵意義，而非性愛中的具體形式。

▲描繪「車輪滾滾」性愛方式的印度古代雕塑，16世紀，巴特迦爾（Bhatkal）寺廟

配詩：哪兒是你？哪兒是我？

我們下降，我們飛升，

分不清天，

也分不清地，

更分不清，

哪兒是你的身？

哪兒是我的體？

哪兒是你的叫聲？

哪兒是我的笑聲？

我的快樂融入了你的體內，

你的快樂融入了我的快樂之中。

我是誰？

你是誰？

這就是忘我的合一？

我如何才能長久駐留在這種快樂之中？

　　宗教上的象徵意義也使《欲經》變得有幾分神祕，從而使性愛蒙上令人迷狂的宗教色彩，透過性愛的實踐而達到宗教修行式的目的，《欲經》在這方面的複雜性，可與《奧義書》所體現的沉思哲學和修行實踐相提並論。不過，《欲經》在這方面還只是某種晦暗不清的色彩，真正使性愛與宗教修行實踐相互結合的是印度的密教，不過，這是後來的文化現象了。

　　其次，《欲經》中的性愛方式表現的多是某種生活情趣，如「盪秋千」式，其意並不是讓男女盪著秋千交歡，而是取秋千之意象而使

性愛富於想像的色彩，從而使性愛顯得活潑、生動且富生活情調。但可能是因為《欲經》的影響，後來印度繪畫中出現的女子盪秋千圖便富有了性愛的暗示意義。

第三，多取自然景象或是動物形象來比喻性愛，使得性愛富有自然而永恆的意義。這與中國古代房事書中所說的「虎遊」、「蟬附」、「鴛鴦合」、「空翻蝶」、「野馬躍」、「三春驢」、「吟猿抱樹」、「丹穴鳳遊」等等，意義大致相近，主要是一種象徵意義。

第四，講究對性愛的角度、深淺以及緩急，使男女雙方在相互配合中，得到各種快感。

不僅是性愛的方式，而且在接吻、擁抱等方面，《欲經》都做了較詳盡的分類和描述。犢子氏的用意並非讓人們機械地按照這些方法進行性愛或接吻，所以犢子氏描述很多擁抱方式之後，又以詩的形式歸結：

有些充滿性愛的擁抱方式也能強化激情，

但此文並未提及；

只要是充滿了柔情蜜意，

它們也可被運用於性愛之中。

此書的適用範圍，

僅限於那些對情愛感到乏味之人；

而對於激情無限的人們來說，

就不存在什麼指南和規則。

11 偷情

《欲經》認為，性愛真正的樂趣——或者說純粹享樂式的性愛，在夫妻之間是不存在的。因為夫妻之間的性愛多半表現在個人的職責和社會義務。按印度教傳統的「正法」觀念，女人在結婚前要服從父母的教導，保持身體純潔，根據父母的安排與某個男人結婚；結婚之後，要服從丈夫，生兒育女，做好家務。在這種婚姻中，性愛基本上是不存在的。真正的性愛是自由的、非義務的、個人的、充滿激情的行為，以無私的奉獻和純粹的享樂為目的，這種享樂與興奮、刺激相互聯繫，而幸福的婚姻不可能使性愛處於這種狀態之中。

與別的女子發生性關係，主要表現為偷情。這種行為的樂趣和奧祕均表現在「偷」字上，因為是非公開性的「偷」，從而使性愛成了個人或者男女雙方，出自真心的激情行為，和不受社會道德約束的自由行為；也因為是「偷」，而使性行為在冒險中充滿了刺激和興奮；再者，從「偷」的對象上，「情」成了主體，因此，這種性愛是非義務性的，帶有純粹的享樂性質。假如「偷」的行為被公開

化，「情」的樂趣便蕩然無存了，所以不可與喜歡搬弄是非和口無遮掩的女人往來。再者，在犢子氏的筆下，男人與女人發生非正當的性愛，主要是一種「偷樂」的行為，這也可能是基於「情」而產生的，也可能是純粹為了享樂，但無論如何，男人都應該明白這不過是一種遊戲，不可因情愛而墜入愛河，難以自拔，否則便會「雞犬不寧」。

按印度正統的宗教觀，要將他人之妻看成自己之母，但《欲經》為什麼要細緻地談論，如何勾引女人這樣的問題呢？顯然，犢子氏在此考察的主要是人類性愛生活中，潛在、私密的心理和行為，這與宗教和社會道德的要求是兩回事。再者，從道德的角度來看，《欲經》所討論的偷情，主要表現在已婚男女之間發生的性關係，是一種男女雙方平等的行為，如果男人去勾引少女或未婚女子則是不可思議之

▲黑天與羅陀，康拉格細密畫。約 1785 年

事。所以，按犢子氏的看法，偷情的行為只是在特定情形和範圍內發生的事，但它是現實生活中普遍存在的現象。某種程度上，這並不是宗教、道德所能解決的問題，因此要進行考察、分析和引導，使之沿著正常軌道進行。

印度古老的聖典《夜柔吠陀》，曾把通姦視為治療性欲迷狂的有效方式，《奧義書》也把偷情看成是人類欲望的一種體現。《欲經》雖然認為偷情是一種罪過，但對偷情問題的討論可謂津津有味，或許是偷情行為最深刻又充分地表現，人們的性愛情調和性愛滋味。不過，在討論這個話題之後，犢子氏話鋒一轉，又加了幾句詩，說明他的書並非給偷情者的手冊，而是為了幫助丈夫發現偷情者的蛛絲馬跡，以便挫敗他們。作者這種微妙企圖是不是為了避免指責？或是警告人們不要偷情？或是鼓勵讀者想像自己成為引誘人妻的高手，而避免自己的妻子成為他人引誘的對象？不管怎麼說，偷情是人類社會自古以來就存在的現象，《欲經》對此進行合理而深入的探討，對我們認識自我還是有點意義。

羅陀與黑天一起共度春宵，忽然黎明不知不覺來臨，羅陀匆忙起身離開克里希納，想趕在村裡有人起身之前回到家，以免被人發現。忙亂間，她將黑天的一件黃色外衣穿到自己身上，正要走出去。村人都知道那是黑天喜歡穿的一件衣服，因此，黑天叫回羅陀說：「你這樣走回村裡，我們的祕密一下子就會洩露的。」

12 煮熟的大米

　　古印度曾經盛行勾引女人的風俗，Shvetaketu
寫道：「所有的女人都一樣，她們像是煮熟的大
米，因此男人不應為她們生氣，不要為她們陷入愛
河，只與她們進行性愛而已。」這段話的意思不是
要把女人看成男人滿足性欲的工具，而是引導男人
不要痴於情愛，要把性愛看成一種享樂行為，或是
如吃飯、穿衣一樣的生活或消費行為。

　　犢子氏也贊同這種看法，不過他在性愛的可為
與不可為兩方面，做了更細緻也更深入的解釋。他
認為與同階層的、以前沒經歷性愛的女子發生性關
係，是為了獲得子嗣，是被社會所接受的好事，但
低種姓男人與高種姓的已婚女子發生性關係，則是
被社會禁止的犯罪行為。與妓女、寡婦或是再婚女
人、低種姓女人發生性愛，既不鼓勵也不禁止，因
為這種性行為純粹是為了享樂。但也有特殊情形下
與已婚女子發生性愛關係的，箇中原因較為複雜：

　　一、女人放蕩，已是名聲在外，與其他男人發
生過性愛，這樣即使她是一個高種姓的女人，與之
發生性愛關係也不違犯宗教和社會習俗。

二、寡婦或再婚女人。在古印度和現代，寡婦或再婚的女人是被社會瞧不起的，是沒人「管」的女人或低賤的女人。

三、女人將丈夫完全置於自己的控制之中，而她的丈夫又是自己的對手或對手的朋友，這樣可以通過女人來控制對手，或者使對手轉化為盟友；如果自己生活窘迫，也可透過富裕的女人來改變生活。若他人勾引了自己的女人，可如法炮製。

四、透過某個女人，可以獲得某位年輕、美貌、富有的女人，在此情形下，可將此女人作為過渡的橋樑。

五、某位達官貴人偶爾光顧的小妾，為了某種目的，可與此種女人發生性關係。

六、四處遊蕩的苦行女，這些苦行女的苦行只是藉口和名義，四處遊蕩才是其本性。

七、尚是處女之身的僕人或是歌舞伎的女兒。

這是與自己的妻子以外的女人發生性愛的種種原因，在此，犢子氏將「非法」性愛局限在一定範圍內，從而使之合法化；再者，犢子氏在此所列的種種性愛，實際上多是出於性而沒有愛，或是出於某種目的而與女人發生性關係，以今天的眼光來看，顯然也有非道德的成分夾雜其中。不過，犢子氏這些話主要是說給男人聽的，他諄諄告誡男人，與女人發生性愛不可只是出於激情和衝動而任意為之。犢子氏認為，男人勾引女人，從一開始就須考慮，某個女人是否可以勾引，是否適宜與她發展性關係，將來會如何，是否會有不良後果甚至是災難。犢子氏認為，與如下的女人不可發生性愛：

一、墮落的女人，這種女人水性楊花，只會將男人引向墮落。

二、洩密的女人。這種女人喜歡搬弄是非，常給男人帶來麻煩。

▲犍陀羅雕塑，2世紀，拉哈爾博物館

三、堅持苦行的女人。這種女人是出於真誠而進行苦行，與之發生性愛，不啻是一種破壞行為，不僅無助於性愛之樂，也不合乎宗教道德。

四、青春已逝的女人。犢子氏認為，與青春已逝的女人發生性愛，會使男人逐漸衰老。

五、朋友之妻。這大致相當於中國人所說的「朋友之妻不可欺。」

六、親友之妻等等。這類似我們所說的亂倫。

《欲經》引用前人的話認為，在考慮與女人的非正當關係時，女人的行為舉止及是否喜歡搬弄是非，是判斷其性格是否誠實、心地是否純潔、可否接近，以及她性愛風情的基礎。一般來說，女人和男人都很容易對吸引自己的人產生欲望，但經過一番思量後，情形便不同了。女人對於宗教和道德較少有顧慮，是其他因素使她停止不前，即使她內心有所觸動，但女人的天性常常使她抗拒接近自己的男人，如果男人不斷追求，她便會妥協投降，女人一旦投降，便會對男人痴情。男人則相反，即使他非常渴望某個女人，也要考慮宗教和社會道德的約束，以及家庭的穩定性等等因素，他不會像女人那樣輕易妥

協，即使偶爾妥協，也常會懸崖勒馬，即使對女人有了感情，也不像女人那樣執著於感情。對於得到的女人，男人不僅不痴，反而會產生冷漠之情，正如常言道：「男人瞧不起輕易得到的女人，但渴望難以得到的女人。」

13 兩種不同的女人

　　在犢子氏看來，要勾引女人，並且從與女人的性愛中得到享受，就要瞭解女人。大致來說，女人分為兩種，一種是難以到手的女人，另一種是輕易到手的女人。

　　有些女人顯示出自己的欲望，但卻不願意投入男人的懷抱，這是為什麼呢？《欲經》如此分析女人抗拒自我欲望的原因：愛自己的丈夫和孩子，她已不再是青春衝動的女人，深刻地感悟到其中的不幸，深知一旦投入感情便難以自拔，或是知道自己受到欺侮，或對男人不太理解，害怕男人一旦得到自己便會拋棄她，或是對男人有同情心，不願因為她而使男人受累，或是對自身能力感到不足……。顯然，這種女人更有思想，也更有情味，所以男人渴望得到這種女人，不僅是因為這種女人難以到手，更重要的是，這種女人身上隱藏很多美好的品性。這類女人並不是故弄玄虛，實際上她們的性欲和對性愛的渴望遠甚於那些可以得到的女人，她們屬於情感、欲望和品德方面都有較高追求，且能給男人帶來快樂與幸福的女人。與此類女人發生性愛

關係，尤其是第一次做愛，會在女人心中激發愛情、友誼和尊重等感情，當女人為你打開自己的身體時，也為你打開她的心扉和一個寬廣的世界。

《欲經》列出如下女人可以輕易得到：守在自家門檻觀望的女人，常在自家屋頂或陽台上觀望大街的女人，常到鄰居男人家轉的女人，經常凝視男人的女人；當別人看她時，她經常斜眼回看的女人，憎恨丈夫的女人，被人憎恨的女人，水性楊花的女人，沒有孩子的女人，經常在親友家居住的女人，喜歡社交的女人，演員的妻子，守寡的年輕女人，喜歡享受的窮女人，自己精明強幹但丈夫沒本事的女人，昔日苦苦追求而沒有得到的戀人，與男人性情相近的女人，丈夫有外遇，丈夫經常出門在外，丈夫喜歡吃醋、沒有男子氣，老夫少妻等等。這類女人的情欲看似強烈，實際上她們在情欲和心理上多處於殘缺的狀態，是一種不飽滿的渴求。男人不應當追求這類女人。

瞭解了兩種不同的女人，《欲經》進一步引導男人如何去勾引女人：對於少女，與其透過某個女人，不如自己直接去接近她；而對於已婚女性，因為她的處境較為微妙，更適宜透過別的女人去接近她。犢子氏認為，只要條件允許，男人都應該自己去

▲佛教雕塑，3世紀，德里國家博物館

接近;沒有條件時,才透過別的女人來接近自己中意的對象。《欲經》中不少地方都談到線人及其作用。犢子氏認為,對於言談舉止較隨便的女人,男人可直接接近,而對於性格相反的女人,則須透過別的女人牽線搭橋。

自己去接近女人時,必須從一開始就能與她親近。當女人注意到他時,他必須經常凝視她,以眉目傳情,透露出自己對她的喜愛,並借助周圍的人或事物來暗示他對她的愛情或欲望,然後要設法與她交談,表露出感情,使她能心領神會,告別時要留下與她再次相見的藉口等等。與她更親近一些時,可進一步向她獻殷勤,投其所好。儘管這種女人已婚,有過性愛經驗,但在與她發生性關係前,也應像對待少女一樣溫柔,而在接下來的性愛中,則可猛烈一些。女人是溫柔與激情的化身,性愛也是溫柔與激情相互交織的情感藝術,不可一味溫柔,也不可一味猛烈。男人一旦得到了女人,女人應該像男人的唯一女人(妻子式的)一樣來對待他,使他更愛你,儘管她對他極為依戀,在言行上也確實如此,但實際上她不宜過於依戀他,以免使他感到沉重,而男人只有在感到輕鬆時,才會加劇對女人的感情;而女人如果過分依戀男人,結果常常是更快失去男人。反之,如果男人過於依戀女人,效果也會適得其反。

男人與女人相處時,應該及時觀察她的行為和感情,並調整自己的方式。如果她沒有對男人表示自己的意願,應該透過別的女人來探聽消息。如果她沒有接受他的誘惑,但卻找機會來見他的話,他應該明白她在情感和心理上處於矛盾的狀態,不宜操之過急,要慢慢贏得她的芳心。雖然沒有接受他的殷勤,但她卻精心打扮,讓他再次見到自己,這說明在私下裡他可以占有她。雖經多次接觸,也過了不短的

時間，但她卻不讓男人得手，這是在撩撥男人，這時只要顯得不再親近便會贏得她。如果一個女人迴避男人對她的誘惑，既不相見也不拒絕，說明這個女人很高傲，且顧及自己的身分地位，這種女人比較難得手，只能尋找她的脆弱之處，壓制其高傲。如果一個女人讓男人觸摸她卻裝作視而不見，把注意力分散到別處，這時男人要有耐心並經常與她接觸，當她在自己身邊躺下時，應該裝作睡著了或找藉口將手或腳放在她的手腳上，儘管她注意到他的行為，她也裝作睡著了，但醒來（依然是假裝動作）時，她會將他推開，這說明她渴望更進一步，下次當她裝作入睡時，便可擁抱她了，如果她此時還是不願意與他更親近並且起身了，但第二天卻又故態復萌，這時他應該明白她需要他，可放膽行事。

從引導男人如何捕捉少女的感情流露看來，犢子氏對少女的情感和心理也有深入而細膩的把握。一般情況下，少女不會面對面地凝視男人，但當他看到她時，她會顯得羞澀。在一定的條件下，少女也會顯示身體的年輕和迷人之處。當他不注意時，她會凝視他；當他問問題時，她會頷首微笑，並極其溫柔地咕噥作答。她很愉快地和他長時間在一起，當對方在不遠處時，她會以不同的聲音對自己的隨從講話，說說笑笑，希望引起對方注意。在女友的陪伴下，少女會來到對方的房間談笑或是玩遊戲，讓女友在其中穿針引線，她會穿上自己或是受男方讚賞的服飾取悅男方，也會經常佩戴男方給她的首飾。

一方面，犢子氏教導男人從性愛的角度去享受女人，另一方面，他又從情感的細膩與微妙之處深入女性的心理世界，這兩方面看似矛盾，實際又是統一的。因為在犢子氏看來，性愛是男女雙方的快樂，並不光是男人的享樂；再者，性愛的快樂也不只是滿足性欲，有可能

是因為愛情，或是因為身體相互吸引，有的則可能是某種計謀，或是出於利益，其中有虛有實、有真有假，既有天意所謂的緣分，也有人自身的追求。

14 妓女

　　古印度有妓女階層，大多數妓女都很窮，地位
低下，但也有些高等妓女不僅富有，而且很有地
位，如著名的梵語戲劇《小泥車》，描寫的高等妓
女春軍就是如此。春軍是一個高等的職業妓女，她
住在豪華的宅第裡，有自己的車伕和男女僕人，還
有象徵財富與地位的大象。她愛上了商人善施，善
施本來極其富有，但因樂施好善而變得一貧如洗，
而妓女春軍依然深深愛著善施，當有權有勢的國舅
追逐、調戲她時，看不上國舅的所作所為而嚴辭拒
絕，經過種種坎坷與磨難，春軍最後如願以償地嫁
給了善施。

　　梵語宮廷文學中的女子常常被描寫為能書會
畫、善詩善文。中世紀之後，音樂、舞蹈藝術一般
認為是不適宜高貴人家的女子所為，只是低種姓的
女子或妓女的行當。但在古印度，出身高貴的女子
在唱歌、跳舞、繪畫和花環製作等藝術方面，也都
有很好的教養，而對古印度的高等妓女來說尤其如
此。高等妓女之所以能獲得財富和地位，在社會上
受人尊重，是因為她們不僅有貌、有才、有品德，

而且知書識禮，懂得各種技藝，包括音樂、舞蹈、歌唱、吟詩、猜謎語、插花、烹飪、巫術、射箭、建築、邏輯、化學、代數等等，並不是要每個妓女都學習這些五花八門，甚至有點怪異的技藝，但各種技藝多多益善，才能滿足不同的需要，受到男人特殊的寵愛。

高等妓女的成長環境和所受的教育均不同一般，她們是古印度社會的特殊組成部分，密教文獻中常常提到她們，佛教文獻中也不乏對她們的讚美，往世書、史詩、耆那教文獻中也有細緻的描寫。

佛教傳說中，吠舍哩城的高等妓女庵羅女就是這樣的典型。她不僅貌美，而且極其富有、才智非凡，成為吠舍哩城一寶，在吠舍哩城的地位猶如公主。佛陀最後一次走向吠舍哩山傳道，路過吠舍哩城時，他拒絕城裡長老的邀請，接受庵羅女的邀請，與她共進午餐。她後來皈依佛教，成了一個比丘尼（尼姑）。巴厘文佛教經典《比丘與比丘尼之歌》，是由早期比丘和比丘尼創作的詩集，據說這些詩人都是與佛陀生活在同一時代或相近時代的佛教徒，一般認為，這部詩集的第一首詩（同時也是一首很著名的詩）就是庵羅女所寫：

昔日，我黑色的捲髮色澤明亮得如黑色的蜜蜂，
如今年老了，頭髮就像是一蓬亂麻。
昔日，秀髮絮繫著鮮花，散發出芬芳的香味，
如今年老了，我的腦袋就像是破舊的兔皮。
昔日，我的眉毛清秀如畫，
如今年老了，變得皺巴巴。
昔日，我的睫毛黑又長，眼睛明又亮，
如今年老了，它們變得乾澀灰暗。

昔日，我的嗓音甜蜜得像是密林深處布穀鳥的叫聲，

如今年老了，說起話來嗓子像個破鑼。

昔日，我的纖纖細手嬌又嫩，手鐲金燦燦，

如今年老了，雙手就像老樹根。

昔日，我窈窕的身體流溢著迷人的光澤，

如今年老了，鬆懈的皺皮包裡著乾癟的骨頭。

昔日，我的雙腳柔軟似水，

如今年老了，皺裂又萎縮。

昔日我的身材美妙絕倫，如今是跟跟蹌蹌，

變成了個病囊兒，就像上一個牆壁剝落的老房。

　　在古印度，妓女受國家的保護和監管，《利論》指出，有專門的官員負責監察，社會各階層妓女的生活和納稅，也有專門的教師負責培訓妓女的各種技能。高等妓女在上層社會出入自由，而一般的妓女，則與小偷、無賴、流氓、魔法師、騙子等等，同屬社會的邊緣人物，需要進行特殊的監察，並列入祕密名單。妓女對於密探能給予很多幫助，有些妓女本身便是密探，以出賣色相的方式從事間諜工作。儘管在印度很多文獻中，把妓女看成是一種正常的職業，妓女也不乏社會的尊重，但正統的印度教文獻多半認為，妓女的存在是社會的邪惡表現。

▲女神，13世紀，南印度，德里國家博物館

15 為妓之道

　　《欲經》的第六部主要從女人、妓女的角度寫就，這部分的內容雖然是由男性作家執筆，表達的卻是女人的聲音和要求，耶學特拉告知我們箇中原委。《欲經》這部分的內容最初是由達特迦創作，達特迦因為受到詛咒，做了一段時間的女人，因此他知道男性和女性的差別，並體會到男性和女性在性愛方面的不同感覺，因此他從女性的角度寫下了這部分的內容。當然，這只是傳說。

　　由男人變成女人，在印度最著名的當屬那羅多的故事。這故事在印度流傳很廣，且版本眾多。大致來說，其故事是這樣的：那羅多得罪了天帝因陀羅，一天，當他走入湖水中沐浴時，不知不覺由男人變成了女人，他完全忘記自己曾是一個男人，而像女人一樣開始新的生活，與人結婚生子，最後遭遇生活的不幸，孩子死去了。正當那羅多痛苦萬分時，天帝因陀羅出現了，告訴那羅多這一切不過是幻象。天帝話音過後，那羅多便從女人又恢復成了男人的面目。天帝因陀羅對那羅多的懲罰結束了。不料，故事到此並沒有結束，因為那羅多說出了讓

天帝因陀羅始料未及的話：那羅多從做女人的經歷和體驗中發現，男人無法體會兩種真正的快樂，一是做母親，並讓孩子吸吮自己的乳汁；二是與男人做愛，女人的美妙感受遠遠超出了男人。為此，那羅多懇求天帝因陀羅讓他繼續做個女人，因陀羅遂了那羅多的心願，她死去的孩子又復活了，那羅多幸福地做著女人。

這個故事的奇特之處，不在於故事本身的幻想性，而在於那羅多做女人的感受。一般都認為，性愛是滿足男人的性欲，男人從中得到快感，不管女人的感覺如何，但那羅多的話卻與此相反，所為何來呢？

在人類社會中大多是男性處於支配的地位，決定著性愛的也大多是男人，大多數典籍反映的都是男性的聲音，女性的聲音不是被壓制，就是被抹殺了。所以當那羅多說出，女人在做愛時的美妙感受遠甚於男人時，此話就有點匪夷所思了，因為它將性愛變成了女性的話題。

《欲經》的注釋者耶學特拉從這個傳說中得到啟示，認為《欲經》最後兩部分的視角，是從女性的角度來描寫性

▲天女，卡朱拉霍寺廟雕刻，10～11世紀

愛的滋味。如此一來，性愛變成了女人的享樂，男人反而成了女人的玩物和工具，對於妓女來說，情形尤其如此。

《欲經》對妓女並無歧視，反而津津有味地教導妓女如何從男人那裡榨取錢財，只要設法得到這樣的目的，妓女便成功了。由此來看，在寫作《欲經》的過程中，犢子氏充分考慮的是性愛中男女雙方的問題，男人可以將女人當作性的工具，女人同樣也會如此。

十三世紀時，印度文學中出現了無名氏的豔情詩《妓女經》（Vaishikatatra），這部作品表現的觀點與《欲經》對妓女的看法很相近。古印度的妓女都是代代相傳，這部豔情詩描寫的是一個世代都是妓女的家庭，母親已經年老，她對即將成年的女兒傳授做妓女的感受與經驗：滄海可以變成桑田，桑田可以變成滄海，但歷經了千載萬代，卻道不盡為妓之道。當好一個妓女沒有捷徑，只有學好各種技藝並對妓女生活充滿熱情，才能取得成功。接著，母親詳盡地向女兒講述，如何才能成為一個高貴的妓女、如何透過這個職業來謀取生機的奧妙：妓女是透過「欲」來謀取「利」，同時她還守「法」，要講究妓女的品德，不要冒犯任何一個「愛」人，對所有來到她身邊的人都要充滿愛意，不應該執著任何一個男人。正如蜜蜂從花朵採蜜一樣，她也要從「情」人那裡贏得錢財。當女孩的乳房漸漸豐滿時，就要以她的美貌來謀取生活了，但要切記青春易逝，要在青春時代積蓄財富以備年老體弱時享用，為此她應該利用青春，不可浪費：行為善良、舉止優雅、體態優美、言語甜蜜、精於性愛技巧，是妓女取得成功的五個基本要素。第六要素也是最重要的，是得到神的恩惠，要信奉神。這部豔情詩作以極富詩意的筆調描寫妓女的生活，不僅寫出妓女生活的真諦，而且刻畫出了女性的優雅之美。

印度古代《故事海》中，一個老妓女對自己年輕的女兒也有如下的訓誨：「世上有錢才受尊敬，女兒啊！妓女更是如此。妓女陷入愛情，得不到錢財，所以應該丟棄愛情。愛情是妓女失敗的先兆，猶如紅色是晚霞消失的先兆。精明的妓女應該裝模作樣，就像出色的演員，應該先假裝愛男人，再榨取他的錢財。等男人的錢花完了，就拋棄他；一旦男人又有了錢，就再榨取他。不管是青年、少年還是老年，長得英俊還醜陋，妓女都一視同仁。這樣，妓女就能像牟尼一樣，達到最高目的（牟尼即宗教聖人，最高目的是解脫，妓女的最高目的是錢財）。」

16 體味、春藥

　　《欲經》主要是從享樂的角度來談論性欲，犢子氏從生活的角度考察並分析種種性愛，以及性愛的方式和技巧後，他認為如果在性愛中還是得不到幸福，就要求助於性愛祕方之類的東西了。《欲經》最後一部也就是第七部分，名為「豔欲祕方」，這部分的內容常被認為複雜難解，顯得稀奇古怪。或許是因為它充滿此類書籍的奧祕，比如中國古代的房中術書籍中，也常常出現此類稀奇古怪的祕方，但更可能是因為《欲經》為了投合當時城市有閒階層和王公貴族，極度耽於聲色的心理和喜好。再者，按印度古代的習俗，雖然是沉湎於極度的淫欲，但也要講究控制方式或奇技淫巧，才能更享受性愛。犢子氏在創作此書時，或許真的是保持了節制，做到純潔無邪，或者我們也可以從其他角度來理解，犢子氏充分肯定性愛在人們生活中的重要意義，對他來說，性愛中不存在淫穢的東西，儘管他認為在性愛方面有些是不可為的，但如果有人真的要去做，那麼他便退而求其次，告訴你只能如何去做，這反映了印度人傳統的思維習性：沒有絕

▲吉祥愛侶。約 13 世紀中葉（東恒伽王朝）

對正確，也沒有絕對錯誤。比如，如何使生殖器官增大，犢子氏談到各種方法。但在犢子氏看來，這些東西之所以是祕方，或許是因為這些祕教性的東西只能透過祕傳獲得。因此，它所提到的春藥也大多是子虛烏有性質的，即使在《阿達婆吠陀》，這類驅邪禳災的古巫術書籍中也難以找到。

中國古代也是如此，比如《仙粘集》中說，用甘松、山奈、香薷、白芷、白及、白薇、傷風、蒿本、白僵蟲、白附子、綠豆粉一起搗成細末，每天洗臉或洗澡時用以擦身，不需太長時間，便可紅顏如奇葩，渾身上下奇香不絕，沁人肺腑。《欲經》的豔欲祕方大多與此類似，用現在的知識來看，往往令人啼笑皆非。

不過，《欲經》很早就注意到體味和香水的意義卻值得一提。在犢子氏看來，為了美妙的性愛享受，香水和鮮花是不可或缺的，漢語

中也有「國色天香」的說法，女人之美不僅在於姿色，還有如鮮花一般的氣味。夏斯德里在對《欲經》的注釋中說，所有的男人和女人都有自己特殊的體味，這種體味與性愛聯繫在一起。隨著青春年華的到來，每個男人和女人的體內便會散發特有的氣味。由於氣味相投，有些女人會不顧一切地愛上與她的長相和身分很不相符的男人。番紅花、麝香、龍涎香、檀木香，與女人在性愛中的氣味有相似之處，因此它們的氣味對於性愛有特殊意義，這也是女人為什麼會一直喜愛它們的原因，因為這些如同香水的東西會增進人們的性愛感覺，與人的特殊體味結合，創造出某種令人陶醉的氣氛；而香水用之不當，則會讓人對性愛產生厭惡的感覺。

著名的印度大史詩《摩訶婆羅多》中，漁家女貞信另有一個名字叫「由旬香」，關於這個名字的由來，大史詩如此描寫：

卻說那少女（即貞信）為了孝順父親，一天正在水上撐船，朝拜聖地的破滅仙人，在遊歷途中看見了她。她見少女姿色十分美麗，連眾悉陀都渴慕，睿智的仙人便向那美麗的少女求愛。仙人之雄牛知道那少女是婆藪之女，急於成事。少女說：「你看呀，尊者！兩邊河岸上有許多仙人停留，眾目睽睽之下，你我二人怎麼能交歡呢？」聽少女這樣一說，大有能為的尊者造出了一場大霧。因為大霧，那處地方一切都彷彿陷入了黑暗之中。

看到高仙造出來的那場大霧之後，羞澀的聰慧少女含笑說道：「尊者！請你知道我是處女，總要服從父親的管束。與你結合會毀掉我的處女的貞操。無咎的人啊！我處女的貞操一旦毀壞，出類拔萃的再生者啊！那麼，我怎麼能夠回家呢？睿智的人啊！我在家中也無法

繼續存身了！你把這仔細考慮過後，尊者啊！請你再做出下一步的安排吧！」

聽了少女這樣一番話，至善的仙人十分高興，對她說道：「妳討我歡心後，妳仍然會是處女。請妳挑選一個恩典吧，膽怯的女郎！依照妳的心願，美人啊！因為我的恩典以前從不落空，巧笑的女郎啊！」仙人說完，少女挑選了一個恩典：身體有美妙的芳香。大有能為的尊者滿足了她心中的願望。得到了恩典之後，少女滿懷欣喜，女性的千嬌百媚為之添色，她和行為神奇的仙人結合了。由此，少女又得名叫「芳香女」，廣泛傳揚於大地之上。因為大地上的人們遠離一由旬，就能聞到她的芬芳氣息，所以，她還有個名字稱為「由旬香」，眾所周知。

性主要由吸引和被吸引兩個方面組成。其中，姿色主要作用於視覺；而體味以及香料、香水之類的輔助物主要作用於嗅覺。按《欲經》的說法，人身上的精液就像甘蔗中的汁液一樣，存在於人體各個部位，因此當男人對女人產生欲望時，不僅會從視覺和聽覺中，對某個女人產生特殊好感，而且會沉醉於某種氣味之中，性愛中的男女也會在氣味上相投相合。反之，人身上的體味會影響性愛的快樂。

我國古代《清稗類鈔》也注意到人的體味，不過，主要是從異香的角度來記述：桐城的姚氏生了一個女兒，竟然轟動全城，此女遍體芳馥如蘭，異香撲鼻，令人沉沉欲醉，人稱「香姑」。香姑長大後，桐城又誕生了一個身有異香的男孩，這男孩與平常孩兒沒有什麼不同，只是身上的異香，除香姑外，無人可及。天晴時，他身上的香氣格外濃郁；天氣陰沉，香味便略有減弱。

女人的香氣實際上主要從與春藥有關的香料演化而來。《太平廣記》卷四一四《十洲記》所載的「五名香」，寫的雖然是香料和香木，但顯然具有春藥的性質：「聚窟洲在西海中，申未洲上有大樹，與楓木相似，而葉香聞數百里，名此樹為返魂樹。叩其樹，樹亦能自聲，聲如牛吼，聞之者心振神駭。伐其根心，於玉釜煮其汁，更火煎之，如墨飴，可令丸，名曰驚精香，或名之為振靈丸，或名之為返生香，或名之為人鳥精香，或名為卻死香，一種五名。斯靈物也，香氣數百里。死屍在地，聞氣乃活。」這裡記載的「香木」生長在與印度密切相關的西域，具有印度傳奇故事的色彩。與此相關的《酉陽雜俎》卷十八記載：「龍腦香樹，出婆利國，婆利呼為個固不婆律，亦出自波斯國。樹高八九丈，大可六七圍。葉圓而背白，無花實，其樹有肥有瘦。瘦者有婆律膏香。一曰瘦者出龍腦香，肥者出婆律膏也。在木心中，斷其樹劈取之，膏於樹端流出，斫樹作坎而承之。入藥用，別有法。」安息、波斯都是伊朗的古稱，在古代絲綢之路上，波斯、阿拉伯的各類香料經印度、西域傳入中國，同時也傳入了有關香料、春藥的各種香豔故事，這些故事大多是趣聞逸事，但也有的進入了正史，如《晉書》卷四〇《賈充傳附賈謐傳》所載，偷香竊玉的故事：賈充的女兒私通韓壽，韓壽常常在晚上跳牆而入，「時西域有貢奇香，一著人則經月不歇，帝甚貴之，惟以賜充及大司馬陳騫。其女密盜以遺壽。充僚屬與壽燕處，聞其芬馥，稱之於充。」此類香豔故事在中國古代廣為流傳，尤為文人墨客所稱道。

17 《欲經》：藝術創作的重要靈感

　　蘇迪爾‧凱克爾博士（Dr. Sudhir Kakar）寫過
不少關於心理分析、印度性愛和印度傳統醫學的
文章。最近他出版了第一部小說《性欲的苦行》
（*The Ascetic of Desire*），這部小說描寫《欲經》
作者犢子氏的生平故事。故事的背景是笈多王朝，
內容主要是古印度的性愛──涉及亂倫、同性戀、
商人和魔法師的生活。凱克爾認為，心理分析學家
也應該是一個性學家，因為這樣，他才選擇犢子氏
作為小說創作的對象。犢子氏的生活充滿了神祕色
彩，我們對他的生平所知甚少，這正好為作者的想
像提供了充分的空間，他可以結合現代理論來理解
古印度性愛觀；再者，他作為心理分析醫生的從業
經驗，對他的小說創作也很有助益。在凱克爾看
來，長期以來性愛在印度都是個禁區，之所以會如
此，按凱克爾的看法是，首先印度歷來存在著性愛
與苦行之間互為消長的傳統，苦行常常占據主導地
位，只有在笈多王朝時期，性愛在印度社會中的地
位顯得較為重要；第二，近代以來，受英國維多利
亞清教傳統的影響，性愛觀念受到進一步的抑制。

　　千年以來，《欲經》仍然是印度藝術創作的一個重要靈感。近年來，二十流傳較廣的電影《鋸刀鋒》就是這方面的典範之作。印度文壇自二十世紀七〇年代以來產生大量的女性作家，之前印度文學主要是從男性的眼光來看女性，爾後，當女性作家在新的時代背景下來審視自己，女性的形象發生了很大的變化。她們進一步將女性回歸印度文化的傳統之中，把女性設想為某種能抗拒當代文明汙染的原始力量，在她們的筆下，女性形象成了傳統和現代的結合體。傳統的豔欲主義在安妮塔・德賽、肖帕黛、阿魯德蒂・羅伊、吉德・默赫德等，印度當代女作家的創作中留下了痕跡。吉德・默赫德是定居美國的印度女作家，她的小說《河經》從書名到內容，都表現出受到了《欲經》的影響。

▲勒克什米女神與大象，帕特德克爾。6～7世紀

第二部　旁門左道

1 豔情奧義化

我們知道，宗教常常強調人的心靈和精神，而對人的肉體，尤其是肉體的享受總是竭力排斥，原始佛教正是如此。早期印度佛教曾經極力排斥性行為，如同驅魔一樣地摒棄性行為，完全將性愛從僧侶們的生活中排除。僧侶們習慣將身體視為由鮮血、各種體液、糞便和骷髏構成的，一整套令人厭惡的整體，將來必會解體；或者是將身體視為一種令人失望的色界的虛妄存在，為人帶來的只是痛苦和災難。原始佛教經典《經集》第一品「蛇品」第十一章「勝經」，反映的正是佛陀對肉體的拒斥：

或走，或站，或坐，或躺，蜷曲和伸展，這是身體的動作。

身體由骨和腱連接而成，黏上膜和肉，裹上皮，這樣，身體的真相就看不見了。

身體裡裝滿腸、胃、肝、膀胱、心、肺、腎和脾。還有鼻涕、唾液、汗液、漿液、血液、潤滑液、膽汁和脂肪。

從它的九竅中，經常有汙穢流出：眼屎從眼中

流出，耳屎從耳中流出。鼻涕從鼻中流出。從口中有時吐出膽汁，有時吐出痰。汗液從身體排出。

它的頭顱充滿窟窿，裡邊裝著腦子。傻瓜出於無知，才認為它是好東西。

身體一旦倒斃，浮腫發青，被扔在墳場，親人們不再照看。

狗、豺、狐狸、蛆蟲、兀鷹和其他生物都來吃它。

世上具有智慧的比丘聽了佛陀的話，理解了身體，因為他看到了真相。

那個就像這個，這個就像那個；從裡到外，拋棄對身體的渴望吧。

密教即坦陀羅卻反其道而行，將人的身體看得非常重要，將身體比作一艘可以渡過苦海的大船，是眾生藉以解脫的根本依靠和手段。與對身體的重視相關，密教又將人的性愛行為置於宗教修行的首要地位，與早期佛教和耆那教的苦行精神和解脫觀相反，性力教派和密教，將宗教的修行從精神層面回歸肉體及肉體的享樂上，使印度宗教發生了根本的改變，這種改變大大衝擊了印度社會的道德觀和文化習俗，對印度文化的發展產生了極大的影響，使印度的宗教與人們的日常生活，或更準確地說與人們的性生活發生直接的關係。至少在西元七、八世紀，色情奧義化已經成為印度社會生活中存在的普遍現象，這在世界文化史上都是比較少見的奇特現象。

在密教文獻中認為，是男性和女性二種性質構成了世界，這有點類似中國道家所謂的陰陽世界。這種陰陽二性不僅構成男人和女人，而且社會、地理、自然界、動物界等都是如此。性事因此被神聖化

◀卡拉朱拉霍神廟雕
像，10～11 世紀

為類似祭祀和奉獻性質的宗教儀式，在儀式化的性事中，合一的不僅
是男人和女人，而且是所有對立的二極，只有性愛才是超越現象世界
最有效的手段：有形世界中的男女，體現的是無形卻又無所不在的佛
的意志和永恆的精神，男女之間的完美結合是最高和最終的真實，它
體現的是無二的本一精神。在密教看來，想要體驗並感悟崇高而永恆
的精神，男人和女人必須在肉體上合為一體，因為，這種精神不存在
於他處，恰恰隱藏在男人和女人的身體之中。

　　根據一般的道德行為標準判斷，也許沒有任何思想派別比密教的

性理論和性實踐更不健康了。在一些正統的學者看來，密教充滿了令人厭惡的淫穢，因此從古至今，密教常常受到譴責，被視為一種低級下流的宗教，也有些學者試圖隱瞞密教的淫穢之處，彷彿要用唯心和神祕的說法，將密教的性理論與性實踐掩蓋起來或避而不談，使之變成某種形而上的東西。

　　然而，無論如何，密教對印度文化的發展產生了巨大的影響，它對印度人的思想和心理影響比我們猜想的要深刻得多，人們對密教的認識常常是冰山一角。實際上，印度各個民族在漫長的歷史中，一直非常看重這些理論和實踐，正如阿瓦隆在《密教的法則》中所說的，無論通俗的或是密傳的印度教，在實踐方面都是密教的。薩克提（性力）的原始崇拜（即密教），對一般印度思想產生深刻的影響，對印度作地形學的觀察可以發現，這個國家到處散布著數不清的性力儀式中心。過去它到處傳播，直到今天依然持續不斷地存在。

　　再者，我們知道佛教從印度傳入西藏的，便是與密教密切相關的大乘佛教。中國接受的雖然是大乘佛教，但按一些學者的說法，實際上卻是打著大乘佛教的名義，接受了很多密教的思想。在當今世界，佛教廣泛傳播，大有復興之勢，但大多數學者都認為，佛教的復興主要是藏傳佛教的復興，換句話說，是佛教密宗的復興。在西方，人們對密教充滿了興趣，主要是因為密教更關注個人生活，與人們的日常生活產生更多聯繫，密教在使印度宗教複雜化、神祕化的同時，也使印度宗教包括佛教世俗化、普遍化，使宗教的真諦變成了生活的真諦。

2 性力與密教

　　印度的密教最初不是佛教，也不是印度教，它獨立於深奧的形而上學的玄思之外，從渺遠難知的時代開始，一直是潛藏在印度文化中的宗教暗流。當它與印度教神學思想結合時，產生了濕婆教派和性力教派；當它與佛教的玄想結合時，產生了佛教密宗。實際上，與佛教密宗和印度教性力教派相比，原始密教起初是極其樸素、簡單的，他們對性的崇拜多半表現在對生殖的崇拜，並與大地的豐產密切結合，而後來的密教卻將這種崇拜中的生殖意義淡化了，專注於性的崇拜。

　　印度大史詩《摩訶婆羅多》中，般度曾向貢蒂描述過遠古印度社會的古老習俗：「婦女從前不是幽禁在閨房內依賴丈夫和其他親屬。她們經常自由地到處亂跑，隨心所欲，盡情享樂……她們那時候並不忠實地附屬丈夫，啊！漂亮的小夥子，他們不被當作罪惡，因為那是當時允許的習慣。那種習慣為鳥類獸類所遵守，沒有顯現任何嫉妒心；那種習慣被當作先例批准，為仙人們所稱讚。啊！你們這些長腿漢，這種習俗在北俱盧洲還被尊重地看待。

誠然，這種風俗習慣對婦女很不嚴格，是古代所准許的。然而現在的習俗習慣到底還是確立了，但是很晚。」

密教盛行時，對當時印度社會的風俗習慣，抱持一種蔑視和反叛的態度。說到密教對社會最根本的反叛，應當是對婚姻、家庭的反叛。阿難陀吉利（Anandagiri）在《商羯羅傳》（*Samkara Vijaya*）中描寫，穢神即穢神金剛（Ucchista Ganapati）的信徒，就屬於女行崇拜者。他們宣布：「照我們的崇拜，人要遵守兩種信條。所有不同種姓的男人應該按一個種姓看待，這是一個信條。所有不同種姓的女人應該按一個種姓看待，這是另一個信條。在他們的相互結合或分離中沒有什麼罪惡。沒有某個男人是某個女人的丈夫這種規矩……一切種姓只是一個種姓，婚姻制度是一種荒唐的虛構。」

這段話即使現在聽來也有點駭人聽聞，然而這確實代表密教的觀點和立場。它首先反對的是人有高低貴賤之分，公開宣布男人和女人是平等的，這是對構成當時印度社會結構種姓制的反叛。伴隨著對種姓制的反叛，密教也反對性別歧視，對婦女極為尊重，為了徹底解放婦女，密教徒連同種姓制一起拋棄的是傳統的婚姻規範。種姓制的反叛針對的是社會結構，表現出人人平等的思想，而對婚姻的反叛則是針對人構成社會結構的最小單位，即家庭結構，表現的是男女平等的思想。所有宗教道德的形成，實際上都基於婚姻家庭的建構，密教正是透過對家庭結構的顛覆，而試圖回到原始社會的黃金歲月。凡是正統的傳統與習俗，密教都要打破，禁止的重新提倡「骯髒的變成了純潔」庸俗的變成了崇高，絕不循規蹈矩。因此，密教也被稱為極端派，它最極端的行為表現在對性的公開崇拜。

傅科有一段話談的不是密教，但卻道出了密教的祕密：「色欲

越界是一種含有極限意義的
行為」,它可以使「非自然
化的」的性欲活躍起來,透
過讓自己的衝動在一種殘酷
的色情劇中自由馳騁,一個
人可能會「第一次認識自
己」。這些行為方式,能把
罪行變成喜悅、把痛苦變成
快樂、把折磨變成銷魂,以
及把死的欲望變成壓倒一切
且不可言狀的愛的情感……
並體驗一種神祕的狂喜。社
會和宗教在對人進行規約
時,首先規約的是人的性行
為,並在此基礎上建構家庭
和社會的關係,而密教在打
破社會施加於人的種種束縛
時,首先打破的是社會對人
類性欲的束縛,一旦這種束

▲《黑天與羅陀》,無名氏,1750～1825
年,現存美國布魯克林博物館,黑天是印
度教毗濕奴教派中廣為信奉的大神,他與
羅陀和無數的牧區女子調情做愛,印度教
常常以情人的熾熱感情來對待神明

縛被打破了,整個社會都將發生根本的變化。

𝟹 旁門左道

　　因為密教注重祕傳身教，另一方面密教理論本身富有玄奧的色彩，所以被我們稱作密教。但在梵語中，「密教」一詞是用坦陀羅（Tantra），這個詞本身不是指神祕的東西。按印度學者德·恰托巴底亞耶的說法，儘管有不少現代學者對這個詞進行很詳細的討論，然而卻忽略了最簡單的意義，他們通常帶著某種成見進行研究，認為密教大體上是一種形上學，其實踐過程也表現為唯靈論，它追求的似乎是某種高深莫測的東西。然而這個詞原本的意義並非如此。它的字根 tan 的意義是伸展、擴大、鋪開、傳播；其最初的意義是指伸展、擴大人類的家庭和子女的數目。換言之，其意義為繁殖的行為。《訶利世系》和《薄伽梵往世書》也用這個詞表示增殖繁衍。這是符合密教的主旨。原始密教主要是從對豐產女神的崇拜發展而來，與性愛及其崇拜有密切的關係。

　　史前時代印度河文明時期的母親神崇拜《奧義書》中的梵與摩耶，數論哲學中的陰陽觀念，往世書中的各類母親女神等都與坦陀羅相關。女神、性

力崇拜總是與咒語、魔術、幻術、咒符等，帶有原始巫術性質的東西相互聯繫，早期佛教對巫術和女色這類的東西竭力排斥，但印度佛教在後來的發展過程中，卻對這些東西產生濃厚的興趣，逐步形成了密教。

一般來說，坦陀羅分為左道派和右道派，它們關注的都是瑜伽、咒語和衍多羅等，其差別主要反映在舉行宗教儀式的方式上。右道派與其他派別的印度教，在宗教儀式上基本上沒有差別，但招致非議的主要是左道派，它們的儀式大多是祕密舉行的。

密教認為，一般的印度教儀式只適宜一般人，而他們所實行的宗教儀式非同一般且更有效，這種儀式不是一般人可以修行的，但真正在這種儀式中修行，可以使人獲得無上的智慧。對密教的這些說法和實踐，有些人認為其中隱藏著大智慧，有些人則認為荒唐可笑。但無論如何，左道派的修行方式確實是不同一般。

左道儀式打破了印度教和早期佛教的禁忌與規約，一些修行者形成一個小團體，聚集到寺廟或某個祕密地點，也常到火葬場或墳地，繞著曼陀羅圍坐成一個圓圈。加入這個圓圈亦即儀式中的所有人不再有種姓和社會地位的差異，一律平等。對神靈和魔鬼進行祭祀之後，他們便沉醉於飲酒、吃肉和性愛之中。有些性愛是以象徵的方式表現出來，有些則是真正的性愛儀式，不僅自己加入其中，也將妻子帶入儀式之中，與他人一起進行群交。在中世紀後期，坦陀羅教派在東印度極其盛行，至今依然存在，但已不再公開。

左道中的「左」（vama）字在梵語中意為女人或女性，在印度神話中，女神總是坐在男性神的左邊，所以「左」便成了女人的代名詞。就此而言，左道也可以說是女人之道，但這並不是說左道是女人

的修行之道，而是指男人借助女人進行修行，離開了女人也就沒有了左道。因此，在左道修行中，女人是受到崇拜的對象。再者，「左」還有「愛欲」之意，在古印度文化中，女人總是和愛欲聯繫在一起。

因為密教左道的修行實踐總是離不開女人和性愛，為此密教大受非難：理論上是沉溺不返，實踐上是享樂荒淫，與之比較，似乎任何淫穢的東西都會顯得純潔。實際上，使密教聲名狼藉的淫亂放蕩，不可能只是一種蛻化墮落的標誌。因為密教曾經是印度文化發展中最強有力的因素；密教的女行學說和實踐，在古印度並不是淫穢的象徵，而是被認真對待的嚴肅問題，絕不可能是墮落無聊。在印度遠古的吠陀文化，也有相同或相似的信仰和實踐，吠陀文獻便描繪了許多與性愛儀式相關的文化習俗，然而它們主要是高度父權文化中的產物。因此，吠陀文化不可能，也沒有給婦女留下任何崇高的地位，與此相反，密教則非常注重女性。儘管密教像吠陀文化一樣充滿咒術和儀式，但顯然它與吠陀文化的傳統並非一脈相承，甚至是反對吠陀傳統的。印度的原始密教非常古老，按一些權威學者的猜測，原始密教比起吠陀文化來，顯得更為古老。顯然，密教的起源並不是吠陀文化，而是原始密教，以及與之相聯的母系社會中一些古老習俗和巫術儀式。

再者，從高度發展的印度文明角度來說，密教的性崇拜以及其性愛儀式，也具有複雜的文化象徵，與我們一般觀念中的性愛還是有很大的區別。性崇拜和性儀式的意義，不在於性道德或性習俗方面的極端性或破壞性，其中似乎隱含更複雜難解的象徵意義，我們從著名的姬娜瑪斯德女神的繪畫上略加分析。

下面這幅畫刻畫的是姬娜瑪斯德女神形象，姬娜瑪斯德是印度密

教中一個重要的女神，代表著意志和幻覺的超驗力量。其名姬娜瑪斯德（Chinnamasta）意思為「砍下來的頭」，表示的是主要死亡的意識。因此，她常常與迦利女神和死神聯繫在一起，被視為迦利女神的化身，她手持匕首和用匕首割下自己的頭，喝著自己從脖子噴出的鮮血。同時，姬娜瑪斯德女神也是欲望的化身。她坐在體現著欲望的愛神夫妻卡姆和拉蒂上面；她赤裸的身體象徵原始的創造力；男女的結合象徵對立原則的統一。她的胸部裝飾著蓮花，蓮花和花環既暗示性愛又象徵著慧和力量，她像濕婆一樣長著三隻眼睛，額頭上的珠寶也使她與蛇（性力的象徵）相互聯繫。一方面是欲望和創造力，另一方面是死亡和智慧，這兩方面構成了既矛盾又統一的女神形象。她無始無終，儘管她本身是不變的，但她以摩耶變幻出一切。在最高的統一境界中，既沒有肯定也沒有否定既沒有純潔也沒有不忠；既是有形又是無形，在密教中，她也被稱作摩訶黛維，其意為「偉大的女神」。

▲《姬娜瑪斯德女神》，拉吉斯坦繪畫，18世紀晚期，貝拿勒斯

4 女性原則

密教是由古印度的原始密教發展而來，而原始密教本身極其古老。事實上，有很多理由可以相信，大量的印度河流域藝術和象形文字，與密教的主題有密切聯繫，如果可以在印度河遺址中找到密教的蹤跡，那麼它在印度的歷史就不會少於五千年。同時，印度至今還存在一些極端落後的部落，從他們的習俗中，我們可以發現很多在密教中所遇見的東西。換言之，現在還有人過著五千年前的古老生活，所以原始形式的密教不只是古代的，也是現代的，甚至是當前的。

最初密教在印度出現時，只是以某種方式有意吸納了本已在民間盛行的信仰和儀式，這常會使人產生錯覺，以為原始的信仰和儀式好像是印度教和佛教固有的，密教中的一切也像是由印度教和佛教發展而來。但實際上，原始密教本身極其古老，正如達斯古普塔在《作為孟加拉文學背景的神祕宗教崇拜》中所說的那樣：「密教當初不是佛教也不是印度教。它似乎是一種宗教暗流，本來獨立於深奧的形上學玄想之外，從渺遠難知的時代一直流傳於

印度宗教史中。」

　　密教在印度文化中的興起並不是一種孤立的現象，不僅印度教、佛教，甚至是原本主張極端苦行的耆那教，也都興起了類似密教左道的修行方式，且在西元七至十世紀發展為印度文化的時尚：高尚與下賤不分，宗教與生活一體。密教一方面顯得極其原始，甚至帶有蒙昧的色彩，這主要是因為在修行儀式和修行方式上，吸納了原始密教的信仰和習俗；另一方面，密教和性力教派的典籍絕大部分是出自印度的上層種姓，主要反映是高等種姓的世界觀，是高度發展的宗教文化產物，在印度佛教密宗和印度教性力教派的經典中，除了存在往世書萬神殿中的男女神座之外，我們還發現這類典籍又精心構築了一套，極其完備的宗教哲學理論，顯然這並非原始密教固有的，密教是文明與原始、玄奧與簡樸、高雅與世俗相互結合後的奇特產物。

　　《大涅槃坦陀羅》是最著名、最通俗的坦陀羅經典之一，它認為人皆誕生在女人的子宮，因此我們應該將最終、最高的創造原則歸功於母性。這種認識極其簡單，但其中隱含深刻的義理。人從哪裡「出」，也只能從那裡「入」，我們只能在對原始的回歸中才能真正認識世界。但是在我們生活的時代，又無法再回到過去，就像我們已無法回到母體一樣，因此我們只能在對女人身體的「出入」之中去認識世界。世界體現的是女性原則，神話傳說中的婆爾娃蒂、杜爾迦、勒克希米、羅陀、摩耶女神，組成了創造性的女性原則，她們只是女性原則不同的名字。坦陀羅派將每一個女人都看作宇宙之母的化身，每一個女人都應受到相應的尊重，所有的女人都是一個女人，與女人的性行為是崇高而偉大的修行。正是在這種思想觀念的指導下，本是禁欲主義的佛教也逐漸染上了豔欲主義色彩，連佛陀的母親在阿旃陀

▲厄運女神，南印度石雕，8世紀

壁畫中也演變成了摩耶女神，我們很難想像，佛陀的母親居然半裸著身體，乳房高聳，一副嫵媚妖嬈的神情。不過，在佛教密宗看來，這一切並無損摩耶女神的崇拜和偉大，反而使她作為女性原則的體現變得更生動具體：她既富於魔幻般的色彩，又不失女性的莊嚴和穩重，將佛教慈悲與安詳的精神體現得淋漓盡致。

女性原則是印度文化的精髓所在，密教和性力教派從側面生動體現出印度文化的精神，有些學者認為，坦陀羅是印度吠檀多和數論神祕哲學，以及印度古代唯身論哲學發展的頂峰。一方面它極其原始樸素，甚至帶有蒙昧的色彩，另一方面又高度哲學化，富於深刻的義理；一方面它與人們的日常生活緊密結合，另一方面，其複雜的義理即使是現代學者也難以理解，像是隨處可見的雜草，又像是令人心曠神怡的鮮花，它的儀式、真言、瑜伽等形式，永遠屬於古老而永恆的印度文化。

5 身諦：宇宙的一切存在於人體

　　古印度農業巫術所根據的原則是，大自然或是女性大地的生產力，可以由模仿或類比於人類的生育功能，而獲得誘發或提高。反之人類的繁殖力又被類比於自然的繁殖力。所以，這些原始信仰與靈魂、神、解脫、天堂、祈禱、祭祀等宗教觀念毫無關聯，沒有任何發達宗教的特徵。它強調的是人類的身體與自然的同化。比如，妓女祈雨儀式就帶有原始巫術的性質，這種儀式常常要求妓女赤身裸體，以此誘惑天神下雨。

　　不僅是原始密教，古印度文化如數論、順世論、奧義書、往世書等都普遍認為，宇宙的一切都存在於人體之中，人體是宇宙的縮影。其顯明的推論有二：第一，如果我們能瞭解人體的奧祕，就有可能瞭解自然的奧祕；第二，宇宙的誕生並不比人類產子更神祕。密教實際上就是根據這兩項推論來建構自己的理論和實踐。

　　因此，密教的修行和成就主要表現在兩方面的意義。一是外在，屬於自然外界的力量，與宇宙有關；另一是內在，屬於人的本性和潛能，與人體有

關。但兩者不是孤立分離的，人可以充分發揮體內潛藏的力量以獲得外在的成就，或者控制外界的自然力量，以發揮自身的內在力量。根據密經，既然宇宙和人體是按照同一原則製造，且由同樣的物質組成的，那麼，發揮身體固有的力量，你就可以使宇宙力量於你有利，由你控制。密教認為沒有什麼工具比人體更奇異。沒有人能製造出比身體更了不起的工具。所以，人可以不借助其他工具的幫助實現願望，只要你能發揮和表現出蟄伏在這非凡的工具——你的身體——裡面的力量。在密教看來，潛藏於自然和人體中的力量之間的關係確是驚人，不僅宇宙的一切都存在於人體，而且宇宙

▲玩球的女人，11世紀，德里國家博物館

的演化與人體的生物性發展過程，也是相互平行的，密教的修行儀式和修持法都強調對身體的認識和控制，這就是密教為什麼一直深切關懷身體問題的緣故。

根據《訶陀瑜伽》，人的體內不僅隱藏著宇宙和真理的奧祕，也

是我們認識宇宙和真理最好的媒介，透過對自我身體的認識，從而認識真理。密宗認為，太陽、月亮、星星、山、河流等自然界的一切，在我們的體內都有其照應，身體的各個脈絡和神經系統中，蘊涵著宇宙的精神和無窮的能量。但這種精神和能量本身是潛伏不動的，只能通過適合自我的瑜伽知識和瑜伽實踐，將它們充分調動起來，並將身體的物質力量轉化為精神力量。

我們知道，宗教常常強調人的心靈和精神，而對人的肉體，尤其是肉體的享受總是竭力排斥，但密教教義的基礎和根本義理卻是唯身論（也譯作身論或身諦，即關於身體的真論或真諦），可說是「我者無它，身體而已」，若說世界上有什麼神聖的東西，那便是身體了。正是基於這種認識，密教使印度的宗教產生翻天覆地的變化。

6 享樂主義：順世論

　　在佛陀生活的時代，印度也盛行順世論。什麼是順世論呢？我們從其名稱說起。按照古印度《利論》等書的看法，普羅大眾多認為財富和欲望的滿足是人生的目的，他們常常否認未來世界任何事物的存在，這也正是順世論的根本主張，因為它迎合了大眾的趣味和心理，因此名為順世論，取其「隨順世間」這樣的意義。順世論認為，現實的、感官的快樂是人生的真諦所在。它主張完全自由，絕對的自由意志，是生活的自然之道，所以也被稱為任心學派，意思是隨心所好，為所欲為。從哲學觀上來說，順世論認為人是由土、水、火、氣四大元素構成的，人一旦死去，軀體就還原為自然的四種元素，靈魂也就消失了。除了具體物質世界之外，順世論什麼也不相信，否認任何超世間的存在。因此也被認為是古印度的唯物主義學派。在順世論者看來，生命體就像是水中的氣泡，人不過是有意識的身體。人活在世上，身體最為重要，他們也被視為印度最早的唯身論學派。

　　在順世論看來，每件事物都由本性（自性）的

自發作用而生存。眾生的目的就是幸福，在這個學派看來，人可能
獲得的最高幸福即是感官之樂，因此他們常被稱為享樂主義派。印度
十四世紀偉大的神學家薩亞納・摩達婆（Sayana Madhava）在《攝一
切見論》中，將「今朝有酒今朝樂，未必有命到明朝」的生活觀點、
哲學上的懷疑主義、神學上的無神論等最極端形式的主張，都歸屬於
順世論者：「人生唯一的目的是感官的快樂享受。你也不能說那樣的
快樂不能稱為人生目的，既然人生總是混雜某種痛苦，而我們的智慧
又要求我們享受盡可能的、純潔的快樂，避免隨之而生的痛苦……所
以於我們來說，絕不因為害怕痛苦而放棄享樂，享樂是我們的天性，
本能是我們的一切。人們豈能因為野獸吞食而不播種五穀；豈能因為
乞丐乞討一點食物，而不將湯鍋放在火上。」

　　印度古籍《六見集論疏》談到順世論宗派時說：「他們只知道吃
喝，而不關心善與惡的存在，除了直覺的東西之外，不相信任何事
物。他們飲酒食肉，耽於無限制的性放縱。每年，他們都會在一個特
定的日子聚集在一起，與婦女們無節制地交媾。他們的行為像普通老
百姓，由此稱為順世論。」印度也有學者認為，既然他們是在每年特
定的日子裡進行男女性愛，說明他們的放蕩與狂歡帶有儀式的意義，
而非腐化墮落，因為性愛儀式在古印度並不是一種孤立的現象。愛神
節（Madanotsava）在印度古代極為盛行，在愛神節期間，准許人們
滿足肉欲主義的享樂，婆羅門和首陀羅、帝王和乞丐都以同等的熱情
參加愛神節，在此節日狂歡與淫欲是受到崇拜的。至今盛行於印度的
霍利節，按一些學者的說法，便是從愛神節演化而來。

　　順世論也被稱為廣智派（Barhaspatyas），據說他們的教義和主
張最初是由廣智仙人（Barhaspati）提出。《廣智經》中有兩句格言

◀情愛，卡朱拉霍
寺廟雕刻，10～
11 世紀

被認為是真實無偽的：「一般來說，順世論是在獲得物質繁榮的時候
信奉遵行的。」「至於愛欲儀節，奉行的只有迦波里迦派。」在廣智
仙人看來，順世論主張人生在世要追求財富，而迦波里迦派則追求愛
欲享受，奉行愛欲儀式。顯然，順世論以其唯物主義哲學，成為古印
度經濟科學的開端，而迦波里迦派則以享樂主義哲學體系成為性愛科
學的濫觴。表面上，這好像是兩個不同的派別，實際上，順世論派與
迦波里迦派有密切關係，因為迦波里迦的性愛儀式與繁榮物質財富
的理想有所關聯。在印度古代，舉行愛欲禮儀即男女性愛儀式的目
的，主要為了物質繁榮，可以仿效或傳播人類的生殖而提高自然界的

產量，也就是說，財富與享樂自古以來便天經地義地聯繫在一起，這便是性愛儀式的最初含義，正是因為如此，順世派也被稱作迦波里迦派，兩者常常混為一談，而且在後來的發展中，兩者也確實融合為一體了。

在早期的佛教資料如《曲齒經》中，我們可以發現順世論的名稱，在早期的《梵動經》中，我們發現有一種確定的唯物觀將身體等同於自我。由此可以推斷，原始順世論遠在佛教之前就存在了，而在佛陀生活的時代得以進一步盛行，後來順世論又與印度的密教和性力教派有所聯繫，從而對印度社會產生很大的影響。因此，順世論並不是屬於古印度某個時期，即使今天印度也還存在順世論宗派活生生的例子，正如印度著名學者 D.R. 夏斯特里在《順世論》一書中所說：「順世論和迦波里迦派的影響，現在在印度還是強有力的。有一個宗派，而且是人數眾多的一個，它的信徒相信人的物質身體是唯一值得關心愛護的，他們的宗教修行與男女的結合有關，他們的成就（siddhi，神通，本領）高低，端看性愛交合時間的長短而定。這些人自稱毗濕奴派，但是他們並不相信毗濕奴大神或黑天，他們只相信身體。他們還有另一名稱，叫作蘇合佳（Sahajia，自然主義，自然派），它是從印度大乘佛教中衍生的佛教宗派名稱。」在《印度唯物主義、感官主義、享樂主義簡史》中，夏斯特裡又說：「有些墮落佛教宗派，以放鬆男女道德為其特點，逐漸加入順世論派。這些宗派之一即迦波里迦，他們本是很古老的宗派。他們飲酒，以人為犧牲，玩弄女人……因為色欲或肉體快樂的享受是這個宗派的目的，它逐漸加入左道異端（Nastika）形式的順世論派，按照這派的觀點，人生至高至善的鵠的……就是肉欲快樂的享受。」

順世論派是一種歡樂的信條，在他們看來，現實生活中的一切都是明朗愉快的，由於他們的影響，在印度的歷史時期，無論寺院與王宮，詩歌與藝術，無不陶醉於色欲主義。西元十世紀之後，隨著佛教在印度衰落以及伊斯蘭教入侵，順世論派在印度各地，採取各種形式的偽裝隱蔽起來。

7 密教與左道

佛教密宗即密教是大乘佛教的派生物，它與佛教有著千絲萬縷的聯繫，並不是對原始佛教的背叛。但密宗的教義和修行方式乍看之下有違佛陀的教義，所以不少學者認為密宗表面上是佛教，實際上卻是非佛教或反佛教的。「佛教的密教」瓦利包森說：「實際上是佛教的印度教，穿著佛教外衣的印度教或濕婆教。」似乎是將印度教性力教派中的濕婆、杜爾迦等名稱，簡單轉換為金剛薩埵、金剛都基尼等稱號，佛教密宗便出現了，這是一派觀點。另一派觀點，正如德·恰托巴底亞耶所說，佛教密宗並非大乘佛教的枝生物，它不過是改頭換面的原始密教，它將一些佛教用語揉入原始的密教之中，如以性空、般若和金剛來代表男性，而以慈悲、方便和蓮花來代表女性，兩方面的結合看似高深，實際上不過就是原始密教中的男女結合。

顯然，佛教密宗與印度教中的性力教派，以及原始密教有著密切聯繫，但佛教密宗畢竟是佛教高度發展後的產物，而且至今仍是佛教的主流派別，說明佛教密宗並不如原始密教那樣簡單，而是一種

複雜的宗教現象。

　　喬波陀在他的《數論頌注疏》中，言及古印度阿修羅的宇宙發生論時說：「小孩的出生是由男女結合而來，萬物的創生也是由陰陽交媾而生成。」奧義書、《薄伽梵歌》也提到了這種宇宙觀。不僅是古印度，在很多古老民族的神話傳說中都存在類似的宇宙觀。佛教密宗和性力教派繼承了這種說法，並非什麼不可思議之事。照密教的理解，人的身體是宇宙本身的一個縮影，是個小天地。它認為世界起源於陰陽交合，除了性愛的推動，沒有其他原因。對人類來說，新生命創造的過程是男女結合，宇宙也是以同樣的方式透過陰陽交合而創造出來的。廣闊無垠的虛空中偉大的創世搏動，就人而言具體表現為性欲的衝動，正是性欲和愛神導致新的名和色（名代表精神現象，色代表物質事物；人是精神和物質的結合體，有時也稱為名色），從而使人類得以生成和繁衍。佛教密宗和性力教派的看法並不新鮮，甚至可說是司空見慣，它們並不是因此而受到了普遍的責難。在印度其他高度發達的精神主義哲學中，也貫穿著以宇宙創生而設想的男女交配儀式和思想，如梵我合一、濕婆神與薩克提女神的結合，以及黑天與羅陀的性愛。但與其他宗教派別不同的是，密教是一種極端形式的唯身觀，其宗教義理的出發點和歸結點，都落到了實實在在的男女結合上。

　　借助女人修行或說是男女雙修主要屬於密教中的左道派，左道亦即是女行理論和實踐，只是密教修行的許多形式之一，不能等同密教等。事實上，密教的女行與另一種稱為淨修行，也就是右道的修行方式形成了尖銳對比。這說明密教本身並不是單一的，實際上，在密教看來，各人有其修行方式，但左道卻是各種修行方式中的最高形式。

左道只有在灌頂之後才能獲得，一個未灌頂的密教徒很難算得上是真正的密教徒。再者，左道是宗教的原版，代表密教的純真形式，右道則是晚期的發明。所以，說起密教時，左道基本上是其代名詞。

　　按密教左道的看法，修行者必須和一個女人（即瑜伽女）在真正的交合中，才能進行「日月光明」式的修行，譴責密教的人多半在這方面大作文章，他們認為，密教左道的說法與正統佛教的思想背道而馳，是原始佛教的墮落，是用佛教術語、借佛教之名來表現淫穢不堪的思想。左道果真如某些學者所說，是原始佛教的墮落？我們從「惡名昭彰」的密教「五摩」說起。

8 左道五摩

　　左道五摩指的是酒（Madya）、肉（Mamsa）、魚（Matsya）、炒飯（Mudra）、性愛（Maithuna），這是密教左道派宗教儀式中不可或缺的五樣東西，因為它們在梵語中都以字母 M 開頭，所以稱為五M 即五摩。五摩的修持法構成了密教的基本特色。

　　密教並不是一朝一夕發展起來的，密教儀式和教義的來源也不是單一的。在密教之前，印度存在著各種女神，尤其是母親女神的崇拜，也有各種儀式和咒語，密教五摩與這些古老的崇拜儀式有著千絲萬縷的聯繫。但構成密教左道五摩的宗教儀式不只是原始密教影響下的產物，飲酒、吃肉以及性儀式，也存在於以吠陀、奧義書、史詩為代表的早期印度教正統文化之中，將性愛儀式化並作為一種崇拜儀式，早在古老的《百道梵書》（*Satapatha Brahmana*）等多部梵書中就出現了。只是在佛教、耆那教興起時，苦行精神占據印度文化的主導地位時，飲酒、食肉、性儀式才逐漸被禁止。

　　在正統佛教聖典中，五摩是被強烈譴責的，但是佛教密宗教徒卻將五摩奉為指導其行為的寶典。

為什麼在原始佛教聖典中備受譴責的縱情酒肉，在佛教密經中受到極力讚揚？

印度文化向來是五花八門，但又不是雜亂無章。大致來說，禁欲主義與縱欲主義在古印度文化發展過程中，一直是此消彼長的兩大潮流，五摩的出現正是印度文化中，縱欲主義占據主導地位的時期。

不過，密教五摩與一般所謂的放縱淫蕩是截然不同的，可謂雲泥之別。主要是因為五摩並不是一種生活方式，而是一種宗教儀式，它是在特定的時間和地點舉行，並且規定較為嚴格。比如，加入密教性儀式的只能是已婚女性，這些婦女大多來自印度社會的低等種姓，被視為性力的體現，其他女子比如處女則是被嚴格禁止的。再者，修行

▲卡朱拉霍寺廟雕塑，美女與怪獸，10～11世紀

者必須超越愛與恨、好與壞、美與醜、可接觸與不可接觸、朋友與仇敵之間的二元對立與差異，真正平等地對待自己和他人，尤其是性儀式中的婦女。與一般人對密教五摩的看法不同的是，密教在看似離經叛道的行為儀式背後，隱藏的是苦行精神、高尚的理性和深刻的哲學思考。

在佛教密宗和印度教性力教派看來，這種儀式的意義在於，幫助修行者消除現實經驗世界中存在的差異，使修行者獲得完全的自由。《俱羅那婆密經》（*Kularnava Tantra*）認為，正像人跌倒了要從跌倒的地方爬起來，飲酒作樂可以幫助人獲得精神上的昇華和解脫。以毒攻毒，飲酒若只是為了飲酒，那麼酒便是一種罪惡的飲料，若將酒作為一種引導物，使人的精神進入或陶醉於某種崇高境界，那麼酒便是有益且令人神往的飲料了，這正是酒不醉人人自醉。同樣地，吃肉使人的身體得到營養，魚可增強人的性能力，炒飯使人精力充沛，性愛使人獲得最大的幸福和滿足。酒肉與性是人們日常生活中樂見的東西，而一般宗教卻又諱莫如深，反而使得修行者若非談虎色變，就是好奇有加，久而久之，便成了修行者的心病，這無異於諱疾忌醫。密教左道實行五摩，目的在於使人的身心處於均衡和諧的狀態中：在極端的享樂之中返樸歸真，使修行者變得更像現實生活中的常人。

只有在這種狀態中，修行者才能進入崇高而神聖的境界，這種境界超越世俗生活的喜怒哀樂，使一切都變成了平等無異的存在。在密教左道看來，從終極的意義而言，憐憫與殘忍毫無差別，合法與非法的行為也是如此。這也正如奧義書所說，對於已獲得崇高大梵精神的人來說，任何反常和非法的行為都不會為他帶來罪惡，這就是常言所說的大象無形。基於此，密教左道將修行者和修習行為置於道德價

值標準之外，在一定的規則和範圍內，對他的行為不加禁止和限制，認為這些行為是認識世界並實現自我人格完善與圓滿的必要組成部分。密教經典《大悲空智金剛王經》說，灌頂之後的密教徒被教導的行為準則是：他應當「殺生」，「說謊話」，「取所不與」，「追逐別人的妻子」，與女人一起沉醉於「不淨」之中，他可以不從事任何儀式或打禪入定，不躲避任何性行為：他享受一切女人無所畏縮。他說「我將救渡眾生」，但究極而言，根本沒有任何眾生，這不過是般若經的話頭而已。他不愛也不恨任何人，無論是朋友還是敵人。他不去禮拜木頭、石頭、黏土做的任何天神，因為他是自己的神靈。在與女性修行者的性愛中，他和她變成了佛陀和度母，這種狀態也被描述為，性儀式實踐者在類似昏迷的狀態中，想像他再生於度母的子宮，殺死佛陀並取代他的位置。在密教的性儀式中，一切禁忌都被拋棄了，因為對無知的世人來說，它是罪惡的行為，但對密教修行者來說則是善行和美德。對吃肉、喝酒的行為也當如是觀之。這種思想對佛教後來的另一支派別禪宗，產生了很大的影響，禪宗所謂逢佛殺佛、逢父母殺父母，其要義與左道五摩是一致的。

佛教密宗即金剛乘追求的理想是般若（男性本原）與方便（女性本原）的圓滿結合，即般若方便狀態（Prajnopaya）。事實上，密教並不否認愛欲的危害性，但是它似乎承認，當愛欲被瑜伽所控制而變成有意的修行時，就能成功地用於解脫。因此，不僅是性欲，而且是人類所有的願望，包括從倫理道德的角度看來是邪惡的欲望，金剛乘為了修行者的圓滿和救度，都設法透過一種嬗變而加以利用。早期佛教和正統佛教都竭力批判貪欲、瞋恚、愚痴，即佛家所謂的「三毒」，以及三毒的派生形式如忿恨、畏怖等。但密教卻不遺餘力地要

▲毗濕奴大神化身為獅子，15世紀，德里國家博物館

為三毒恢復名譽，乍看之下，確實有點令人驚訝。但密教卻認為，三毒的功能在於對付一切有害的影響，以毒攻毒，不僅可以使人進行自我保護，而且是最有效的修行方式。實際上，在印度正統文化中也存在這些現象，比如濕婆、難近母、閻摩等形象常常是面目猙獰，這對佛教密宗金剛畏怖神的產生有直接影響。金剛一般都呈憤怒和令人恐懼的面貌，其作怪相的面部點綴著令人望而生畏的獠牙，使人想起搗亂佛陀修行的摩羅及魔軍的醜惡面目，各種恐怖神形態各異，三隻眼睛象徵著能看穿三界的智慧；散披的頭髮和被砍下的頭顱向人們提示的是，虛妄與欲念已被刀砍斷，象徵死亡的骨髓取代珠寶成為重要的飾物，所有的因緣均已斷絕之時正是功德圓滿之日。

9 密教的菩提心

　　在密教看來，人體中的骨骼由皮、肉、血液等包圍，其間不僅有日月星辰和水土火風，而且有各路神仙、各種神靈以及惡魔，世界上所有的一切都存在於我們的體內。人之初，性本善，這是一派觀點；另一派觀點則是人性本惡。善惡之爭論，不僅存在印度文化之中，也存在於中國古代文化和世界各國文明之中。正統的印度教和佛教注重於「善」的修行，以「善」來引導人們的行為，而密教左道則標舉「五摩」和「三毒」，說明密教左道的教義更關注「惡」，並以惡的修行來消除善惡、好壞之間的界限和差異。

　　一般宗教認為，萬惡之中淫為首，但按照密經所說，宇宙是由色欲創造的，如果身體被看作是宇宙的縮影，那麼人的身體就是由色欲構成的。宇宙一方面在進化，顯示的是活力；另一方面又在退化，顯示的是靜止不動，任何事物的存在都是動與靜的結合，性愛也是如此。在我們有限的生命中隱藏著無限和永恆，人類最崇高的價值在於愛。但愛若停留在精神層面，便會在靜止中逐漸枯竭，密教

認為，人的身體總是渴望性愛，性愛體現的雖然是肉欲和激情，但卻是通向崇高和解脫的必經之路。宇宙自然本身充溢著愛，人的天性與本能也是如此，正確引導我們的性愛，使之沿著精神的軌道運行，我們就會順其自然地達於精神的歡喜境界。印度教性力教派也認為，除了濕婆（象徵男性）與薩克蒂（象徵女性的性力）之外，一切都不存在，世界上的萬事萬物都是濕婆與薩克蒂的遊戲，認識到這一點，任何粗俗都可以演化為高雅；任何低下都可演化為崇高。自然、歡樂就是有情眾生的生命意義，正是這種意義構成一切存在物的神性與自性，也正是密教所謂的菩提心。

在密教中，菩提心被比喻為「滴」（bindu）與「不淨」的結合。滴的本意為白淨的或「白色的」，從性的角度看來，密教認為，滴便是男子身上的陽氣、血液以及精液；不淨主要指女人的體液，一方面指的是女人的月經，另一方面指女人在性活動中分泌的體液，密教崇拜女人的不淨，認為不淨代表女性的本原，如果說男人的滴在本原上是淨的話，那麼淨只有與不淨結合才有意義，只有在不淨之中才能產生淨，離開了不淨，淨便不存在了，淨與不淨的結合便是菩提心。從善與惡的角度說，密教認為男性本原扮演的是一種積極（善）的角色，女性本原扮演的是消極（惡）的角色，離開了惡，善便無從產生，善惡本來是交合的。在密教的性修習中，男女雙方完全平等，二人都是菩薩，性愛的興奮雖然體現於男女的身體中，但男女雙方的感受卻是交互產生的。因此性儀式中最重要的是，要注意性經驗和性感受的充分交互性質，如此才能透過俗諦意義上性的體驗，來感受屬於真諦意義上的歡喜。在密宗看來，性實踐中女人的液體是不淨的，體現的是俗諦現象，但是在這種俗諦現象中，人們才能找到真正的菩

提心。性愛並不是為了滿足人的獸欲，而是為了幫助人獲得解脫，在這種背景下，坦陀羅中的女人受到極大的尊重，被視為是瀰漫於宇宙的豔欲精神在世俗世界的完美體現。

世界由陰陽構成，每個人也都是陰陽的結合，不可能是純男或純女，任何一個男人或女人都要部分從屬於異性。密教中出現男女擁抱、陰陽和合的圖像，如果將此視為某種刺激色情的做法，顯然過於庸俗。實際上，它是以陰陽兩性在菩提心或佛地中不可分離的結合，使赤裸的男女變得純真無邪，並使人們難於啟齒的性行為變成充滿智慧和慈悲的行為，這對仍處於變幻不定的色界支配下的眾生來說，無疑是一種明顯反常卻又頗有深義的現象。

性儀式與性象徵（主要表現為衍多羅），在密教中占有重要地位，這是佛教發展史上非常重要的事，早期佛教與性愛本來是水火不容，現在它卻承認了性行為在宗教生活中的重要性，佛教的教法和修習因此經歷了一場巨大的變化。人們的宗教觀與現實生活更密切地聯繫，不僅使宗教世俗化，也使性生活本身得到了昇華。

再者，密教也不是任意妄為，他們只是在神聖的宗教儀式中，且在嚴格的控制下進行性修行和性實踐。在現實生活中，他們過著完全正常的生活，偶爾為之的宗教儀式也被認為是對人們內心潛藏的邪惡心理進行宣洩，是以愛欲來滌蕩愛欲，其目的在於引導他在現實中過正常而富有美德的生活。早在佛洛伊德的精神分析之前，人們便模糊地意識到，抑制性本能那樣極其強大的力量，實際上會在很大程度上使其變得具有災難性，最好還是在宗教的範圍內公諸於眾，並加以引導。因此，密教曾經深得現代心理學家的重視，比如著名的精神分析學家榮格，就對密宗充滿了興趣，認為密教中隱藏著無上的智慧。

10 大歡喜

　　「歡喜」一詞在漢譯佛典中俯拾皆是，如歡喜
天、歡喜地、大歡喜、歡喜無量、皆大歡喜等，在
中國佛教中，常常代表某種境界，更富於精神的意
義。當然，由於受到佛教密宗的影響，此詞也常用
來指男歡女愛。

　　歡喜天（Nandikesvara），又名毗那夜迦（
Vinayaka），原為古印度傳說中的神，後來佛教密
宗將此神演化成愛欲之神。在印度密教中，傳說毗
那夜迦是崇尚婆羅門教的國王，他殘忍成性，不斷
殺戮佛教徒，釋迦牟尼派觀世音去度化毗那夜迦。
毗那夜迦酷愛美女，觀世音便化為美女來見毗那夜
迦，沉醉於女色的毗那夜迦，最終為美女化身的觀
世音征服而皈依佛教，並成為密教的大神。毗那夜
迦的塑像有單身和雙身兩種。雙身者呈男女裸體相
抱之狀，名為歡喜天或歡喜佛。

　　歡喜地一般指極樂狀態的佛教境地，也是以男
女的和合歡喜作為象徵。

　　大歡喜一般指的是，歡喜天和明妃合抱交媾之
相，明妃摟抱其頭，一足圍繞其腰，正是所謂「大

樂」的形式。

　　不僅佛教密宗，古印度文化也常以男女交合來象徵宗教、哲學和藝術的最高境界，密教中「喜」字的含義正是印度文化的產物。

　　奧義書中「喜」的本義就是由男歡女愛上升為梵我合一。因此，《廣林奧義書》說：正如一個被可愛妻子擁抱的男人一樣，當他被至高無上的自我（阿特曼）擁抱時，一切都消融於「喜」的境地。在《歌者奧義書》中，印度文化中最神祕的象徵符號歐姆（aum），也被想像成男女交媾，男女雙方從性愛中獲得的滿足和享受，因此有了崇高而永恆的意義。

　　在印度教性力教派中，信徒也是以男歡女愛的日常感受來描述對神靈的虔信，以達到美妙（madhurya）的最高境界。在這種境界裡，

▲音樂與舞蹈，笈多王朝時期，德里國家博物館

信徒在感情上已與羅陀等同，並達到與黑天合一的極樂狀態。印度教神學就建立在理想化的感情衝動性愛形式的基礎上，並用源出於美學的術語加以刻畫：你和我（客觀和主觀）的對立本來像光明和黑暗一樣，但在合一的狀態中，對立變成了統一：物我雙亡，主客盡泯，二元是一。這種合一的境界便是「喜」，不僅僅意味著歡喜這種日常的感情享受，更重要的意義在於它顯示了某種形而上的精神狀態，類似佛家所說的圓滿境界。

正統的印度教將人們日常生活中的男歡女愛升化為宗教境界，而密教則是將至高無上的宗教境界還原為生活中的性愛體驗。佛教密宗和印度教性力教派也尋求解脫，但它們認為人的解脫不在來世，而在此生，如果來世的美妙享受便是解脫的意義所在，密教寧可將這種解脫的意義實現在此生此世，因此密教不僅不謝絕塵世中的各種享樂，反而盡力挖掘種種聲色之娛，及「山神」經驗中隱含的崇高意義和價值。性力派特別重視性能量和性信仰儀式，認為性愛是最大的創造性能源，通過性愛可以使人類靈魂和肉體中的創造性能源激揚起來，使自我與宇宙合一貫通，達到最高的精神境界。為此他們直接把性愛本身作為一種宗教儀式，在性愛中使男女超越自我，上通神靈，這種儀式稱為「輪寶共養」。男女在極樂中融為一體，體驗個人靈魂與宇宙靈魂合一的情景。在佛教密宗中，女性的性活力代表彼岸世界的超驗智慧「般若」，透過想像的陰陽交合和真實男女交歡的瑜珈修行，親證「般若」與「方便」融為一體的極樂涅槃境界。這就是歡喜、大歡喜的宗教寓意。

11 性愛的最高境界

在大多數的宗教中，愛常被神聖化，與愛相關的性則被抑止且消失不見了。密教正好相反，在它將性事神聖化的同時，與性相關的愛不僅沒有被神聖化，反而成了性的對立面，而加以抑止。在密教經典中，愛不起什麼作用，密教特別強調對各種關係形式，包括心理和社會意義上的愛的拒

▲艷欲中的男女，雕塑，10～13世紀

絕。儀式中的女性代表純粹的性，是女性原則或性力的體現，而不代表一個女人。人類感情意義上的愛對修行密教的人來說，是完全不能相容的，密教將性行為從個人和社會中孤立出來，認為不帶情感、不帶功利的世俗性行為最為神聖，性愛的最高境界在於：無情無義無愛。

大概正是與此相關，佛教密宗中的女性神，在形象上多表現出怪異的特徵，這與印度教中大多數以美貌著名的女神形象，正好形成對比。密教中女

性形象的塑造不僅不美，而且是以醜與惡為其典型特徵，其目的可能
與密教對情愛的拒絕有關。宗教文化在對性行為進行非難時，常常將
女色與醜陋、邪惡和死亡聯繫在一起，使人們在心理和感情上對性感
到厭惡、恐懼。因為密教是沉醉於性愛，所以也沉醉於與性愛相關的
醜陋、邪惡和死亡。密教的性儀式常在荒野或靠近墳墓的地方舉行，
被密教奉為聖母的度母形象，與中國佛教傳說中的醜陋可怕的母夜叉
多有相似之處，象徵死亡的骷髏常是度母不可缺少的裝飾品。密教性
修行和性行為之所以不帶情感，是因為它試圖超越美與醜、善與惡的
界限，進而使粗俗與高雅、世俗與神聖化為一體。

　　從非功利的角度說，密教的性儀式與性實踐也試圖超越責任與義
務，使性變成一種純潔而自由的行為。密教認為婚姻與性愛不僅束縛
人們的性生活，也使人們的性行為變成了責任；而與情愛結合的性行
為同樣是一種荒唐的設想，因為它使人們在專一的感情中變得自私狹
隘，所以愛情的世界總是一個排斥他人的小天地。密教試圖使性愛變
成一種自由自在，且有利於人類身心的行為。

　　再者，密教也不是性放縱，它雖然沉醉於性事，但密教的性行為
與性實踐與性放縱有天壤之別，它認為性活動並不是一種宣洩，也不
是對人們欲望的獸性滿足，而是一種修行行為。它追求的不僅是一種
極樂的境界，而且是一個崇高的世界。

　　密教的這些看法也不是空穴來風，它是從古印度文化中自然生成
的。與將女人看成是一種消費對象，印度文化多將性愛看成是一種人
生遊戲，在這種遊戲中，女人不僅是欲望和享樂的化身，也是享樂的
對象，女人渴望男人的與男人渴望女人都是享樂，因此男人不要將
女人視作永恆或美的化身。西方文化中的聖母或永恆的女性美，在古

印度文化中是找不到蹤影的。男人對待女人最好的方式就是與她們做愛，而且是淡然無情地做愛最好。古印度文化認為，性愛遊戲誕生於人們精力過剩，而這種遊戲的樂趣和奧祕恰恰在於，性愛中的男女都要保持旺盛的精力，否則性愛便不是一種遊戲而是令人筋疲力盡的身體耗損了。女人是欲望的傾向，她們在性愛方面的旺盛精力是天生固有的，而男人與女人不同，想使性愛充滿樂趣，男人就要克制自己，尤其不要對女人產生愛與激情，因為這兩者是性愛遊戲的大敵，只有克制情，引導著欲，男人才能保持活力。從印度文化中神祕主義的角度，男女交媾是陰陽二氣在雙方體內相推相摩、交互激盪的過程，性事的高妙之處恰恰在於，能使陰陽二氣處於和合的狀態，使男女雙方的體內充溢著盈實圓滿之感。進一步地，在這種盈實圓滿之感中，

▲以男女生殖器官的合二為一象徵宇宙的構成。印度教寺廟中常見的儀式用品

瑜伽修行者也特別注重以意念調息，使誕生於男根女陰之中的氣上行於大腦，從而使身體的娛樂轉化為心靈和精神的享受。所以，性行為變成一種性修習時，其中的關鍵便在於自我控制，也可以說是縱欲中的禁欲，性愛並不是一種宣洩，而是養精蓄銳，這與中國道家功夫中所謂的「還精補腦」之說有相似之處。不過，這都是密教上師的神祕說法，一般人體會不到箇中奧妙，或許這不過是一種荒誕無稽的說法。

12 瑜伽

在當今西方世界，瑜伽受到人們極大喜愛，而廣泛推行。西歐、美國和澳大利亞，幾乎每個城市都舉辦過正式的瑜伽班，瑜伽熱可謂經久不衰。西方練功者所習的瑜伽，從簡單的吐納到繁複而困難的技藝，五花八門，應有盡有。多數人修瑜伽課程是為了增進健康和長壽，促進心理平衡，緩解緊張情緒，瑜伽在這些方面也確實具有實效，這一點生理和心理方面的檢測試驗已經證實。不過，瑜伽也因此失去了古老而根本的意義：追求宗教、精神意義上的幸福或者解脫。

「瑜伽」一詞的字面意思是「結合」。早在印度最古老的典籍《梨俱吠陀》中就已經出現，不過在吠陀文學獻中，瑜伽一詞最初表示駕馭牛馬，即「以軛連接，服牛駕馬」之義，相當於「枙」或「駕」，但即使在吠陀時代，瑜伽一詞的含義也不是單一的，它也表示透過某種方式或借助某種工具，以達到最高目的的實踐或訓練，這樣的意義後來演變成它的根本意義，其最初的意義反而被淹沒了。到了奧義書中，瑜伽進一步與宗教哲學聯繫在

一起，由連接、結合轉為合一、歸一、化一等，指的是個人的靈魂（自我、小我）與宇宙靈魂（梵、大我）的合一狀態。在印度古代，人們對瑜伽有精緻的分類與闡述，它既是各類宗教自我禁欲的精神訓練方式，又是多種宗教教義和宗教哲學思想的體現；在哲學文獻中，瑜伽也是特別的哲學宗派名稱，這派哲學的代表作是波檀迦利的《瑜伽論》（也譯作《瑜伽經》）。

大致說來，古印度瑜伽訓練一般分為幾個階段：

一、自我控制，主要是自我道德訓練：非暴力、不妄、不盜、不淫、不貪。

二、嚴守更進一步的道德規則：純潔、寬容、求知、向善。

三、身體姿勢訓練，主要採取打坐入定的方式，最著名的為蓮花坐：雙腳盤於大腳。

四、調息：透過控制而調整呼吸。

五、控制感官。

六、控制意念。

七、入定，身體如消融了一般，就是所謂的合一狀態，也可說是宇宙大道。

透過上述幾個階段進行的瑜伽被稱為「皇家瑜伽」，中世紀時，印度各密教教派進一步將瑜伽演化得五花八門，出現了多種瑜伽。如，密咒瑜伽：重複真言以使意識消融；性愛瑜伽：宣導以性愛的結合作為解脫方式；力量瑜伽：即訶陀瑜伽，強調高難度或有一定難度的身體動作訓練，當代西方盛行的各類瑜伽，通常以訶陀瑜伽為依據；合一瑜伽：常常與訶陀瑜伽結合在一起，基於古印度的一些生理術語而進行的瑜伽，在當代西方有一定市場。

訶陀瑜伽（Hatha－Yoga）屬於典型的密教類瑜伽，它認為穿過人脊椎的主體脈絡有六個脈節，在這些脈節中聚集著生理和心理兩方面的力量。這個脈絡最頂點的脈節位於人的頭部，被瑜伽師稱為千葉蓮花（sahasra－dala－padma）或千瓣蓮花節，即有一千個花瓣的紅蓮花：「千耳蓮，帶有瓣瓣和圈圈的上層大腦。」這是人身上的最高中心，即意識所在的位置，也叫中樞秀散那。最下面的脈節位於生殖器下面，叫貢達力尼（Kundalini），這個詞的本息指蛇，表示這個脈節中蘊藏著蛇的力量即性力。在一般人的體內，貢達力尼（即性力）總是處於睡眠狀態，一旦將它喚醒，它就爆發出極大的力量，如果控制不好，會耗盡人的精力，使人一步步走向死亡；控制得好則會使人達於美妙的合一境界。訶陀瑜伽將貢達力尼喚醒之後，它會沿著脊椎的脈絡向上升騰，穿過六個集聚人心理力量的脈節，最後融化於大腦盛開的千萬蓮花花瓣中。通過喚醒與引導貢達力尼，並最終使之與千瓣蓮花節處於合一的狀態，瑜伽修行者可以獲得極大的精神力量。古印度也有不少瑜伽師，從訶陀瑜伽的修習中獲取超凡的力量，他們將對這種超凡力量的追求當作目的，而再追求解脫的境界。據印度古代典藉所說，這些瑜伽大師確實有非凡之處，即使在當代，我們也常聽到此類瑜伽大師的傳說或故事，他們可以長時間控制自己的呼吸和心跳，忍受超乎尋常的寒冷或酷熱，可能長時間絕食而於身體無損。

從密教的角度看，訶陀瑜伽是對人自身性力（即貢達力尼）的提升和純化，性力發生於男根或女陰之中，沿脊椎自下而上運行，最後達於大腦之中，正是基於這種認識，密教的性儀式和性實踐常常透過與女人的性愛來喚醒、控制，並升化人體內的性力。在密宗看來，自我的修行，遠不如與女人結合的雙修，它不僅寓教於樂，且是一種更

積極、更主動的修習；它不僅是一種宗教修習，也是一種生活修習行為。一個真正的密教徒要時刻記著自己是密教徒，他在萬事萬物中看到的只是自己，他在自己身上看到的也是世上的萬事萬物，這樣他的修習不僅合乎宇宙的奧祕，也寓含了生活的真諦。

13 無上瑜伽

密教中的無上瑜伽也叫大瑜伽、極致瑜伽或如意瑜伽等，這些瑜伽專注於「瑜伽女」（Yogini，女性瑜伽行者，即修女），被視為心靈生理學的修行法，是一種想在自己身上體現女性化的瑜伽實踐。換言之，它是試圖要將自己的基本人格和意識，轉變為女性的一種訓練，從貫妙輪法中得到精神上的極樂境界。密教認為，人只能在發現內在的女人本性時，才能獲得真正的愛的體驗。熄滅情欲或說是性欲，向來不是密教宗派的目的，密教倒是鼓動人們內在的欲望，然後才能進行真正卓有成效的修行。古印度文化歷來認為，女人是情欲或性欲的化身，因此密教徒要進行修行，首要條件是要將自己女性化。將自我女性化體現了印度文化對陰性原則的崇尚，佛教密宗的般若或菩提，與印度教性力教派所謂的摩耶或智慧都表現為女人。在大乘佛教早期，女神就出現了，接下來，佛陀和菩薩都有了自己相應的配偶。在佛教密宗和印度教性力教派看來，男性神是超然的、寧靜的，而女神則表現為積極的、活動的「力量」，即薩克蒂。菩薩的神格

更多半透過其女性配偶表現出來，因此對神的接近應透過他們的配偶來實現。這方面最典型、也最為我們熟知的例子，莫過於觀世音菩薩了。在印度，觀世音本來是一個男性神，而在印度密教中成為慈悲的象徵，到了中國，他逐漸演化成大慈大悲的觀音女神。密教修行者之所以追求自我人格的女性化，我們從觀音菩薩的演變中，可約略體會出箇中奧妙。

《一切如來金剛三業最上秘密大教王經》、《如意輪總持經》、《金剛畏怖經》、《大悲空智金剛王經》、《佛鉢經》、《大幻經》、《四修女合十經》、《時輪瑜伽》等；一系列密教經典都屬於「瑜伽女」修行一類，在這些經典中，密教的無上瑜伽修行，演變成了種種奇特而狂熱的性幻想和性陶醉。

以《如意輪總持經》為例，瑜伽修行主要表現為對佛陀的種種摹想，並將他的摹想形成生動的圖案，即衍多羅。當他將要睡著時，他應當想像自己的身體就是佛陀（不變的最高實在，在這部經裡也被稱為「亥如伽」Heruka）。當他醒來時，應當把周圍的事物看成是他自己身體所構成的一切。他想像自己處於佛陀與他的瑜伽女交合的極樂狀態（性愛在無上瑜伽體系裡，象徵最高幸福），並對世界進行祝願：願一切眾生脫離愛欲與煩惱……，然後他向十方彈指祈禱一切幸福。他想像構成自己身體的五蘊（色識等），都是佛陀的化身，世上所有的色蘊都來自佛陀，而他自己就是佛陀，所以世上的一切都出自他的內心。他想像自己住在宏偉壯麗、裝飾華美的寺廟裡，寺廟外面有八個墓地，並配以樹木、河流和雲彩。寺廟和寺廟周圍的一切都由天女護衛。在寺廟的中心，蓮花盛開，一切都呈現出美妙極樂的景象。在無上瑜伽體系中，蓮花象徵女陰，金剛象徵著男根；修行者現

在是處於極樂舞台蓮花中心的金剛手。多情的瑜伽女緊緊依偎著他，她的臉色紅潤，象徵著她以慈悲之心憐愛一切眾生。她的手裡拿著血淋淋的骷髏，手臂圍繞著他，象徵不了義諦。另一隻手象徵真諦，拿著一把刀，象徵削去了一切愛欲和煩惱。她赤身裸體，表示已經從愛欲和煩惱中解脫。修行者與他的瑜伽女在一起構成了中心，四位裸體女菩薩或瑜伽女站在蓮花瓣上侍候著他們。接下來是八位女菩薩和瑜伽女在一起，構成了名為「思想」的圈子，外面是八位瑜伽女構成的「語言」圈，最後八位瑜伽女構成的「身體」圈。每一個圈子裡的瑜伽女都有和她們相應的男性配偶。這整個衍陀羅（圖形）必須在瑜伽行者的心裡生動地顯現。在進行了一連串的摹想之後，也就是禪定結束時，他想著每件事物都是空的，一切都不過是他內心的幻化而已。

這部經文所描述的一個個圓圈，一方面象徵女陰，另一方面也象徵著輪迴，而位於一連串圓圈中央的，是修行者和他的瑜伽女，在別的密教經文中，也常被說成一具屍體，象徵的是法界。這部經文寓含的意義在於：我們的生就是我們的死，我們的極樂就是我們的煩惱，生生不息的輪迴恰恰是永恆的涅槃，不僅我們日常生活中所做的一切，甚至是我們腦海裡所能想及的一切都是虛妄的。眾生本來都是佛陀，不過偶然蒙上了汙穢，但我們生於汙穢的世界，只能以愛欲來滌蕩愛欲，就像蓮花出於汙泥一樣，沒有了汙泥，蓮花也就無從生存了。對人們來說，比起渡過輪迴海洋到達彼岸之類的舊比喻，這種新比喻顯然更富有吸引力。

正如耆那教對於人生苦難，採取的是陶醉和沉湎於其中的態度，密教對於愛欲和煩惱，不僅從性儀式和性實踐中自甘「沉淪」，而且從心靈深處的冥思性沉迷中得以解脫。著名的心理學家榮格在《瑜伽

與西方》（1936 年）和《論曼陀羅的象徵手法》（1938 年）中說，印度密教瑜伽和密典中，寓含著現代心理學的一切理論和方法，將現代心理學與密教體系加以對照，可以從中得到很多啟示。據榮格說，「無意識的心理學」與印度神祕心理學中的「苦惱」（Klesas）說法，有極其相似的內容。基於此，海因裡希・齊默爾曾用榮格「集體無意識」的心理學，來解釋印度的神話和象徵。密教的無上瑜伽看似荒誕不經，實則隱含無上的智慧，不僅現代心理學，在當今世界依然有著重要影響的禪思禪法，與密教以及瑜伽都有著千絲萬縷的聯繫。

14 金剛

　　佛教密宗也叫金剛乘。密教的一位上師曾說，小乘佛教適合思想最不開放和最不深邃的人，大乘佛教則是針對具有中等能力的人，金剛乘佛教則適宜具有最高才能的人。小乘認為只有透過不斷的自我磨練和沉思，使自我的個性逐步消除才能獲得解脫，大乘雖然也講解脫，但關注的重點已不是彼岸世界，而是以「普渡」的方式關注現世的眾生，金剛乘則不只關注現實，而且特別關注自我，有點類似中國道家的修行，他們追求的不是「神」的世界，而是仙的境界，試圖透過修行來獲得魔力，也就是金剛（Vajra），因此他們被稱為金剛乘。

　　什麼是金剛呢？在考察金剛一詞的來源時，學者們多從《梨俱吠陀》的一首頌詩上說起：「眾所仰望的因陀羅用他的閃電，用他的金剛杵從黑暗中拖出它們（雨水）」（i.33.10）。《梨俱吠陀》是印度最古老的文獻，這句詩中的金剛可說是最早出現的，詩中的因陀羅是印度吠陀時代的天帝，閃電一詞也就是金剛。佛教密宗使用「金剛」，最初的意義在於，他們修行的目的是為了獲得一觸即發和

▲多羅像，案答羅雕塑，10世紀，印度博物館（Kolkota）

不可抗拒的力量，這是「金剛」的一層含義。即使是上乘佛教也認為，高僧可以獲得超自然的神力。大乘佛教中一直有一些特立獨行的僧侶，他們不受寺院和教規的束縛，沉迷於巫術和魔幻，金剛乘可能正是從他們的思想和實踐中產生的，在西元七世紀時，玄奘就發現一些寺院熱衷於魔幻般的超常力量。

不過，金剛一詞最重要的意義，不在於「閃電」或「霹靂」。我們依然從上引的一句吠陀頌詩上分析，因陀羅天帝用他的閃電，也就是金剛杵，將雨水從翻滾的烏雲中拖出，從樸素的觀念來理解，這句詩描寫的是一種自然現象，但從隱喻的角度，佛教密宗很自然地也會將這句詩看成是對性行為的描述，如此一來，金剛也就等同於男根了。金剛的這層含義在佛教密宗文獻中是屢見不鮮的。

《大悲空智金剛王經》是一部著名的密教經典。在這部經文中，佛陀與他的金剛婦人處於性愛狀態之中，並解釋「金剛」意味著「嘿金剛」（Hevajra，即大悲空智金剛王），它是象徵慈悲的呼格的「嘿」加上象徵智慧的「金剛」。在此，金剛的意義與性愛密切聯繫在一起，佛陀如此，瑜伽修行者也是如此。一方面是禪定與默想，另一方面則是與性愛交織的歡暢，正如經文中所描述的：當瑜伽修行者入定時，應當選擇一個美麗的金剛女，然後開始「行為」表演，包括唱歌跳舞。跳舞象徵修行，但這種修行是以性愛的方式表現，所以性愛變成了舞蹈；唱歌象徵咒語或真言，這些金剛歌的歌詞雖然是隱喻性的，但內容大多是讚揚吃喝、調情、性愛等。

對於至少從九世紀起的金剛乘來說，古老佛教的社會說教便開始發生作用，而它的特殊法門便是禪定，使聰慧的修行者在極短時期獲得證覺，這有點類似中國的禪宗。不過，在禪宗的禪定和沉思中，其

默想的對象隨心而定，並無特殊的要求或指引，而在金剛乘中，雖然修行者也被教導應當拋棄貪欲，但其默想的對象卻是女陰，只不過是以蓮花或曼陀羅的形式加以隱喻罷了。

金剛乘修行者追求以最快的方式來獲得自覺和神力，在他們看來，唯一有效的辦法是與瑜伽女一起進行雙修，從而練就金剛不壞之身。金剛乘也教導修行者應當拋棄貪欲，滿懷慈悲心，但同時認為在性欲之中才能得到淨化，世界上的每件事物都是相對且互有關聯的，究極而言又是同一的，因為在實性中沒有差別，一個人應該不斷地處於與實性的結合感通之中，這就是所謂的「真實瑜伽」（Tattvayoga），真實瑜伽的奧祕便在於它消除了一切差異，在差異中看到的只是同一，因此修習者只要滿懷慈悲之心，就應當拋棄一切虛妄、恐懼和羞恥心等，使自我始終處於與無我天女結合的狀態之中，如此無限慈悲的修行者便會得到無上智慧。這種理論及其實踐，與印度教毗濕奴教派的黑天崇拜極其相似，黑天與他周圍的牧女跳舞、調情、狂歡作樂，是牧女們（象徵每一個教徒）對黑天大神，所能表現出最為虔誠的崇拜，同時也是黑天大神對每一位信徒所表現的真誠、博愛情懷，如此一來，宗教聖愛便化作了實實在在、日常生活中的性愛，並以最為熱烈、最放縱的形式表現出來。

金剛乘中的性理論與性實踐也正是如此，它不描述抽象的愛，而是實實在在的性愛。《大悲空智金剛王經》描寫的多是性愛的細節，並將性愛與禪定智慧、大慈大悲結合起來，如此一來，「金剛」在指涉男根的同時，又被賦予了純潔剛正、永不變質、永不斷滅、沒有變化、不可毀壞、無差別性等，代表最高實性的特徵，認識這些實性成為各種密法修習者的目的。這樣，對應於密教中的「蓮花」，「金剛」，逐漸演變成一個含義豐富的詞語。

15 蓮花

　　傳說當年佛祖釋迦牟尼曾在靈山聚眾說法，手拈一枝蓮花，示於眾人，聽者都不明白什麼意思，唯有迦葉心領神會，微微一笑，佛祖因迦葉聰穎而對他格外賞識。這便是我國古典美學中常常說到的「拈花微笑」之典，它講的便是妙悟，妙悟出來的究竟是什麼，迦葉與佛祖皆不言明，言明就不叫妙悟了。讀者對於佛教中的蓮花並不陌生，因為佛陀或菩薩坐在蓮花寶座上的形象，對我們來說已司空見慣，但我們對蓮花的象徵意義並不瞭解。在一般人的心目中，蓮花出淤泥而不染，代表著聖潔，但無論是在印度佛教還是印度文化傳統中，蓮花都有更為複雜的象徵意義。

　　在印度教神話中，蓮花與毗濕奴大神有著特殊關聯。毗濕奴的第一個化身就是蓮花，他的別名有蓮花肚臍之人（蓮花被認為是從他的肚臍中誕生）、光彩奪目似蓮花者、笑容似蓮花者等，他常手持一朵蓮花。他的配偶勒克什彌也常常被稱為蓮花女。毗濕奴創世神話中說，世界原本是一片汪洋，毗濕奴大神睡在宇宙海洋上，最先創造了蓮

花，所以蓮花是從水中誕生的。
水被認為是體現女性精神的物
質，蓮花則是女性形象，她的子
宮既孕育人類，也孕育了世界。
毗濕奴創造蓮花之後，梵天和世
界進一步從蓮花中誕生了，它的
花葉是藍天，花瓣是大陸，花粉
是繁星，蓮子是蛇王（象徵著性
力和繁殖能力）。

　　在毗濕奴創世神話故事中，
人的性愛與宇宙的創造透過蓮花
的象徵意義而聯繫在一起，所以
蓮花在印度文化中向來具有崇高
而神聖的意義，而且與古印度人
的生殖崇拜和女陰崇拜密切聯繫。

▲蓮花輪，17世紀，馬德拉斯博物館

　　在密教中，蓮花既可指女陰，又是世界和宇宙的象徵。豔欲主義
與宗教教義的結合，在蓮花的象徵意義上表現得最為充分。在衍多羅
即幫助打坐者集中注意力的圖案，和相應的曼陀羅即密咒中，蓮花經
常出現作為一種圖形和象徵。密教徒沉思默想的衍多羅，常常是蓮花
或蓮的變形。在這種圖案中，蓮花被設想為女陰，所以大多數蓮花
衍多羅中間都有三角形圖案；另一方面它又是抽象的，表現的是性力
或說是元氣，密教徒在對這種圖案的玄思默想中，使自我與性力合為
一體，從而達到與宇宙精神圓滿合一的狀態之中，就像盛開的蓮花一
樣：人的精神充分展開，正如蓮花從黑暗的汙泥之中生長出來並浮出

水面，只是在它充分露出水面之後才會盛開，同樣地，人的精神只有在擺脫了激情和無知之後，才能真正放射出光彩。所以，密教中的蓮花既象徵女陰，又象徵著智慧、悟道、最高境界等。在各種密教經典中常常描寫，密教徒面對著蓮花衍多羅進行瑜伽修行，蓮花中不斷生出蓮花，象徵修行者從一個層次不斷提升到另一個層次，就像《訶陀瑜伽》所描述的那樣，性力誕生於男根之後，要引導性力不斷沿著人背部的神經系統上升，穿過背部的六個神經節，亦即蓮花結，最後達於腦部的千葉蓮花。所以，密教的瑜伽行通常也被稱為貫輪妙法，因為在密教的象徵體系中，蓮花也被看成是妙輪，「貫輪」也就是通過一個又一個的蓮花輪，蓮花中不斷生出蓮花，是密教經典中反覆出現的意象。

這些對於密教徒來說耳熟能詳的東西，一般人卻覺得不可思議，所以古印度也有一則著名的傳說故事道，斯里蘭卡國王鳩摩羅陀饒有興致地寫下半首詩：

只是耳聞而未目睹長在蓮花上的蓮花，

鳩摩羅陀創作這半首詩之後，苦苦思索也寫不出下半首來，於是他重金懸賞下半首詩，但一直沒有人續對出來。印度古代著名詩人迦梨陀娑在一個名妓宅第讀到這半首詩後，信筆寫道：

女郎啊，你的蓮花臉上長著蓮花眼。

迦梨陀娑的詩對得極其巧妙，但卻因此遭遇不測。那妓女貪圖賞

▲女神，南印度，18世紀

金，企圖冒領，當夜害死了迦梨陀娑。當然這只是一個傳說。不過，這也說明，蓮花的意義在古印度文化中不僅停留於密教的象徵意義，美女身上的一切常被說成是蓮花，不只是面容和眼睛，手、腳也被比喻為蓮花，蓮花在印度文化的性愛觀中有特殊的象徵意義，性愛的理想女人被稱為蓮花女，她像蓮花一樣嬌豔，她的體味也應有蓮花的香味。蓮花也被古印度用作春藥和香水的主要成分。我們極為熟知的蓮花坐（Padmasana），則不只是一種打坐姿勢，也是一種特定的性愛方式。

16 蛇國洞府的啟示

　　印度大史詩《摩訶婆羅多》中，記載了一則關於蛇國洞府（或說是龍宮）的故事。一般來說，比起《羅摩衍那》來，《摩訶婆羅多》在風格上顯得更為粗獷，氣勢上也更為宏大，神話想像中誕生的《摩訶婆羅多》在魔幻、非現實性的描寫上，具有更多的隨意性和誇張性，但我們仔細閱讀蛇國洞府故事，也會發現《摩訶婆羅多》在向我們顯示人性和宇宙的奧祕時，在具體的描寫中又顯得非常精緻且富於隱喻的意義。下面蛇國洞府的故事，屬於「蛇祭」故事中的小插曲，它寫得似真似幻，充滿了奇特的想像與隱喻：

　　他（優騰伽）在路上看見一個裸體的出家人忽隱忽現地走著。優騰伽把耳環放在地上，走去找水。這時出家人匆忙走過來，拿起耳環跑了。優騰伽趕上去把他捉住。他變了形象，成了蛇王多剎迦，突然鑽進地上裂開的一個洞裡。進洞後，他用這些頌歌讚揚龍蛇……

　　他這樣歌頌了群蛇，還是得不到耳環。這時，

他看見兩個女人在織布機上織一塊布。織布機上有黑的線和白的線。
他又看見六個童子在轉一個輪子。他又看見一個容貌俊美的男人。他
用這些頌歌讚揚這一切：

此輪永恆不息常回轉，
中有三百又加六十分，
且有二十又四分關節，
六名童子推動甚殷勤。

此一包羅萬象織布機，
兩位少女織布永不息，
黑線白線來回常轉動，
一切眾生世界共推移。

手持雷杵，保護全世界，
殺弗栗多，又斬那牟吉，
英武天神，身披黝黑衣，
在此世間分別真偽理；

大海深處曾獲一神馬，
實是火神，充當神坐騎，
世界之主，三界之主宰，
因陀羅神，我將永頂禮。

▲蛇男蛇女，10世紀，印度博物館

於是那人對他說：「你的這首頌歌，使我喜歡。你有什麼事要我做呢？」他對他說：「我要制伏那些蛇。」那人又說：「你對這馬的肛門吹氣吧。」他便對馬的肛門吹氣。這馬一被吹氣，就從全身各竅噴出了煙火。蛇國被煙火充滿了。這時多剎迦害怕火燒，慌忙拿著耳環出了自己的宮殿，對優騰迦說：「請你把耳環拿回去吧。」優騰迦收下了耳環。收回耳環以後，他想：「今天正是生母的功德日。我已經離開了這麼遠，怎麼才能回去向她行禮呢？」他正這樣想著，那人對他說：「優騰迦啊！騎上這匹馬吧。這馬可以使你立刻回到你師父的家裡。」

他說了聲「是」，騎上了馬回到師父的家。師母已經洗過澡，正坐著梳頭髮，心裡想著，若優騰迦還不來，就要詛咒他。這時，優騰迦進來了，向師母行過禮，把那耳環交給了她。她對他說：「你來得正是時候，正是地方。孩子，歡迎你。你差一點就要受到我的詛咒了，願你有福。祝你成功。」

隨後，優騰迦去向師父行禮。師父對他說：「孩子，優騰迦啊！歡迎你。你為什麼來遲了？」優騰迦對師父說：「老師啊！蛇王多剎迦阻撓了我的事。他把我帶到蛇國去了。我在那兒看見兩個女人在織布機上織布，織布機上有黑線和白線。那是什麼？我還看見那兒有一個輪子，輪子上有十二個輻，六個童子在轉動它。這又是什麼？我還看見一個男人。這人又是誰？還有一匹極大的馬，這又是誰？在路上我看見一頭公牛。一個人騎在牛上。他和氣地對我說：『優騰迦啊！吃下這牛的糞吧。你的師父也吃過』，隨後我就照他的話吃了牛糞。我想請你告訴我，這是怎麼回事？」

師父聽了他的話，回答：「那兩個女人是陀多和毗陀多（維持者

和創造者）。那黑線和白線是黑夜和白畫。六個童子推動著有十二個輻的輪子是六季和年。那個人是雨神。那匹馬是火神。你在路上看見的公牛是象王愛羅婆多。騎牛的人是天神因陀羅。你吃的牛糞是令人長生不死的甘露，因此你在蛇國才沒有死。因陀羅是我的朋友，你得到他的恩惠，才能拿到耳環回來。現在，好孩子，走吧。我允許你走，你將得到幸福。」優騰迦獲得師父允許離開以後，對蛇王很憤怒，一心想報仇，便到象城去。

（金克木譯）

　　顯然，「蛇國」存在於「洞府」中，它是黑夜的象徵，但在對黑夜的想像性描寫中，蛇國洞府也像白畫一樣有一年、六季（印度古代將一年分為六季而不是四季）、十二個月和三百六十天，黑夜與白畫相互交替，推動著世界不停旋轉。

　　顯然，這個故事裡的輪子象徵著太陽，但令人難解的卻是它的背景，即蛇國洞府：如果說這裡輪子象徵太陽的話，為什麼它會出現在黑暗的蛇國洞府？不過，聯想到古印度文化中的「蛇」常常代表性和性力時，我們也不難理解這則故事了。由太陽不停運轉，創造世間的萬事萬物，聯想到人類的性活動使人類繁衍生息，這似乎也是順理成章的事。

　　在古印度的雕刻中，也常出現蛇吞其尾形成的圓圈，這就像黑夜與白畫相互交替、相互銜接一樣，它無始無終，代表了無限和永恆。蛇吞其尾形成的圓圈，既象徵時間（太陽）永遠在升降的過程中不停運轉，又象徵著人類透過性愛而生生不息的過程。印度耆那教認為，蛇在圓圈中「降」（Avasarpini）的過程，是承繼著並將回歸於

「升」（Utasarpini）的過程，「sarpini」表現蛇的游動，象徵時間永遠在上升與下降之間交替進行。印度教中，蛇的圓圈也表示靈魂的輪迴（Samsara）。佛教中的轉世觀念及法輪常轉的說法，顯然也與蛇的圓圈不無聯繫。從一定的意義上說，印度文化的精髓可歸結為「圓」，它認為世界一直處在創造、生成、毀滅（表現為梵、毗濕奴、濕婆的三位一體）的無限循環之中。蛇與濕婆聯為一體，在世界毀滅之日，蛇噴出大火與氾濫的洪水一起毀滅世界，爾後是新的梵神的誕生過程。

現在人們一般都從抽象的角度來理解「輪」、「圓」，認為它代表永恆的法則或規律（正如日月的運行），而很少想到「輪」或「圓」的象徵意義與蛇崇拜性，尤其是女陰崇拜所發生的關聯了。而與我們現實生活依然有著密切聯繫的戒指、手鐲、項鍊、腳鐲等，在古印度並不只是一種裝飾品，而更多地表現為性愛的象徵。在蛇城（《摩訶婆羅多》第五卷第一〇一篇）的故事中，蛇國的一個突出特徵在於它有各種飾物，尤其是摩尼珠（即龍珠，珠寶中的珠寶）、萬字元、轉輪和水罐等，而在印度的藝術想像中，這些飾物常常是性愛的象徵。

再者，與輪和圓密切相關的是萬字元。因希特勒在納粹

▲輪，7世紀，Taxila 博物館

德國的國旗上使用了萬字元，萬字元似乎成了納粹的標誌，但在印度古代，萬字元卻是一種重要的宗教象徵符號，即使在今天，萬字元依然受到印度教徒的普遍崇拜。但萬字元的由來及其意義，卻早已失卻在歷史的迷霧之中了。

一般認為這個詞 Swastika 是由 Su（意為「善」）和 Asati（意為「存在」）混合而成，表示一切美好的存在，因此它是幸福吉祥的象徵，這與密教衍多羅中，以蓮花圖案構成吉祥輪的意義是一致的。也有學者認為，萬字元表現的是生殖崇拜和女陰崇拜。在古印度典籍中也常常說到，那伽（蛇）王形象的突出特徵，是頭上印著象徵吉祥的萬字元，而蛇的形象在古印度總是和性力結合在一起，因此不難想像，萬字元與性力崇拜也有密切關係。

萬字元的圖形有許多（如上圖所示都是萬字元圖形），最常見的有兩種形式（上圖上方的兩種圖形），面朝右的為密教右道的象徵，面朝左的為密教左道的象徵，前者代表男性，後者代表女性。也有一種萬字元是這兩種圖形的混合。

17 六字真言

佛教密宗中最著名的曼陀羅即咒語是六字真言，即「唵嘛呢叭咪吽」，至今在西藏密教中，這六字真言每天還要被重複上千遍。在密教中，蓮花是女陰的象徵，它是「拔伽」（Bhaga）或「瑜尼」（Yoni）的文雅一些的代用語。而佛教密宗中的金剛及其變體摩尼寶（Mani），則是代替林伽（男根，代表印度教中的濕婆大神）的文雅或神祕的措辭。摩尼寶本來是指印度神話傳說中，蛇王那伽頭上象徵吉祥的珍珠（由萬字元演化而來），在六字真言中，它進一步形象化為「水珠」，因此，六字真言「唵嘛呢叭咪吽」（Om Mani Padme hum），按字面翻譯便是「啊，蓮花中的水珠！」在此，蓮花與水珠或摩尼寶的指涉意義顯然與性愛有關。對六字真言的確切含義，學界有各種說法。從密宗的角度，六字真言的本意常被解釋為表示性愛的情景，念誦真言，神祕地不斷重複著佛陀與般若波羅蜜多、觀世音菩薩與他度母之間的神聖性愛。六字真言也叫大明咒。現代佛教徒是非常清教徒式的，很少懷疑或是去明白他們每天念誦的真言

的真實意義。不過,這也合乎密宗真言的要旨,真言的意義並不在於其意義,而在於發音。

我們從吠陀文化說起。吠陀文化也稱為咒語文化:咒語及其派生的咒符、祈禱、儀式、祭司等,這與古印度文化口耳相傳的傳統相關,也與說唱藝術的發展有聯繫,語言、動作、姿勢等不同傳播手段的結合,構成了類似音樂的表達形式。咒語主要因為發音,而使文字與音樂產生聯繫。它是由一個或一組音節構成,雖然它可以短到只有一個音節,但以不斷重複的方式可延長至無限。對咒語的準確吟詠(說唱),是獻祭儀式的重要組成部分,只有這樣,才能使咒語產生力量;準確的吟詠指的不僅是發音正確,也指對呼吸的控制,它有一套特定的訓練方法,就像是瑜伽修行一樣,各派有各自控制呼吸的方法。《梨俱吠陀》的咒語是以詩的語言和音律,以及結構方式創作出來的,具有深厚的文化傳統背景,側重於遠古時代人們對於神靈的禱告和祈求,目的是與神靈進行溝通,因此吟詠者的主觀力量被降至最小的程度。而吠陀之後咒語的效力則不再依賴其意義,而更多透過發音和呼吸控制,產生主觀的力量或精神作用,咒語的意義降到次要地位,更依賴於聲音,因此咒語可以擺脫「意義」的限制,力求聲音的完美效果:疊音、諧音(母音押韻,而鋪音不押韻)、回聲、節奏、擬音等,具有音樂色彩的語言。對於我們今天的人來說,這些認識依然具有意義,比如柯達等詞語的出現,以及一些外語辭彙被用作商品名稱等皆然。聲音本身不僅構成一個整體,也構成了言之不清的本體和實質性的內容,在我們聽到這種朗朗上口的音節同時,也能直接感受到它本質性的內容,而假如其指涉意義過於明確,我們在明確的意義中體會不到聲音的魅力,如此就會喪失其詩意和音樂效果。聲音

的意義和音樂效果，對人產生的作用各不相同，顯然，在咒語理論看來，音樂和詩的效果對人所產生的感染作用遠大於其意義，前者更直接地作用於人的情感，而後者作用於人的理智。

密教曼陀羅即「咒語」（Mantra）理論認為，有魔力的詞語產生自心靈意識的深處，而不是我們的精神和思想之中。它不是人的智力和思想所能理解，它深藏於人們的心靈之中，透過喚醒並集中於對它的感悟，我們才能感受到力量，改變我們的心靈、精神以及思想狀態，使我們獲得以前不具備的知識和力量。在印度神祕主義思想體系中，詞語本身不僅有力量，還可以創造力量，因為所有的創造都是詞語的表達，「泰初有道」，世上的萬事萬物本已存在，但只有透過詞語，它們才實現其意義，表達的目的表面上是為了命名，實際上則是求道，古印度吠陀詩人聲稱他們發出的是咒語，這是因為他們意圖從中尋找神的意志。

古印度有將語言神祕化的傳統，從吠陀時代起，語言不僅具有表面的意義，而且具有超驗的意義，它與聲音結合在一起，逐漸發展為祝願辭、咒語、祈禱詞、符咒等，密教曼陀羅體系將語言的聲音與真實聯繫起來，正像豐富的想像可以引起視覺幻像，並引發具體形象的想像性顯現，對某些神祕的、代表神靈言辭的反覆吟詠，也可以使神靈在修行者心目中栩栩如生，從而使修行者在心靈和精神上更接近神靈，激發他在具體的行動一步步靠近神聖的精神。因為佛教密宗特別重視真言，也就是曼陀羅的力量，所以密宗也被稱為真言乘（Mantrayana）。六字真言無論在音樂效果還是表情達意上，都生動體現密宗教義的精髓，所以達到廣泛的流傳。

18 中國道教是否影響了印度密教

　　密宗的出現是印度佛教發展史上，非常重要且引起眾多爭議的大事。其爭議之處主要在於，性行為和性象徵在密宗的修行儀式中，占據不可替代的重要地位，佛教的教法和修習實踐因此經歷一場巨大的變化。西元八世紀時，密宗已成為印度佛教發展中的主流，進而佛教密宗與印度教的性力教派互為推動，一時成波瀾壯闊之勢，使豔欲主義在印度文化中占據了主導地位。

　　為什麼會出現這種變化？按印度學者的看法，印度密教的出現，並不是當時印度正統文化的繼續。德‧恰托巴底亞耶說，儘管密教也像「吠陀」一樣有其咒術和儀式，「但很清楚密教是反吠陀的，起碼在它的早期階段是反對吠陀傳統的。」恰托巴底亞耶採納印度和西方學者較為一致的看法，認為中國的道教對印度密教的出現，產生外部影響的作用。西元七世紀時，印度已開始從事《道德經》的梵文翻譯，主要集中在印度東部的阿薩姆地區。再者，「中國」（即「支那」）在印度密教文獻中占據著非常重要的地位。這項證據首先是由巴

▲迦利女神，南印度，12世紀，德里國家博物館

格奇教授提出：「有一種稱為支那行（Cinacara）的修行法，學者們已廣泛討論。印度教和佛教都採納的《祕密地母經》說到，支那地母（Cina Tara）的崇拜來自大支那國家（即中國）。據說婆喜史多，最偉大的婆羅門聖者之一曾去會晤佛陀，當時印度或西藏是找不到佛陀的，婆喜史多（Vasistha）在那裡接受佛陀的灌頂，學到支那行的祕密教義，後來回到印度弘揚此教。」但恰托巴底亞耶認為，儘管印度密教中有外來成分，但密教的出現與印度古老的非正統民間文化有著更密切的聯繫：密教非常古老，有些權威學者猜想它比吠陀還要古老。數論和密教的基本範疇是陰（Prakriti）和陽（Purusa）。再者在數論和密教看來，至少就宇宙發展過程而論，陰性原則是基本的、主要的。所以，在恰托巴底亞看來，印度密教強調陰性文化並不是追隨道教，而是本身固有的性質所致，換言之，印度密教存在著吸收道教成分的民間文化基礎。所以，密教的出現是佛教在印度通俗化、普及化的結果：一方面它是佛教的通俗化，另一方面又是印度原始密教的崇高化。

我國也有學者認為，印度佛教中的密教，不是來自印度教或印度更古老的民間文化傳統，也不是來自佛教，而是來自道教。

季羨林說：「我們講『文化交流』，其中『交』字是關鍵。既然說『交』，就不會是向一個方向流，形成了所謂 one－way traffic，而是雙向地流，這才是真正的交流。……有時候，流過來的東西，經過這一方的改造、加工、發展、提高，又流了回去。……這種流出去又流回來的現象，我稱之為『倒流』。……佛教是從印度傳到中國來的。……在佛教義理方面，中國高僧在千年的鑽研與學習中，有了很多新發展，有的又『倒流』回印度，形成我所說的『佛教的倒

流』。」我們知道，佛教初入中國時，多依託與之相近的道家說法，以期得到理解，所以道、釋很快就合流了，及至佛教再回流印度時，老莊思想也隨之傳播過去了。與季先生「佛教倒流」說相對應，李約瑟認為，道教的性理論和實踐在西元二至六世紀盛行於中國，這是在印度的密教崇拜興起之前。所以，乍看之下，密教似乎是從印度輸入中國，但實際的情形是，道教從中國輸入印度，然後才是密教又輸入中國。所以，這也是一種回頭輸入的情況：「很可能是外國殷勤教授中國人本已熟悉的東西又一例證。」

19 道教如何影響密教

　　學者們談到印度密教與道教的關係時，一般都要說到「支那行」這個梵文詞語。正如上文巴格奇教授所指出的，印度密教中有一種修習方式稱為支那行，其意是中國方式的性愛儀式，但支那行是怎麼來的？具體指涉的是什麼？它與老子及《道德經》又有什麼關聯呢？學者對這些問題若非含糊不清，就是避而不談。事實上理解支那行的問題對解開印度密教與道教之間的關係之謎至關重要。

　　中國古代的房事養生，濫觴於《道德經》的一段話：「含德之厚，比於赤子。毒蟲不螫，猛獸不據，攫鳥不搏。骨弱筋柔而握固，未知牝牡之合而朘作，精之至也。終日號而不嗄，和之至也。」老子從對嬰兒的觀察發現，養生長壽的根本在於節欲保精，這個看法至關重要，中國後來的房事養生學，無論是醫家、道家還是儒家，都以老子惜精愛氣的說法為宗旨。先秦兩漢時期以節欲保精為主，魏晉直至隋唐五代時期的房中學著作，則強調還精補腦之說，以固精縱欲為特點。

　　從歷史上看，魏晉至隋唐五代，不僅是佛教從

印度東傳到中國，也是道教西傳印度且對印度密教產生影響的時期。所以，如果說有「支那行」的話，當以「還精補腦、固精縱欲」為特點。中國古代的房事養生本來不限於道家，而是封建社會上層普遍流行的思想和觀念，但人們談論房事養生時卻常常依託道家，它似乎是道家的專門「功夫」；而道家談論房事養生時，往往又要追溯到老子，比如南朝陶弘景（456—536）《御女損益》篇就明確提及：「老子曰：還精補腦，可得不老矣。」中國古人尚且如此，難怪當時的印度對《道德經》痴迷有加。

密教是如何接受「支那行」的？儘管密教千奇百怪，但修習者都要特別珍惜精液，密教認為洩精不僅是一種罪過，而且使人走向死亡。為了保精、固精，密教把性愛作為一種修行方式，但是與一般的印象頗為不同的是，性愛作為一種修行行為，目的並不是為了洩欲，而是為了抑制精液外洩，如何能做到這一點呢？《訶陀瑜伽》認為，首先透過性愛喚醒人身上的性力，然後經由瑜伽修行似的功力和技能使「氣」（由血液、精液化成）沿著脊椎上行，到坐落於腦部的「千瓣蓮花結」中，使精氣與之交合為一體，從而獲得崇高的解脫和智慧。顯然，密教這種修習實踐，是中國房事養生學中所謂的「黃河倒流」、「固精縱欲」、「還精補腦」之說。

關於這一點，我們還可以從對印度《欲經》的考察中得到反證。《欲經》是古印度關於性愛的經典之作，雖然其創作年代並不確定，但它在印度密教興起前就已廣泛流行。作為一部性學經典，《欲經》對古印度的性欲觀和性愛習俗，進行了廣泛而深入的考察與研究，但綜觀全書，找不到任何提及類似於印度密教的性愛方式，也沒有任何一處將性愛與宗教性的修行混為一談。

第三部　神靈諸相

1 無影無形的愛神

　　《梨俱吠陀》的《創世頌歌》中說，卡姆即
「欲」，也就是後來的愛神，是原始渾沌中最先
產生的。世界誕生於「欲」：「那時無生無死，無
天無地，只有黑暗中的黑暗和汪洋中的汪洋。不知
在何時候也不知在什麼地方，『欲』蠢蠢而生。」
這裡的「欲」主要是原始宇宙意志或說是「欲望」
的人格化，是世界「心靈的第一顆種子」，所以，
《阿達婆吠陀》也稱愛神為「先生」（意謂最先
出生的）：萬物始於「欲」。顯然，這裡的「卡
姆」並不是專指愛神，而是一個渾身充滿了欲望的
精靈。不過，愛神的產生畢竟與這則神話故事有
關，愛神是由原始的宇宙之「欲」演化而成，正如
「欲」是最先自我產生的，愛神在印度神話中也是
沒有父母而自我生成的。

　　在印度遠古即吠陀時代，卡姆作為欲望的化
身，其意義主要表現於創世和生殖，古印度人將
宇宙的創造類比於人類的生殖活動，所以愛神被奉
為最古老的神明。可以說，這時的卡姆神還不是愛
神，只是在史詩和往世書時代，卡姆才真正演化成

愛神，這時的他手拿甘蔗做的弓，弓弦由蜜蜂堆成，弓箭是用花朵編成，隨時準備將箭射向戀人們的心靈，春天是他的好友，天國的少女陪伴著他。他有很多別名：欲望、懷念、生於心靈的神、無形體之神、沉醉、死亡之神等。

作為愛神，卡姆本來也是血肉之軀，但後來卻沒有了身軀，變成無形體之神，這其中有個著名的神話故事。傳說眾神的世界被魔鬼多羅迦擾亂了，但眾神又奈何不了多羅迦，只有濕婆大神與雪山神女婆爾娃蒂結合而生的戰神才能戰勝多羅迦，但濕婆卻在雪山之巔打坐苦行，如何才能使濕婆對婆爾娃蒂產生愛慕之情呢？婆爾娃蒂設法吸引濕婆，但濕婆始終沉醉於苦行之中，不為所動。眾神派愛神前往幫助婆爾娃蒂。愛神來到雪山，春色伴隨著愛神匆匆而至，荒禿不毛的雪山之巔一下子變得春意盎然、鳥語花香，溪流潺潺在訴說著愛情，小鹿歡天喜地跳著舞步，大象的心也春情蕩漾，悠悠的身姿使牠的身體也不那麼笨重了。迦梨陀娑的戲劇《鳩摩羅出世》第三章，形象化地描寫愛神的到來，為雪山上的一切有生之物帶來的春情蜜意：

　　黑蜂在情侶的陪伴下嗡嗡地採著花蜜，黑鹿用鹿茸撫摸著母鹿，母鹿睡眼惺忪地享受著甜蜜的愛撫。雌象捧一口充滿蓮花香味的清水表達對雄象的愛意。……甚至是樹木也從它們的戀人蔓藤那裡得到濃濃的愛意：蔓藤開滿了鮮紅的花朵，以柔軟的身體歡欣地擁抱著大樹。

　　顯然，這裡的景物描寫充滿了性暗示，但即使是在這樣的情景之中，濕婆大神依然結跏趺坐，如無浪的大海一般寧靜。正當愛神無計

可施時，婆爾娃蒂來到濕婆跟前，愛神抓住機會，舉弓搭箭。濕婆突然感到內心一陣激動，抬頭看了看含情脈脈的婆爾娃蒂，愛神之箭向來百發百中，世間哪有生靈能夠躲避愛神射出的神箭？但這一次，愛神在濕婆大神的神力面前卻遭到了災難。濕婆努力克制自己的情欲，向周圍環視，發現愛神正瞄準他，挽弓欲射，於是他憤怒地從智慧之眼（位於額頭上的第三隻眼睛）中噴射出火焰，瞬息之間，愛神便被濕婆的智慧之眼燒成灰燼。後來，是在妻子拉蒂（意謂享樂）的懇求下，愛神才得以復活，但濕婆復活的只是愛神的精神，而不是肉體，所以從此以後，愛神便成了無形體之神。經歷此番磨難之後，雪山神女婆爾娃蒂改變主意，不再以女性之美來吸引濕婆，她在雪山之巔的另一個山頭，學著濕婆的樣子開始苦行，最後終於感動了濕婆大神。

在印度宗教和神話中，愛神只是個不起眼的小神，但在梵語文學中則備受青睞，在民間更是深受普羅大眾喜愛的神靈。

古印度最大眾化的節日是慶祝愛神的節日即春節。在春節裡，人們跳舞、唱歌、舉辦各種音樂和藝術活動，盡情遊戲打鬧，節日的歡鬧氣氛使人們不再顧及上下等級之間的差異，在大街小巷互相塗抹珠砂粉，潑灑紅粉水，隨意打罵嬉鬧，因此春節也可說是古印度的狂歡節。說不清從什麼時代，原本屬於愛神的春節逐步演變成印度現在的霍利節，慶祝愛神的原始意義已經被淡忘了，人們沉醉其中的只是狂歡，互相塗抹紅粉、潑灑紅水。紅色，其原初的意義可能是生育的象徵，但即使在最初的階段，這種意義便已被狂歡所取代了。在當代印度，霍利節是印度最重要的節日，人們已經忘記這個節日是從愛神節中演化而來，不過名稱雖然變了，內容和實質卻一如既往：廣泛而盛大的狂歡，有點類似我們的春節，只是狂歡色彩更為濃烈，人們在言

語和行為上也顯得無拘無束、有點放縱。

　　《欲經》提到與愛神相關的節日還有妖精節，這也是一個盡情歡樂的節日。這個節日在夜晚進行，因為在這節日中，人們到處都會碰到「妖精」，所以要時時打著燈籠，與暗夜裡進行的妖精節相對，八月十五時要舉行滿月節，這也是一個與愛神相關的狂歡節日。

②偷情的天神因陀羅

　　在吠陀時代，因陀羅是至高無上的天帝，但到了史詩和往世書時代，他卻逐步演變成「通姦」的別名。天神因陀羅與美女阿訶厘耶的故事，是印度神話中最著名的人神相愛的故事之一：天帝因陀羅化作阿訶厘耶的丈夫，與阿訶厘耶做愛。

　　早在吠陀祭祀中，就出現這樣召喚天神因陀羅的頌詞：「阿訶厘耶的戀人……自稱喬達摩的人。」這種頌詞是固定不變且經常重複的，說明阿訶厘耶和因陀羅的故事，早在印度遠古時代就已流傳開來。印度史詩《羅摩衍那》說，天神因陀羅之所以會在

▲阿訶厘耶的解救，笈多王朝時期，約5世紀，德里國家博物館

戰鬥中被魔王羅波那俘虜，正是他以前犯罪的必然報應。創造世界萬物的生主大梵天，如此講述這個故事：

　　眾神之王，從前我創造了眾生，眾生的相貌和特點完全一樣，為了區別於眾生，我特別創造了集眾美於一身的阿訶厘耶，一個光彩照人的女子，並把她送給了仙人喬達摩，眾神之王因陀羅迷戀阿訶厘耶的美貌，便趁喬達摩離家外出時，化裝成仙人的樣子去勾引阿訶厘耶，阿訶厘耶認出了因陀羅，但出於對神王的好奇與渴望，便與他顛鸞倒鳳，銷魂了一番。結果被喬達摩仙人發現，因陀羅和阿訶厘耶雙雙受到仙人的詛咒。從此，世上的美貌不再為阿訶厘耶一人所有。

　　在蟻垤的《羅摩衍那》

▲創世者大梵天，南印度，13世紀

中，阿訶厘耶是一個淫蕩、道德敗壞的女人，而在《甘班羅摩衍那》，即由印度泰米爾語大詩人甘班（西元十二世紀）創作的《羅摩衍那》中，阿訶厘耶卻被描寫成一位無辜、品行端正的女人，只是在無意中失身於因陀羅。

天神因陀羅與阿訶利耶的故事在印度有各種版本和說法，其中關鍵在於阿訶厘耶是否願意與因陀羅通姦，由此延伸到另一個問題是，阿訶厘耶是否意識到因陀羅的偽裝，亦即她是在知情還是不知情的情況下犯下通姦的罪行，有的故事歌頌了阿訶厘耶或對她寄予同情，有的則對她加以譴責。

《故事海》中如此描寫這個故事：

從前，有位大仙人，名叫喬達摩，通曉過去、現在和未來。他的妻子名叫阿訶厘耶，美貌勝過天女。有一天，因陀羅迷上了她的美貌，悄悄向她求歡，因為統治者常常依仗權勢，頭腦發昏，恣意妄為。愚蠢淫蕩的阿訶厘耶表示同意。喬達摩仙人憑藉神力，得知此事，便來到那裡。因陀羅出於恐懼，立刻幻化為一隻貓。喬達摩問阿訶厘耶：「誰在這裡？」她用方言，按實際情況回答：「這裡有隻貓。」仙人笑著說：「果然是你的情人。」（方言中的「貓」與梵語中「我的情人」發音相同。）於是，仙人詛咒她。有鑑於她說的也是實話，所以這個詛咒是有期限的：「品行不端的女人啊！你將長時間變成石頭，直到看見在林中遊蕩的羅摩。」喬達摩同時也詛咒因陀羅：「你的身上會有一千個腦袋。在你看到工巧神創造的天女提羅多摩後，這一千個腦袋會變成一千隻眼睛。」詛咒完畢，仙人按照自己的意願，前去修煉苦行。阿訶厘耶變成堅硬的石頭，因陀羅的身上長

滿腦袋。道德敗壞不正是恥辱的原因嗎？

印度文學中阿訶厘耶的故事熱情改編，反映出這個故事本身還是挺耐人尋味。在印度泰盧固語文學中，阿訶厘耶與因陀羅的通姦，別開生面地成了浪漫的愛情故事：

因為天女們各有瑕疵，造物主大梵天便創造出阿訶厘耶，作為完美無缺的女性典範。萬神之王因陀羅在阿訶厘耶被創造出來時，就深深地愛上她，但大梵天卻將她許配給乾癟的老仙人喬達摩為妻。她經常思念因陀羅，尤其喜歡聽人們在祭祀中詠唱對他的頌歌，她也時常真誠地為因陀羅獻上自己的貢品。日夜思念因陀羅的阿訶厘耶，把自己想像成一個風情萬種的性愛能手，以博得因陀羅的垂青。

因陀羅也思念阿訶厘耶，不久他便來到喬達摩的淨修林中看望阿訶厘耶，他趁她丈夫不在家時與她調情說愛，如此，他不斷地往返天國和淨修林之間，對阿訶厘耶的激情使他覺得，妻子因陀羅尼索然無味。

一天晚上，喬達摩看書看累了，躺在樹下，阿訶厘耶親切地為他按摸著腳，但他卻將阿訶厘耶推開，沉浸於自己的苦修之中，阿訶厘耶傷心地走開，心想，要是因陀羅，一定會理解我的內心感情。因陀羅知道這些後也很傷心，迫不及待地想與阿訶厘耶幽會，因此他將自己變成一隻公雞，天未亮就在喬達摩的淨修林裡高聲啼叫。聽到公雞的叫聲，喬達摩醒了，起床之後，他按照印度人的習慣，到恒河去沐浴。

因陀羅很快由公雞變成了喬達摩的樣子，出現在阿訶厘耶面前，

想與她做愛。

阿訶厘耶心中狐疑：「此人一定是喬裝打扮的因陀羅來占有我了，他不是我的丈夫。」因陀羅看到阿訶厘耶在猶豫，便對她說：「只有傻瓜才會放棄享受快樂，青春一去不復還，對於追求愛情的人來說，在任何時間、任何地點做愛都沒有罪過。」阿訶厘耶知道眼前的人就是她日夜思念的因陀羅，是來擁抱她的，她激動地想看到他的真身，而不是他裝扮成的喬達摩，於是說：「我那仙人從未對我顯示過這般愛情，你不是我的丈夫，我不知道你是誰，你若是強迫我、不讓我看到你的真身，我便無法忍受。」因陀羅現出了真身，懇求著她。阿訶厘耶深受感動，把他擁抱在懷裡。他們熱烈地做愛。

因陀羅和阿訶厘耶沉醉在美好的感覺之中忘記一切，不知道喬達摩已經回來了。喬達摩發現了一切，他在極度的憤怒中，詛咒因陀羅，也詛咒他的妻子阿訶厘耶變成一塊沒有感情的石頭。

阿訶厘耶因喬達摩的詛咒而變成一塊石頭。多年之後，當羅摩大神的腳踩上這塊石頭，這塊石頭才又恢復成阿訶厘耶。往事如煙，喬達摩與阿訶厘耶和解了，經過一番磨難，兩人相親相愛，沉浸在生活的無限快樂之中。

《欲經》在談論人的偷情心理和行為時，就引用了因陀羅與阿訶厘耶的故事道，天神尚且渴望偷情，何況凡人？看來，是天神因陀羅為人間偷情男女做了榜樣，起了個頭。

3 少女們的戀人阿耆尼

　　阿耆尼字面的意思就是「火」，印度最古老的詩歌總集《梨俱吠陀》以頌神的筆調來讚美火，所以阿耆尼便成了火神。火神在古印度人的心目中占據著崇高的地位，《梨俱吠陀》中共有兩百多首詩是獻給火神阿耆尼的。從這些詩作來看，大致上，火神阿耆尼有三種身分：作為閃耀著的太陽光，他生在天空；作為閃電，他生於雨中；而在地上，他是因人們摩擦兩塊木板而產生的，因而有詩吟道：「阿耆尼是世上少見的兒子。他生吞了自己的兩個母親。」這裡的兩個母親顯然是指木板。又有詩吟道：「十個不知疲倦的少女引來了阿耆尼這個孩童。」這裡「十個少女」指人的十根手指。這些有關阿耆尼的傳說，實際上源於詩中直樸的隱喻。

　　古希臘神話傳說中，普羅米修士從天上盜火傳給了人類，在古印度神話中，阿耆尼也是奔走於天上人間，溝通神人之間的思想感情，所以古印度人對阿耆尼懷著特殊的感情，透過對火的祭祀，阿耆尼或是把天神引到人間的祭壇，或是把人間的祭品送給天神享受。

不過，阿耆尼之所以受到古印度人特別崇拜，主要在於他是人們心目中的家神。阿耆尼以爐火的形式光顧每一個家庭，是居住在人類中的永生精靈，每個家庭的興衰成敗都掌握在他手裡，因此人們對阿耆尼總是懷著虔敬而親切的特殊心理和感情，他逐步成為保護人們妻女的神靈。印度社會中至今仍保留一個古老的習俗，每當新娘要出嫁時，總要設一壇祭火，新娘要右轉繞著祭火緩走三圈，這個儀式的意義一方面是借祭火洗滌以往的罪惡，另一方面則祈求阿耆尼的祝福和保護。新娘出嫁意味著從一個熟悉的家庭走向另一個新的家庭，由於未來的生活對新娘來說，還是一個未知的世界，這時她的心理和感情都是複雜難解的，緩緩地繞祭火而行，最能表達新娘出嫁前的微妙心理和感情，因此阿耆尼在《梨俱吠陀》中也被稱為「少女們的戀人」，他以燃燒的祭火撫慰每一個出嫁的新娘，保佑她們一路平安。在結婚儀式上，主持婚禮的祭司會代表新娘說：「願阿耆尼保佑新娘，使她兒孫滿堂，香火長燃不息！」

4 原始生殖崇拜與豐收女神

　　從哈拉帕出土的印度遠古時代，長方形印章
上，人們發現一種較奇特的圖案：一個倒置的裸
體女性形象，兩腿分開，一棵植物從她的子宮冒出
來。一般多半認為，這種圖案中的女性代表的是土
地女神，倒立的形象主要是為了凸顯子宮的生殖意
義，有一株植物從子宮裡生長出來，看上去雖然奇
特，但並非不可理解，這株植物象徵的是豐收的意
義。

　　笈多王朝初期即西元二三百年時，印度歷史進
入了史家所謂的「黃金時代」，印度文化藝術已獲
得較高水準的發展，宗教哲學的思辨相當深入，但
我們依然可以看到與較為原始的土地女神類似的想
像性作品。在印度比塔出土的笈多王朝初期，一件
赤陶浮雕使我們聯想到遠古時代的豐收女神形象，
這件浮雕上的女神也與植物連在一起，顯然這株植
物代表的依然是生殖與豐收的意義，不過這朵蓮花
似的植物不是從她的子宮，而是從頸上生長出來
的，女性形象也已不再倒立。

　　以上兩件作品都比較直觀、簡樸，也有些藝術

品是透過含蓄和暗示的方式，來表現生殖與豐收的意義，美學價值也更高。比如，在阿育王時代的石雕中，有件著名的作品是一座手拿撣子的女像，學者一般認為這個女性形象代表的也是豐收女神形象，現存於德里國家博物館的前廳正中，是印度的國寶。這座雕像表現了豐滿、生育力極強的女性美。但這件作品中沒有出現植物和樹木，其生殖與豐收的意義，主要透過女性的豐滿和手中的撣子表現出來。

大英博物館也收藏了一幅印度古代動人的《森林女神》，女神斜靠在樹上，生機飽滿的樹幹和枝葉令人想到成熟的人體形態，它似乎能將我們帶回對親切宜人的大地原始崇拜中。

這種原始崇拜的感情含蓄一點時，多表現為女性的豐腴之美，而表現得直接時，則是女性生殖崇拜。古印度人認為人的出生是最為神聖和不可思議的奇蹟，因此他們將男女性愛活動看得極為神聖，並以女性生殖來想像大地的豐收，從而將女陰與象徵大地的植物密切聯繫。

女性生殖崇拜或說是婦陰崇拜，對人而言，意味著多子多孫；對生產而言，則意味著豐產豐收。物質財富在印度原始密教中，主要是以土地和農業為設想對象，這可以從密教經典中用來代表女陰的另一個詞語羅多（lata）來證明。羅多的原義為植物或蔓藤，然而在密教中代表女性生殖器，表示女性生殖與大地的多產之間存在密切聯繫。

密教中的衍多羅（yantra）是一種複雜的圖案。衍多羅雖然多樣，但基本的特點是：用蓮花圖形、三角圖案，或是二者兼用以代表女陰。在大多數衍多羅中，我們也會看到圍繞中心女陰表象四周的一根蔓藤圖形。這種蔓藤稱為劫波羅裡迦（kalpalalika），意為產生希望之藤。實際上，密教衍多羅圖案中的蓮花或蔓藤並不是奇情異想，

▲樹神，8世紀，瓜廖爾博
　物館。從遠古時代起，世
　界上很多民族都膜拜樹
　神，即使在今天，印度還
　有很多地方頂禮膜拜樹神

它與原始的豐收女神之間一脈相承。從原
始的意義上說，密教對於女陰的崇拜和圍
繞女陰而舉行的修行儀式，都基於女性生
殖與自然繁殖力之間的密切關係。

　再者，植物與女性神靈間的關係，也
可以由印度性力教派中俱羅樹（Kula）的
重要地位表示。性力派教徒崇拜俱羅樹，
他們清晨起來的第一個任務常常是向俱羅
樹致敬。無論何時，只要看見俱羅樹都要
向它致敬。印度神話故事中，也有關於懷
火的舍彌樹的傳說：女神波羅婆抵有一天
欲心大盛，倚在舍彌樹幹上休息，樹身內
因而產生了高熱，後來就爆發為火焰。所
以女人懷春或懷孕也被稱為懷火的舍彌
樹。

5 林伽崇拜與濕婆

　　根據考古發現，印度早期文化出現於西元前三千年左右，離佛陀有二千五百年，正如我們今日距佛陀一樣遙遠。其中心是哈拉巴和莫亨朱·達羅兩大城市。在宗教上，古印度人似乎崇拜一個偉大的上帝，其特徵即現代濕婆天的原型。它一方面象徵創造和繁殖，另一方面又表現為一個苦行僧的角色，或是修煉超自然神通力的瑜伽行者。在古印度宗教崇拜中，也有崇拜偉大女神的證據，但很難考察濕婆崇拜與女神崇拜兩方面之間有何特殊聯繫。

　　在吠陀頌詩中，並沒有

▲巴爾胡特雕塑，西元前 2 世紀，加爾各答印度博物館

出現，但學者們認為，吠陀頌詩中的樓陀羅是濕婆的前身。吠陀詩所頌揚的神靈大多表現為與自然現象相互聯繫的自然神；而濕婆神所表現出來的特徵，卻不是自然神。他隨著印度教的出現而誕生，並隨著印度教的發展逐步演化成一個複雜的矛盾體，在印度教中占據越來越重要的地位。

與吠陀時代的自然神不同的是，印度

▲大梵天，9世紀，南印度，馬德拉斯博物館

教的神與人結合更多。印度教有三大主神，便是大梵天、濕婆和毗濕奴。大梵天作為世界的創造者，地位本來很崇高，在早期佛教和史詩中，梵天還是一個重要的神，但到了笈多王朝後，梵天便逐漸變成一個不起眼的或抽象神的代名詞，其意義也停留於宗教哲學的思辨意義上，與印度的現實生活似乎失去聯繫，因此變得越來越不重要。毗濕奴是世界的保護神，但其重要意義逐步被他的多個化身，如黑天和羅摩所取代，他作為神的本義反而不太顯眼了。濕婆神是毀滅之神，

他在印度的宗教和社會生活中一直扮演
重要的角色。在西元前後，大多數的印
度教徒信奉毗濕奴或濕婆。但毗濕奴教
派並不否認濕婆，濕婆教派也不否認毗
濕奴。二派之間雖有磨擦，卻能和平共
處，相安無事，因為他們相信雙方最終
並不矛盾，而是殊途同歸。印度教的容
忍精神在於吸收對方，而不是排斥，他
們認為濕婆和毗濕奴是同一神靈的不同
層面。

濕婆大神雖然沒有像毗濕奴大神有
很多化身，但它的形象也非單一固定
的，而是一個複雜的矛盾體。

作為毀滅之神，他是死亡和時間的
化身，頭戴骷髏做成的花環，由魔鬼和
邪惡精靈陪伴左右。獸主（pasupati）是
濕婆的正式副稱，常被稱為濕婆獸主，
在一座著名的浮雕中，他身旁有群獸圍
繞，暗示他是百獸之主。他又是蛇王，
脖子與手臂上都盤曲著蛇，蛇的形象與
他結合，使他成為男性性力的象徵，他
也以林伽（男性生殖器的象徵）的形象
被廣泛崇拜，這種崇拜在西元一世紀
前後開始盛行，至今不衰。《林伽往世

▲《恒河女神降凡圖》，帕拉瓦王朝，7世紀早期，花崗岩雕刻。它描繪的是
《薄伽梵往世書》中，所述的聖水恒河從天而降的情景。浮雕中各種動物、
若行師、精靈、神靈等，都環繞著一道有男女蛇神在內遊戲的小瀑布，以此
作為恒河的象徵

書》對濕婆林伽的描寫簡直令人不可思議。一說是在世界創造前,梵
天與毗濕奴為爭奪最高神信而發生戰鬥,濕婆巨大而雄偉的林伽突然
聳立在他們之間。他們弄不明白是怎麼回事,於是大梵天化身為天鵝
飛去尋找林伽的頂端,毗濕奴化作野豬向下尋找林伽的底部,結果用
了一千年的時間也沒有找到。《故事海》中也說到類似的情節:從前
某一天,梵天和那羅延為了尋找濕婆,來到雪山腳下,他們看到一個
巨大的火焰柱(即濕婆的林伽)聳現在他們面前,柱子周圍不停飄落
陣陣花雨。大梵天和那羅延出於好奇心理,便一個向上,一個向下,
試圖尋找它的盡頭,但找來找去也找不到盡頭。死亡與生殖在濕婆身
上都被推向極端,並奇特地結合在一起。

　　濕婆也是一個偉大的苦行者,象徵永遠的寧靜,在高高的喜瑪拉
雅山,坐在虎皮上,千百年來他一直在打坐入定,因此濕婆幾乎成了
苦行的代名詞。他的額頭上長著象徵無上智慧與洞察力的第三隻眼,
這第三隻眼標誌著他進行苦行的偉大成就。但與此同時,濕婆又是舞
王,他創造了各種不同的舞姿,有的極其溫柔曼妙;有的極其可怕、
猛烈,世界毀滅之日,他會跳起瘋狂的舞蹈。一方面是「靜」的化
身,另一方面又是「動」的精神。

　　「恆河的降臨」是有關濕婆最著名的神話傳說。眾天神被魔鬼多
羅迦所困擾,預言說,只有濕婆與山神的女兒結合所生的孩子才能摧
毀此魔鬼。但濕婆沉醉於打坐入定的苦行之中,導致他與某個女神結
合生子的希望太渺茫了。然而,眾神還是請求雪山神女婆爾娃蒂去做
這件事。於是,婆爾娃蒂來到濕婆的苦行地,儘管她設法吸引濕婆大
神的注意,但濕婆始終沉醉於修行之中。愛神試圖幫助婆爾娃蒂,結
果卻被濕婆睜開的第三隻眼射出的烈火燒成灰燼。最後,婆爾娃蒂決

定追隨濕婆苦行，她除去自己身上的裝飾，成了一個女修行者，在雪山的另一座峰頂上苦修，濕婆注意到她，被她的精神感動，於是答應了婆爾娃蒂的請求。濕婆與她交媾，一次就達一百年之久，中間從不間斷或休息，這使眾神感到極為恐懼，擔心濕婆的精液亦即恒河之水會沖毀大地。在眾神的請求下，濕婆答應自己垂頭頂著，讓水從他犄角狀的頭髮上流過，然後才流向大地。這樣一來，恒河之水才從天而降，在波光閃閃的恒河之中，戰神誕生了，他長大之後摧毀了魔鬼多羅迦。黑格爾認為，印度這種匪夷所思的神話故事，把一切貞潔和羞恥都拋到九霄雲外。但印度藝術家卻對「恒河降臨」的故事感到極為親切，他們也由衷敬畏濕婆的偉力和偉跡，他們常常在很多傳說中插入這個故事，並不斷地加以改寫，使之成為一個婦孺皆知的神話故事。藝術家也出於非凡的想像，將這個故事以宏大雕刻的形式表現出來，透過「恒河的降臨」，表現出萬物的勃勃生機。

6 幻象與女神

　　中國古代常有狐狸化作美女的故事，《太平廣記》卷四五四引《酉陽雜俎》說：「舊說，野狐名阿紫……將為怪，必戴骷髏拜北斗，骷髏為墜，則化為人。」在這樣的說法和故事中，美女常常和妖精聯繫在一起，變得極為可怕；尤其令人毛骨悚然的是妖精（野狐）變成美女，或美女變成妖精（野狐）的剎那。在印度古代，幻變和幻象也主要和女人結合在一起，但對於這種幻象，印度文化的看法與我們截然不同。

　　在《梨俱吠陀》裡，摩耶或幻變（即神力、神變、幻術或幻象）主要代表智慧與行為結合的超凡能力，含有巫術的意義。麥克唐奈在《吠陀神話》中說：「它（即摩耶）有一個在英語中幾乎同等的詞 craft，它的古意義表示神祕的力量、巫術；後來則表示熟練技巧、工藝，另一方面又表示欺騙的伎倆、詭計。」在起初的意義上，幻術和幻象主要表示一種本領，這種本領既屬於天神，又屬於魔鬼，但到了後來，摩耶則變成女人的本質。

　　濕婆的配偶婆爾娃蒂非常善變，常以不同的面

▲摩耶夫人（佛陀的母親）的夢，2世紀，
印度博物館

目出現。當她與濕婆坐在一起時，叫烏瑪，一般情況下，她位於濕婆的左面，與濕婆的身體合為一體，在雕塑中常常表現為半男半女的造型。婆爾娃蒂和烏瑪年輕美貌，身材窈窕，在一些神話故事中，有時也被說成是姊妹。在生活中，婆爾娃蒂又變成濕婆的另一個配偶，即風趣的高麗。在印度教社會中，宗教與生活可謂水乳交融，神也不總是高高在上，而是充滿人的七情六欲，濕婆大神也不例外。在印度神話中，也有濕婆與高麗相互捉弄對方的故事，表現出濃郁的生活情調。

　　這個故事在十七世紀孟加拉語神話演變本中，婆爾娃蒂變成了高麗。傳說高麗化身為低種姓的擺渡女，遇上濕婆過來要她擺渡。濕婆不知這個擺渡女是高麗所變，一下子就被擺渡女的出色姿容迷住了，神魂顛倒地要與擺渡女尋歡作樂。高麗堅決反對，說自己是個出身低微的擺渡女，而濕婆是大神，身分地位與她不相配。但濕婆一意要與擺渡女成全好事，糾纏著不放，最後他以一枚鑽石戒指使擺渡女以身

相許。正在濕婆得意忘形時，擺渡女現出濕婆妻子高麗的真面目，嬉笑怒罵地譴責濕婆的放縱行為，使濕婆羞愧得無地自容。

濕婆受到這番戲弄之後，便設計對高麗進行報復。一天，他先變成一隻老鼠，將高麗最喜歡的一件衣服咬壞，然後又變成一個裁縫。當這個裁縫來到高麗面前時，高麗一眼就看出了真相，但她假戲真做，請裁縫為她修補衣服，裁縫拒絕，除非高麗答應他的非分要求。於是高麗說：「你這裁縫也是一表人才，為了心愛的衣服，我就答應你的請求。」這一下，濕婆算是抓住了把柄，他去除自己的偽裝，對高麗的不忠進行譴責，高麗裝作羞不可當的樣子，但內心卻是樂不可支。

婆爾娃蒂、烏瑪和高麗都屬於濕婆配偶中，美麗、漂亮的女神，這是一種類型。除此之外，與戴著骷髏的濕婆相適應，濕婆的配偶還有杜爾迦和迦利兩種可怕的類型，其膚色由黑至灰、藍都有，大多象徵著生命的黑暗面。迦利（又稱時母，象徵時間和死亡）全身呈黑色或藍色，長著千隻手臂，額間有第三隻眼，常裸體出現，全身骨瘦如柴，鼻大、嘴寬、口伸紅舌，兩眼深陷。屬於迦利系列的還有准提等女神，她們常持象徵死亡和毀滅的念珠和

▲婆爾娃蒂女神，3 世紀，加爾各答印度博物館

骷髏頭。

　　最可怕和殘酷的形象是杜爾迦（難近母：難以接近的）。她常被描寫成一個女妖魔：青面、獠牙、紅舌、多臂，手持長矛或毒蛇，頭戴骷髏頭骨做成的花環，身著紅衣，騎一頭獅子或老虎。有時她也被描繪為一位冷酷、殘忍的美貌女神，牛魔王勾引她時，被她無情地殺死了。

　　印度泰米爾神話傳說中，有個可怕的女戰神名叫姑拉娃依，她吞食戰場上的屍體，又在留下的屍體上瘋狂跳舞，她和杜爾迦屬於同類形象。密教中的女神姬娜瑪斯德和杜爾迦女神，在精神上也是一致的，不過，這個形象又融合了婆爾娃蒂和高麗此類女神的特徵，表現出女性的複雜性和善變性。

7 性力與女神崇拜

印度一直有崇拜女神的傳統，但從哈拉巴文化至笈多時代，女神崇拜並未引起太多注意，只是到了中世紀，女神崇拜才占據了真正重要的地位，在印度上層社會中盛行。女神體現的是性力，按印度中世紀宗教哲學的看法，神即男性神，是超然不動的，只有他的女性因素是積極、活動的。笈多王朝時期，神的女性配偶已經出現於印度神廟之中，之前她們雖然存在，但多表現為影子般的形象。大約從西元五世紀開始，女神崇拜日益顯耀，直到西元十一世紀穆斯林入侵後，女神崇拜才從印度文化傳統中的主流變成潛流。

性力教派主要崇拜性力。「性力」音譯薩克蒂，所以性力教派也叫薩克蒂教派，崇拜性力實際上指的就是崇拜女神或女性；性力也可理解為女性的本質和精神，具體體現為濕婆的配偶，其中以婆爾娃蒂、杜爾迦和迦梨最著名。

為什麼不崇拜神靈而崇拜性力，或說是女神呢？因為在當時的印度人看來，性力代表神靈所特有的能動性或活力，而世上的萬事萬物，包括人類

生命中出現所有形態的祕密能量，都來自且最終歸於這種神力。舉例來說，佛陀代表著佛教中最高的神明，但使我們中國人感到更親，也更實在的卻是觀音菩薩。如果說佛陀代表靜止主動、高高在上的精神，那麼觀音體現的則是佛陀的活力，她與人們豐富多采的現實生活更密切結合，所以人們常以對觀音的崇拜代替對佛陀的崇拜。從印度濕婆教派的神學觀念上看，濕婆體現的是靜止不動的純粹意識，而薩克蒂即性力，則表現為世界的幻覺力量，沒有幻覺就體現不出真實，只有透過幻覺，真實才能體現出本質。薩克蒂自身永遠是變幻莫測的，她在不停地此消彼長中摧毀或幻化出一切。無論是濕婆還是薩克蒂，都不足以體現世界的最高本質，二者是不可分離的，正是二者相互融合構成了世界。往常，人們側重於對神靈膜拜，但性力教派出現後，人們更常透過女神來接近神靈，所以這時期幾乎所有神靈都有了配偶，而且常常不只一個配偶。

這種現象與當時印度宗教與社會發展是一致的。性力派之前的婆羅門教將神與人隔開來，人們對神充滿了敬畏之情；而性力派之後，神與人的界限模糊，神也過人的生活，所以都有了配偶。當神被賦予人的七情六欲之後，宗教與生活便不分彼此了，宗教上的禁欲主義，與現實生活中的縱欲主義奇特地交融在一起。

所以，這時期興起的性力崇拜，與其說是女神或性力崇拜，不如說是對性和女人的崇拜，透過這種崇拜，宗教變得有滋有味了。這種傾向不僅在印度密教中表現突出，也是當時印度各宗教和社會生活中存在的普遍現象。可以說，從西元五至十世紀，縱欲主義在印度文化中占據了主導地位。

從源頭上看，我們也可以說，這種現象是印度宗教與更古老的非

▶ 文藝女神薩羅娃
斯蒂，12 世紀，
拉賈斯坦，德里
國家博物館

雅利安信仰之間相互融合的產物。我們知道，對於各種女神的崇拜與
一種母系社會組織有聯繫，可以追溯到古老的史前時代。這種宗教形
式長期在亞非兩大洲的遼闊地區占據著統治地位。在印度，也產生了
重要影響。那些被雅利安人文化同化程度最低的民眾，諸如印度南部
的達羅毗荼人、東部孟加拉人等，他們始終堅持信仰本母。在印度的
西北部、北部和東部（阿薩姆）等邊境地區，類似的信仰一直都很興

盛。性力派是各類地方性的女神崇拜中，一種新的表現形式。

這種崇拜之所以會在當時的印度風行，主要是與印度密教興盛有所聯繫。印度宗教哲學追求的是梵我合一，密教從性力崇拜的角度出發，將梵我合一通俗化為男女一體、陰陽合一，這樣一來，宗教修行中的修持女伴便不可或缺了，在多羅女神與救苦救難的觀世音菩薩，在佛教中形成一對神祇夫婦的同時，修持女伴便在佛教密教的萬神殿中迅速擴散開來。

印度宗教的教法與修行中，浸透著一種新思想和新觀念，以享樂來反抗苦行、以非道德來對抗宗教、以感官享受來抗拒宗教教條的束縛。現實世界有太多束縛，宗教企圖從這些束縛中解脫，性力教派把人類的性愛看成是對人最大的束縛，從而以陶醉於性愛、為性愛而性愛，來擺脫對人的束縛。使得印度傳統的苦行和禁欲主義分崩離析，與此同時，度母、羅陀、勒克什彌、薩羅娃斯蒂等一系列女神則紛紛誕生，且變得光彩奪目。

8 神聖而永恆的性愛

《羅摩衍那》是一部在印度產生廣泛影響的史詩，作者是傳說中的蟻垤仙人，他用輸洛迦體創作了羅摩的故事。關於輸洛迦體的由來，《羅摩衍那》講述了一段離奇的故事：蟻垤仙人在無邊的樹林裡自由自在走動，看到一對麻鷸安然地、靜悄悄地交歡，忽然間，一名叫尼沙陀的凶狠獵人將其中一隻公麻鷸射殺，母麻鷸看到配偶被殺死，傷心地在地上來回翻滾，悲鳴聲淒慘動人。仙人見此情景，心生悲憫，譴責獵人：「尼沙陀！你永遠不會享盛名獲得善果，一雙麻鷸耽樂交歡，你竟殺死其中一隻！」蟻垤仙人當時沉浸於悲傷之中，並沒有發現自己創造了一種詩的韻律，只是在反覆的回味中，他才發現他在無意中創造了朗朗上口的輸洛迦韻律。

不過，我們在此感興趣的並不是輸洛迦體，而是蟻垤仙人為什麼會對交歡中的麻鷸被射殺，而產生那麼悲痛的感情呢？印度人歷來主張不殺生，所以殺死麻鷸本身就是一種罪過，而殺死正在交歡的麻鷸更使蟻垤仙人不能忍受。因為在古印度人看

來，性愛是最神聖的事，交歡中的麻鷸代表的不僅是歡樂，而且是神聖，尼沙陀一箭射下，是將蟻垤仙人心目中的歡樂和神聖一起殺死了。

《故事海》中也有一個類似的故事。印度古代有個著名的國王名叫般度，他有兩位妻子，一位名叫貢蒂，另一位叫瑪德利。般度幸福快樂，嗜好打獵。有一次，他用箭射死了一名叫金陀羅的牟尼（仙人）。當時這位牟尼化身為鹿，正與妻子交歡。牟尼在奄奄一息之際，詛咒般度：「你輕率魯莽，殺死了我。你也會跟我一樣，在與妻子交歡時死去。」般度受到詛咒後，心懷恐懼，拋棄欲樂，在二位王后陪伴下，住在清靜的淨修林。即使在那裡，有一次，在咒語的驅使下，他突然抑制不住自己的情欲，與妻子瑪德利交歡，結果死去了。

這個故事更為奇特的是，仙人與他的妻子化身為鹿在進行交媾，其用意似乎存在兩個方面：一是將人的性愛動物化，這樣或許能享受到更本能的性愛快樂，當人化身為動物時，性愛行為也變成了一種動物行為；二是借動物交配使性愛神聖化、自然化。在動物界，交配是一種再自然不過的行為，人化身為動物，性愛也顯得更合乎天經地義了；般度王之所以受到詛咒，是因為他侵犯了神聖不可侵犯之物。

我們在古印度雕塑中，經常發現動物交配或是人與動物交配的情景，比如人與馬或羊等動物交媾。這對於一般人來說，常常會覺得不可思議，但從古印度人的思維習性上看，似乎沒有什麼不雅觀之處。從表面上看，它似乎是把性愛推向極端，表現的是一種極其異常的性行為，但從人、神、動物的關係上來看，既然人與神之間會發生愛戀或性行為，那麼人與動物之間的行為也並非不能理解；如果說前者是從精神的角度使性愛變得高雅；後者則是從潛在的心理上，透過動物

▲性愛，卡朱拉霍寺廟雕刻，10～11世紀

將性愛本能化。它表現的恰恰是性愛的永恆性。

印度宗教思想認為，人在睡眠和性行為中，精神處於真正的放鬆狀態，人的本質在這種狀態之中能得到最充分的展示，也就是說，人在這兩種狀態之中最接近於本真。這種說法生動地體現佛教故事中，即那伽（蛇）雖可變形為人，但在睡眠或性行為中，那伽就現出了原形。這類故事的深刻意義在於，人在本能中最容易表現出本質，而這種本能不可避免地要與動物體發生聯繫。古印度神話傳說中，有一種人頭馬身或人身馬頭的形象，稱為多緊那羅，其字面含義是「人乎」？人在精神上嚮往神的境界，但在本能上又是動物，人的特性不僅體現於神，也體現於動物。在古印度儀式中，人常常披上動物的面具；而在神話中，也常常把動物想像成人。遠古時代，人與動物生活在一起，常常有意識地將動物作為自然的隱喻，來表達他們關於人及其性愛的認識和想像。

9 神仙最快活

　　在古印度人的思想觀念中，不僅有神、人的世界，還有半人半神的世界。在這半人半神的世界裡，活動的形象主要有幹達婆、那伽（蛇）、藥叉等。天神始終幸福，但幸福久了也了無意義，即所謂的身在福中不知福；凡人永遠痛苦，總是在渴求著解脫塵世的煩惱，也沒有什麼意思；只有半人半神的神仙最快活，因為他們不像天神那麼高貴，又不像凡人一般痛苦煩惱；他們既不生活在天上，又不生活在地上，他們能易如反掌地獲得人類所有欲望，因為他們有神通的本領，所以人間的英雄好漢都無法與他們比試高低，使得他們的行為顯得無比迷人，尤其是當他們要偷情時，會使出各種花樣。比如，《故事海》中有很多關於持明的離奇故事。持明就屬於半人半神的仙人，其意是「具有知識」，大概是因為有了知識，便有了神通本領的意思。只要看上了令他們迷醉的美女，他們總是有辦法將美女得手，不然他們便不是神仙了。

　　耆那教徒悉達爾西（Siddharshi）在西元九世紀寫下一個頗為離奇的故事，表面上講的是神仙與

凡人的故事，實際上卻牽涉夫妻與情人的雙重性問題，而遇到這類問題時，連神仙也不明白了：

　　王子摩羯陀娶了公主阿怙蒂爾，兩人相親相愛，生活過得極其幸福美滿。一天，摩羯陀和阿怙蒂爾各自在王宮花園的不同地方採摘著花朵，仙人迦爾吉那和他的妻子仙女維迦沙納從花園上空飛過，迦爾吉那痴情地愛上了阿怙蒂爾；而仙女維迦沙納則對王子摩羯陀充滿熾熱的戀情。仙人瞞著妻子從天空飛落地上，運用魔力將自己化身王子的模樣，勸說公主阿怙蒂爾與他一起走向蔓藤遮蔽下的林蔭花床。與此同時，仙女也將自己變成了阿怙蒂爾，勸說王子走向了仙人與阿怙蒂爾相會的地方。

　　兩對相遇，吃驚地看著與自己一模一樣的對方。王子心想，受森林女神的祝福，我變成了兩個人，有兩個妻子，這真是雙倍的快樂。受王子歡樂情緒的感染，公主阿怙蒂爾既迷惑又快樂。

▲飛天，笈多王朝時期，德里國家博物館

但仙人迦爾吉那運用魔力很快就發現真相，感到氣急敗壞，想加害王子並教訓妻子，但轉而一想，又發現這都是自己的錯誤，自己並不比王子好，比起自己的行為來，妻子也沒

有什麼過錯，於是他便不再追究。與此同時，仙女也發現了真相，自己的丈夫當著她的面與別人的妻子這般地在一起；而自己也當著丈夫的面與別的男人在一起，她既氣憤、嫉妒，又感到羞愧為難。

一時之間他們別無辦法，只好將錯就錯地生活著，他們也不願離開自己的心上人。國王看到自己的兒子變成了兩個，兒媳也變成了兩個，他早已把迷惑不解的心理拋到了九霄雲外，只覺得是神靈給予他特別的祝福。

一天，一個耆那教僧侶來佈道，仙人、仙女從中領悟到自己做錯事，於是現出各自的真實身分，痛哭流涕地請求僧侶為自己洗滌罪惡的靈魂。但僧侶卻說：這些都不是你們的過錯，人身上都存在著正義、無知和罪過。只有經過了罪過，才能從無知走向正義；如此，人的生命才是完整的過程，你們是神靈，沒有過錯，有過錯的只是王子和公主。聽了這話，仙人、仙女丟掉他們的凡人身軀，飛回了天國。

類似的故事在印度有各種版本，說明這是一個在印度廣受歡迎、流傳甚廣的故事。這則故事看似神捉弄了人，實際上卻是人捉弄了神。人在追求神靈的完善與完美；而完善的神靈卻渴望體驗人的不完善之處。

10 蛇崇拜：白天是丈夫，晚上是動物

　　正如我們常說自己是龍的傳人一樣，古印度不少部落和朝代都聲稱自己是那伽（即蛇）的傳人：祖先與那伽女結合而生的子孫。

　　蛇是古代印度崇拜的動物，既象徵死亡，又象徵生殖。那伽精靈即半人半蛇的形象，在古印度廣受崇拜。在印度神話傳說中，那伽可以化為人形，它的形象一般表現為下半身是蛇體，上半身是人形。那伽女（即蛇女或龍女）向來是美麗動人的代名詞，也是智慧的化身，而且這種智慧多半帶著狡黠的性質，這更平添

▲人獸像，卡朱拉霍寺廟雕刻，10～11世紀

了那伽女的魅力；再者，那伽女也代表著性愛的快樂。有時，那伽女也會為她的人間情人帶來死亡，所以那伽女也是殘忍的象徵。與西方美人魚的傳說，和中國蛇變成美女的故事多所相似，印度神話傳說中的蛇女或蛇人，也是在沐浴或入睡時就顯露出原形，如果被人發現了她的動物面目，她便不會再與人間的情人生活在一起，這常常成為美麗愛情故事的原型。

印度古代有蛇祭的習俗，大史詩《摩訶婆羅多》對這種習俗有些記載。在蛇祭儀式上，常常有女性講述與性愛聯繫，有關蛇的故事。古印度故事集《五卷書》中「與蛇結婚的女孩」的故事說，有個女孩子與蛇「結婚」，蛇後來變成了她真正的丈夫。當代卡納達語文學中，有一則故事講述與性愛相關的蛇故事，我們可以發現印度古老傳統中蛇崇拜的文化印跡：

迦瑪什已經結婚了，但一直沒有與丈夫同床，因為她的丈夫每天晚上都與情人在一起，他回到家中時只是默不作聲地吃飯。迦瑪什為了贏得丈夫的愛，特製一種富有魔力的飲料，但她後來害怕這種飲料會致丈夫於死地，因此把做好的飲料扔掉了。花園裡有一條蛇喝了這種飲料，深深地愛上迦瑪什。他走進迦瑪什的家，迦瑪什在臥室裡看到外面有個非常像她丈夫的男人，便走向前去與他說話，他說起話來與他丈夫一模一樣。她沒有再多問，而是將他引進屋，那天晚上，他使迦瑪什享受到萬分的快樂。此後，他每天夜裡都到她身邊，不久她便懷孕了。

知道這種情況後，那由蛇變成的丈夫想告訴她事情的真相。他說：「迦瑪什，妳知道我是誰嗎？我不是妳的丈夫，我是蛇王。」然

後他現出了蛇的面目。她嚇得不敢睜開眼睛。為了不讓她害怕，他又變成她丈夫的模樣。

她丈夫發現她懷孕後，對她的不忠行為進行譴責，因為他知道自己從來沒有與她共眠。但迦瑪什堅持自己是貞潔的，丈夫對她進行考驗時，蛇王幫她度過了各種難關，證明了她的貞潔，這使她的丈夫也開始懷疑，自己是不是在某個時候於無意識之中與妻子同過床。數個月後，迦瑪什生了個兒子，可愛的兒子使她的丈夫開始對她著迷了，他拋棄了情婦，與妻子幸福地生活在一起。從此以後，蛇王不再與迦瑪什幽會，後來蛇王悲傷地死去了。迦瑪什一家為蛇王舉行了葬禮。

顯然，這個故事的開始是人們在現實生活中經常遇到的問題：一個男人有兩個女人，一個是他的妻子，一個是他的情人；故事的結局是妻子與情人合為一體。在這個轉變的過程中，蛇王起了關鍵的作用，這便是豔情或說是性力的作用，它化身為她的丈夫顯然是一種幻覺的力量，表明女人對丈夫的喜歡更多地表現為性，即人作為動物的本性，只有這樣，丈夫才能對妻子持有熱情。

顯然，這一切與印度古老的蛇崇拜傳統有密切聯繫：白天是丈夫，晚上是動物。奧里薩諺語：白天的女人美如畫，晚上的女人像條蛇。它反映了人的兩面性和人性的複雜：什麼是人性，什麼是動物性？二者之間的界限在哪裡？性欲到底屬於人性還是動物性？人的自然、本性的一面，如何與文明、社會的一面和諧？就像黑與白、自然與文明、現實與神話之間的關係一樣？這個故事的寓意在於：當妻子與情人合而為一時，丈夫與蛇王也就合為一體了。如此一來，一個女人得到她該得到的一切：丈夫、熱烈的情人和可愛的孩子。

11 天國仙女最喜歡苦行僧

　　乾達縛（也譯作伎樂天）在吠陀時代，是天帝因陀羅的僕從和天國樂師，他們都是半人半神的男性精靈，其配偶叫 Apsarses，意指仙女。她們本來居住於水中或樹林，其後進入天國，成了乾達縛的配偶，總是伴著乾達縛的音樂翩翩起舞。她們不僅漂亮迷人，而且充滿欲望，最喜歡勾引打坐入定的苦行僧，因為在她們看來，這樣的苦行僧身上聚集了很高的能量，最能滿足她們強烈的欲望。

　　印度神話傳說中提及，大仙人那羅和那羅衍在進行嚴格的苦行，天帝因陀羅害怕他們的苦行會威脅到他的地位，便指派身邊的梅納迦、蘭跋、蒂羅達瑪、蘇凱西尼等天女，去勾引那羅和那羅衍，以便破壞他們的苦行。這些天女高興地領命前往，興致勃勃在那羅和那羅衍面前跳起妖魅的舞蹈。不料，那羅和那羅衍沉迷於苦行，根本不為她們的舞蹈所吸引，最後天女們筋疲力盡，不再跳舞。那羅衍看到這種情形，好玩地在自己的大腿上畫出一個美女的形象，並借助自己的神力讓這幅美女畫像有了生命，這便是優哩婆濕，她後來成為因陀羅天宮

▶天國樂師，
12 世紀，南
印度，德里
國家博物館

中最迷人的天女。

　　有關優哩婆濕最著名的傳說是，她與補盧羅婆娑的愛情故事，在
《梨俱吠陀》、《百道梵書》兩大史詩，和許多往世書中都有記載。
在《梨俱吠陀》中，優哩婆濕還是一個非常薄情的天女，雖然與補盧
羅婆娑同居懷孕了，但她嚮往的還是天國，於是絕情地離開補盧羅婆

娑。到了《百道梵書》，她對補盧羅婆娑充滿了同情心。故事提及，天女優哩婆濕與凡人補盧羅婆娑相愛，但在婚前，優哩婆濕對補盧羅婆娑講明條件：不能讓我看到你的裸體。補盧羅婆娑遵照優哩婆濕的話，兩人幸福地生活在一起，優哩婆濕也懷孕了。天上的乾達縛對此不滿，想讓優哩婆濕回去，便施計在夜裡偷走了她拴在床頭的兩隻羔羊。優哩婆濕驚呼：「有人把我的羔羊搶走了，就彷彿這裡沒有英雄好漢，沒有男人似的。」補盧羅婆娑按捺不住，赤身裸體跳起來追趕，乾達縛乘機打了個閃電，優哩婆濕看到補盧羅婆娑的裸體，立刻消失不見了。補盧羅婆娑悲慟哀號，四處尋找優哩婆濕。優哩婆濕同情他，便為他向乾達縛求情，乾達縛教補盧羅婆娑舉行一種特殊的火祭，透過這種火祭，補盧羅婆娑變成一個乾達縛，進而與優哩婆濕生活在一起。迦梨陀娑著名的戲劇《優哩婆濕》進一步改寫這個天女下凡的古老神話故事，使優哩婆濕的形象更加生動感人，她最後獲得天帝因陀羅的特殊恩准，與補盧羅婆娑白頭偕老。

沙恭達羅也是非常著名的天國仙女。在大史詩《摩訶婆羅多》中，她的性格也像《梨俱吠陀》神話故事中的優哩婆濕，是一個性格比較粗獷的天質麗人，但在文人騷客的筆下，她逐漸變得典雅莊重，尤其是迦梨陀娑的戲劇《沙恭達羅》，更將她塑造成一個天真、善良、極其溫柔的印度古典美的女性代表，以至於席勒說：「在古希臘，竟沒有一部書能夠在美妙的女性溫柔方面，或者在美妙的愛情方面與《沙恭達羅》相比。」

但這樣的天女形象實際上已經被理想化了。在《故事海》等民間故事中，天女實際上是欲望的化身，是苦行的對立面，她們的典型特徵不是溫柔，而是盪人心魂的美麗，而且這種美大多與性欲聯繫在一

起。如《故事海》中的一段描寫：

有一位牟尼（古印度文化傳說中超凡入聖的仙人），名叫蒙迦那迦，以河邊的一片樹林作為淨修林，雙腳朝天，正在修煉苦行。這時，他看見一位名叫彌那迦的天女從空中飛過，衣裳隨風飄動。愛神抓住這個機會，攪亂牟尼的心。牟尼的精液射在新鮮的芭蕉樹心，樹心立刻生下一個肢體完美的女孩。毫無疑問，這是牟尼精液的產物。由於她出生在芭蕉樹心中，她的父親牟尼蒙迦給她取名蕉心。她在牟尼的淨修林中長大，猶如從前德羅納的妻子訖里比。訖里比也是仙人喬達摩看見天女蘭跋而射精所生。

正是由於天國仙女的放蕩無羈，人世間也流傳一種名為乾達縛的婚戀方式：自由戀愛、自主結婚，男女的性愛在這種婚姻方式中占據主導地位。儘管它不合印度傳統的宗教結婚習俗，但在古印度乾達縛結婚方式並不受人歧視，沙恭達羅、莎維達麗、達摩衍蒂、悉多等著名印度史詩中，女性形象都是透過自主選擇的方式來完成婚姻。這種婚姻方式為印度的浪漫故事提供了廣闊的天地。

12 讓魔鬼也發愁的「傷口」

　　印度神話傳說中的妖精和魔鬼，並不像我們心目中的惡魔一樣是絕對「惡」的化身，他們大多是半人半神或半人半魔，類似我們心目中的精靈。比如，印度佛教傳說故事中的那伽多表現為「魔」，但他們也渴望善的世界，因而可以轉化為人甚至是神。佛教巴厘文經典中，有個故事：有一個那伽曾化形為人，成了佛教的僧侶，在佛廟中修行，以解脫自己的蛇業，但他真正的本性在睡著時就暴露出來了（恢復為蛇形），這個不幸的那伽因此被佛陀勸退出寺廟。佛陀說，人有人道，蛇有蛇道，他應該去修行蛇法。但同樣在佛教經典中，有記載目支鄰陀的傳說：目支鄰陀也是一個那伽，他曾連續七日以身體為佛陀遮風擋雨，庇護佛陀。顯然，這裡的那伽形象是善的標誌，頗具神性。一般來說，佛教中的那伽多半「龍性生猛，不能自持」，但經佛陀點化之後，大多皈依佛教。

　　在印度古代的民間傳說中，魔鬼和妖精也具有善與惡兩方面的特性，而且常常是怪異地結合在一起，說不上好壞。以下這一則故事出自《故事海》

（據黃寶生、郭良鋆譯本第一九六頁），魔鬼捉弄了人，後來人又捉弄了魔鬼，在這則幽默故事中，魔鬼變成一個有趣的形象，我們也可以從中看到魔鬼的一些「德」性：

　　從前，有個貧窮的婆羅門去森林裡砍柴，斧頭砍下的一塊木柴掉在他小腿上，扎進肉裡，鮮血直流，他昏了過去。有個熟人發現後，把他背回家。他的妻子驚恐不安地替他清洗血跡，安慰他，包紮小腿的傷口。傷口雖然受到精心治療，但一天一天不見癒合，反而潰爛成洞。在潰爛的傷口折磨下，這個貧窮的婆羅門瀕臨死亡。這時，有個朋友前來看望他，悄悄對他說：「我有個朋友，名叫祭授，長期窮困潦倒。後來，他依靠畢舍遮的法術，獲得財富，生活幸福。他把那種法術告訴了我，你也照樣去做，求得畢舍遮（印度神話傳說中的一類魔鬼）幫助，朋友啊！你的傷口會癒合的。」說完，他告訴他咒語，吩咐他舉行這樣的儀式：「在夜晚的最後一個時辰，你起身，披頭散髮，赤身裸體，不要漱口，用兩手盡可能多抓兩把米，嘴裡念著咒語，走到十字路口，把兩把米放在那裡。然後，朋友啊！你默默回來，不要回頭看。你保持這樣，直到畢舍遮出現。他自己會對你說：『我將解除你的病痛。』然後，你歡迎他，他會治癒你的傷口。」
　　聽朋友這樣說後，婆羅門照做了。於是，畢舍遮出現，又從雪山採來仙藥，治癒病人的傷口。婆羅門很高興，而這位畢舍遮冥頑不化，對他說：「再給我一個傷口，讓我治癒它。否則，我要傷害你或殺死你。」聞聽此言，婆羅門心驚膽戰，連忙求饒：「七天之內，我給你第二個傷口。」畢舍遮離開後，婆羅門陷入絕望……
　　婆羅門有個女兒聰明機智，丈夫已死。她看到父親治癒了傷口，

卻愁緒滿懷，問清緣由後，說道：「我要捉弄一下這個畢舍遮。你去告訴他：『請治癒我女兒潰爛的傷口吧！』」聽了這話，婆羅門很高興，就這樣向畢舍遮說了，把他帶到女兒身邊。女兒向畢舍遮顯露自己的陰部，悄悄說道：「賢士啊！你治癒我這個傷口吧！」愚蠢的畢舍遮接連不斷敷用藥膏，也無法治癒這個傷口。幾天過後，畢舍遮心情煩躁，把她的雙腿擱在自己肩上，仔細察看她的陰部，心想：「怎麼會治不好？」這麼一看，他又看見下面的肛門傷口。畢舍遮驚慌不

▲藥叉，2世紀，孟買威爾士博物館

安，思忖道：「一個傷口還沒有治好，又出現另一個傷口。常言道：洞口貽害無窮。世人都從洞口生下，又通過洞走向死亡。誰能阻擋生死輪迴？」這個畢舍遮傻瓜沒有完成任務，害怕被抓起來，逃得無影無蹤。

在這個故事中，「洞」除了表示女陰之外，也象徵著「宇宙」，在印度其他故事中，也以「壇」、「水罐」等作為類似的比喻，這與我國古代所謂的別有洞天、壺天、桃花源等也有一定的關聯。不過，《故事海》屬民間故事，它充滿了民間的機智，而對女陰在哲學和宗教方面的象徵含義不僅不做深思，而且極盡揶揄之能事。在中國古代，「洞」常與近義詞「通」互用，具有貫穿、洞達之意，故「洞」也是度化之所、神啟之所，與諸神域相關連。上面這個故事中說「誰能阻擋生死輪迴」的意思也正在於此：人都通過女人的「洞」而墮入了輪迴之中。畢舍遮作為魔鬼與精靈，雖有一些奇技淫巧，但他終究是冥頑不化，只將「洞」看成物理意義上的傷口，而不知「洞」也是智能意義上的「洞天」，所以他在婆羅門的傷口上大顯其能，而在婆羅門女兒的傷口上卻栽了個大跟頭，雖然他對這個傷口反覆敷用藥膏，但其功效只停留於物理或肉體層面上，他對婆羅門女兒傷口的察看也只停留在外表上，看到的只是腐化和潰爛，而不是真正的洞察、洞悉和洞穿，所以他只知道洞口貽害無窮，將女陰看成通往陰間的通道，而不知道眾妙之門別有洞天這種「玄之又玄」的奧祕。

壺中有日月、洞中有宇宙，即意味著一個小的洞或壺形空間中，包含一個巨大、近似於無限的宇宙，這種思想觀念實際上是透過佛教從印度傳入中國。《續齊諧記》中的「陽羨書生」，出自佛教經

籍《舊雜譬喻經》，晉人《靈鬼志》對這個故事有如下記載：（外國道人）嘗行，見一人擔擔，上有小籠子，可受升餘。語擔人曰：吾步行疲極，欲寄君擔。擔人甚怪之，慮是狂人，便語之曰：自可爾耳，君欲何許自厝耶？其人答曰：君君見許，正欲入君此籠子中。擔人愈怪其奇：君能入籠，便是神人也。乃下擔，即入籠中，籠不更大，其人亦不更小，擔之亦不覺重於先。既行數十里，樹下住食，擔人呼共食，云：我自有食。不肯出。止住籠中，飲食器物羅列，肴有豐腴亦辦。反呼擔人食，未半，語擔人：我欲與婦共食。即複口中吐出一女子，年十幾許，衣裳容貌甚美，二人便共食。食欲竟，其夫便臥。婦語擔人：我有外夫，欲來共食；夫覺，君勿道之。婦便口中出一年少丈夫，共食。籠中便有三人，寬急之事，亦複不異。有頃，其夫動，如欲覺，婦便以外夫內口中。夫起，語擔人：可去。即以婦內口中，次及食器物。在這個故事中，洞變成了口，但其表述的方式與象徵意義，依然與上面故事中讓魔鬼發愁的「洞」有著密切聯繫。密宗中有所謂蓮花中生出蓮花和輪子中的輪子的說法，一般論者都認為這牽扯到宇宙和宇宙觀，但這種宇宙觀，在原始的意義中，主要是從女人的生理上加以思考的，耆那教中「門廊中套著門廊，蒼穹外還有蒼穹」的說法也是如此。神仙世界是一個不可理解的世界，但同時就在我們身邊，我們會在偶然的機會中，或經過一個洞穴，或走過一座石橋，也可以是爬過一座山峰、渡過一條河流，便恍恍然進入了神仙世界。

13 摩羅女：欲望與死亡的結合

　　摩羅（Mara）本屬於魔鬼一類的精靈，他是羅摩（Rama）一字的顛倒拼寫，羅摩是印度教中著名的大神，代表印度教中的理想。古印度有則神話故事說，史詩《羅摩衍那》的作者蟻垤仙人本來是一個大強盜，有一天他遇到了一位仙人，仙人讓他反覆地念「摩羅」，他遵照仙人的指示，站在原地，翻來覆去地念著「摩羅，摩羅」，他站在原地不動，越念越沉醉，以至螞蟻在他身上建造很多蟻穴都渾然不知。可想而知，「摩羅」念得多了，而且接連不停地念，便成了「羅摩」，這樣一來，他便從「魔」（強盜）變成了聖人，從而創作了在印度影響深遠的《羅摩衍那》。這故事雖然荒誕不經，但卻說明了魔鬼與神明、強盜與聖人，也不是截然對立的。

　　在佛教傳說中，因為摩羅以愛欲侵擾、阻撓佛陀成道證果，因此他變成引誘佛陀墮落的邪惡精靈。儘管很多神都想將摩羅驅逐到地獄去當魔鬼（巴厘語阿含經），但後來一些佛教傳說還是替摩羅在他化自在天中找到一個位置，在此他依然像往

常一樣居於統帥地位，統治欲界，以叛逆的精神不斷侵擾他化自在天的寧靜。不過，在佛教中，魔羅更代表的是欲界輪迴中的因緣緣起規律，不像婆羅門教或印度古代世俗觀念中原有的神。在早期佛教教義中，愛欲代表死亡，因此摩羅也常與死神混為一談，也可以說，他是佛陀時代最原初、單純的死的人格化，「摩羅」本身的含義就是「死亡」，到後來他才逐漸與生生死死的愛和欲聯繫起來。不過，有關摩羅侵擾佛陀的傳說本身就以隱喻的方式，暗示愛欲與死亡結合的思想：

摩羅的三個女兒看到她們的父親沒有戰勝佛陀，她們便走向前去，以女色來勾引佛陀。她們以妖魅的姿態來迷惑佛陀，想讓佛陀接受她們，但佛陀沉浸於修行，絲毫不為所動。接著，她們改變主意，變成老嫗的模樣，企圖讓佛陀可憐她們，佛陀識破了她們的陰謀，用法力固定住她們的老嫗模樣。見佛陀坐在那裡穩如泰山，認識到自己已無計可施後，她們轉身離開時卻發現自己恢復不了原來的美貌。她們回到父親那裡，但摩羅也無力使她們重新變回去，只好讓她們去求佛陀，佛陀原諒了她們，她們恢復美貌之後，高興地回家了。

佛陀在此是將計就計，摩羅女想以女色來誘惑佛陀，佛陀則使摩羅女明白了女色的本質是什麼。客觀上這個故事也說明，美女與老嫗並無差異，人不可能永保青春，摩羅女最終也會變老、變醜並最終死去的。這個故事也有另一版本說，摩羅女在勾引佛陀時想到，人的口味是多樣的，感情複雜多變。於是她們先是引來一百個少女吸引佛陀，又引來一百個生過孩子的少婦，再引來一百個中年婦女，最後是

一百個令人同情的老婦人。這些不同年齡的女人顯示的，正好是豔欲與死亡的結合。

《欲經》中也提到愛欲能導致人的死亡，不過與佛教故事的教誨意義不一樣。《欲經》講的是人應該從愛欲中得到享受和快樂，而痴情於性愛、迷醉於欲望時則會導致可怕的後果。《欲經》認為，人的欲望及其表現有十個階段：

第一，一見鍾情，這時的欲望主要是透過人的眼睛而生成；第二，朝思暮想，這時的欲望主要作用於人的大腦；第三，想像中的刺激，這時的欲望已進入心中；第四，徹夜難眠，身心憔悴、衣帶漸寬，這時的欲望對人的身體開始產生不良影響；第五，對眼中看到的一切事物都產生反感或視而不見，只想著自己心中的事物，這時的欲望正在摧毀人的正常思維；第六，失去羞恥感，這時的欲望正在摧毀人的良知；第七，對一切都不管不顧，這時的欲望會使人處於瘋狂邊緣；第八，瘋狂；第九，失去意識；第十，死亡。《欲經》認為，人的欲望都是從一個階段向另一個階段逐步發展，因此從一開始就要考慮某種欲望是否可以達到，以及達到之後會有什麼後果，不可沉溺其中而不可自拔。

14 藥叉女神

　　藥叉和藥叉女在印度神話傳說故事中，是半人半神的精靈或者說是小神。一般來說，藥叉具有一定的神通或法力，有時他們也與妖精或魔鬼混為一體，但大多表現為向善的精靈或天國的仙女。

　　藥叉女的形象較為複雜，表現出多方面的意義。第一，與古老的女神崇拜相互聯繫，藥叉女常常代表著生殖或繁殖能力，因此女藥叉也被視為生殖神的象徵，對於一般祈求多子多孫的信徒來說，寺廟裡的藥叉雕像似乎具有某種特殊法力。第二，與生殖崇拜有關，藥叉女也象徵著財富。第三，佛教和印度教寺廟的門欄或闈牆雕塑中，常常出現藥叉女的形象，這種形象據說對寺廟具有保佑的意義，同時也是吉祥和幸福的象徵。第四，在印度宗教雕塑中，所有的藥叉女基本上都是半裸或全裸著軀體，顯得極其性感，充滿誘人的魅力，她們也常被認為是天國的美女。

　　藥叉與佛教的關係極為密切，但真正的意義卻又含混複雜。在山奇和巴胡特窣堵波欄杆上上，既雕刻著釋迦牟尼本身故事的片段，也雕刻男女藥叉的形象。女藥叉常常是髮型高聳，手腕、腳腕、頸

▶藥叉女，
3 世紀，
茉菟羅博
物館

上和腰部都掛滿珠寶，既象徵財富又象徵吉祥。同時這些藥叉女的雕
像也常常表現出搔首弄姿的表情，加上豐滿、性感的軀體，使她既富
於世俗的豔欲情調，又洋溢著超凡脫俗的魅力。

後來在阿旃陀石窟和茉菟羅的雕塑中，藥叉女的形象變得越來越
性感迷人。她們像我們在巽伽和安都羅王朝的建築物所見一樣生動，

而且更富有挑逗性。她們裸露的身軀更富於肉感的色彩，嬌俏的臉孔也充滿豔欲的神情，乳房誇張地表現為球形，腰肢如蜂，肥美的臀部略微上翹，顯得自然又不失妖媚。全身只有頸部、手臂、腳踝和臀部掛著珠寶和環飾，其餘部分皆予以裸露。雕刻技術顯得相當純熟，猶如真人般富有生命力和動感，藥叉女形象雕刻是茉菟羅藝術的典型代表。這些性感的女藥叉是眾信徒特別喜歡的形象，因此，她們成為寺廟雕刻中不可或缺的部分。

佛教雕塑中為何會裝飾著這些藥叉女，或說是天女的形象呢？我們從佛陀度化美難陀的故事中或許能得到一點啟示。

西元二世紀，印度佛教詩人馬鳴在《美難陀傳》中記述，佛陀使他的異母兄弟難陀皈依的故事。故事中的難陀是個耽於世俗歡愛的人，當他生活的城市迦毗羅衛城出現皈依佛教的熱潮時，難陀卻依然沉迷與美麗的妻子孫陀利的歡愛之中。在佛陀的再三勸化下，難陀才算勉強接受了剃度，孫陀利在難陀剃度後非常哀傷，難陀也懷戀妻子，憂愁不已。他趁佛陀外出時脫掉了袈裟，回到家裡。佛陀知道此事後，為了度化難陀，便帶領他去天國遊覽，途中佛陀指著一隻獨眼雌猴問難陀：孫陀利與這隻雌猴哪個美麗？難陀搞不明白是怎麼回事，但還是說孫陀利美麗。當佛陀引領難陀目睹天女時，難陀對美貌而性感的天女如痴如醉，這時他才明白佛陀的問話，與這些天女相比，孫陀利無疑是一隻獨眼雌猴。於是他不再迷戀孫陀利和世間的美女，而是像佛陀所教導的那樣開始修煉苦行，目的只在於獲得天女的歡愛，他極端的苦行行為和異常的淫樂心理，奇特而可笑地結合在一起。但無論如何，他對苦行的專注和執著使他的修道突飛猛進，當他在更高的修煉層次上再受到點化後，也就不再迷戀男歡女愛，最終成

為了阿羅漢。

　　佛教中這類故事並不常見，而且即使是這類故事，也是以教誨為目的，所以難陀最終也不再沉迷於愛欲了。宗教首先要回答人們在現實中遇到的問題，滿足人們的現實需要，否則人們便沒有興致去理解它的內涵。不過，難陀故事的奇特之處在於，佛陀將難陀旺盛的情欲引向了「天國」，於是上天與世俗享樂之間便發生密切聯繫，從中我們略可體會到「苦行」的宗教，是如何與享樂聯繫在一起。實際上，印度歷來的傳統中，生活與宗教之間並無隔閡，宗教也就是生活。

　　印度的宗教與現實生活中的享樂並非水火不容，釋迦牟尼並不是一開始就沉醉於修行。相反地，傳說中，他幼年在王宮中過著養尊處優的舒適生活，經歷了種種感官享樂之後，他才明白享樂是沒有意義的，而在悟道之前，他又經歷極端的苦行，發現苦行也不能為他帶來解脫，他悟出的「道」主要體現為智慧。而要走智慧之道，沒有人生體驗是不行的。與此相似，印度教也主張如果沒有經歷性愛的生活，擺脫不了性愛的羈絆，也就不要去修行了。這或許正是印度佛教和印度教寺廟雕塑中，極其性感的藥叉女形象的教誨和象徵意義。

▲藥叉女，2世紀，現存馬德拉斯博物館

15 多羅菩薩

在早期的印度佛教經典中，雖然也有比丘尼即女修行者，但卻沒有獲得正覺的女性菩薩或女性佛，因為早期佛教認為，女人都是天生不淨，而佛性則是澄明清純的；女人無明，而佛性是智性；女人無常，而佛性則是永恆的。因此，女人想成佛，只能經過累世修煉，成為一個男性佛。大乘佛教雖然主張眾生本淨，佛性與生俱有，但在大乘佛教的早期經文中，並沒有女神或說是女佛，女神出現於印

▲ 多羅，約 11 世紀，新德里國
立博物館

度佛教密教即金剛乘之中，已是晚期印度佛教中發生的變化了。

佛教密宗新女神中最重要者，便是度母即多羅菩薩或多羅子（本意為「極目精」或「眼瞳」，轉義為「救度之母」，意為「能使人渡轉江河、達於佛地樂土之母」）。對於她的崇拜，在西元七世紀時的印度已較為普遍。她作為救度女神，很自然地便與印度佛教中的觀世音菩薩（男性佛）聯繫起來，成了許多讚歌的內容，其中最著名的是《花鬘讚歌》（Sraghdarastotra，八世紀）。起初，多羅子只是觀世音（觀自在，觀察守護之神）菩薩的配偶，但到了後來，她以化身的形式繁衍成一系列的多羅娘娘，以多種外型和不同的名字出現，世人按其顏色（綠、白、黃、紅、藍）及其慈祥或令人敬畏的外形，將他們區分開來。

一般認為，度母及其圖像源自印度教中，象徵吉祥與愛欲的女神勒克什彌。在印度神話傳說，在眾天神和阿修羅（魔鬼）一起攪乳海時，毗濕奴大神化身為海龜，從乳海中攪出美麗的吉祥天女勒克什彌，她隨後成為毗濕奴大神的配偶。在印度神話傳說中，勒克什彌多與豐收女神聯結，不僅成為財富的象徵，也是愛欲的化身。

印度密教中的多羅菩薩承繼了勒克什彌的愛欲精神，但從形象和作為上說，多羅菩薩倒更接近印度教中，濕婆大神的配偶如杜爾迦、迦利等，因為度母的形象多與忿怒金剛結合，表現為魔鬼、女巫、女妖等的恐怖相狀。

密教的萬神殿極有特色，其獨特之處為到處是忿怒之神，不僅男神忿怒，女神也忿怒，一個個忿怒神都長著三隻眼或是獨眼，膚色五花八門，頭戴骷髏冠，身著蛇皮衣，個個猙獰可畏，而且常常是三頭六臂，模樣古怪。說是神，看上去卻像魔。在吠陀時代，認為這樣

的神魔是應當驅除的，驅除
的方式便是念咒（Tantra）
或畫符（Yantra），驅邪避
害；而在密教中卻是以真言
即曼陀羅，來竭力召喚這些
神魔，並與神魔相合，以達
到修煉的目的。這與以往佛
教的修行觀可謂大相逕庭，
這種現象極其複雜，我們將
在後文有關密教的章節中，
做進一步的考察和分析。

　　隨著佛教的發展和傳
播，度母即多羅菩薩的形象
也流傳到我國以及日本等
地，尤其是西藏，多羅菩薩
更是廣受崇拜，松贊干布的
兩位妃子文成公主和赤尊公

▲勒克什彌女神與那羅延天神，卡朱拉
霍，11世紀，德里國家博物館

主，都被認為是多羅菩薩的化身。儘管藏傳佛教各個教派都有自己的
本尊神，但各派卻都虔信度母。

　　再者，隨著藏傳佛教而流傳於我國的歡喜佛或雙身佛的形象，也
與多羅菩薩有較密切的關係。歡喜佛的出現是以佛教中出現女神為前
提，隨後，各類菩薩都有了自己的配偶，修行主要表現為男女佛組成
的神聖結合。在印度教中，濕婆大神也常被說成是兩性一體，但在表
現形式上大多是濕婆與配偶烏瑪優雅地坐在一起；而發展到密教，則

演變成男女合一的歡喜佛。密教強調般若（即「空」或「智」，表現為女性）與方便（即「悲」或「忿」，表現為男性）的結合，認為這種合一的狀態象徵涅槃的崇高境界。

16 從印度來到中國的觀音

　　觀音菩薩在中國人的心目中，是一個大慈大悲、莊嚴崇高的女神；但在印度，觀音菩薩卻是一個男性神。

　　在印度佛教傳說中，觀音是觀察守護之神，他的名字在梵語中是「阿婆盧吉德舍婆羅」（Avalo-kiteshvara）或「盧吉德什婆羅」（Lokiteshvara），其義為：「自高處向下俯瞰之神」。顯然，他的名字的意義主要在於「觀」，是透過眼睛來觀察一切，但是在後來的發展演化中，他卻主要是透過「聽」來守護世界、普度眾生。民間有苦難時，遇難眾生只要念誦其名號，菩薩即時就能聽到並前來救危解難，因此觀音菩薩可說是「耳聞八方」。在密教中出現的多羅菩薩雖然在普度眾生方面具有新的含義，但「多羅」（Tara）一詞的本義卻是「極目精」，其義顯然也在於「觀」。據稱她是觀音菩薩慈悲眼淚的化身，後來逐漸演化成觀音菩薩的配偶。觀音與多羅結合在一起，正是我們常言的「眼觀六路，耳聞八方」。

　　觀世音菩薩從印度傳入中國之後，因唐朝避諱

太宗李世民之名，故去「世」字而稱「觀音」。不過，這還不是觀世音菩薩最大的變化，最根本的變化在於，從印度來到中國之後，他逐漸從一個男性菩薩變成了女性菩薩。

為什麼會發生這種變化？又是怎樣發生的呢？

我們從印度的觀音說起。在西元八至九世紀時，在印度帕拉王朝統治下，觀世音菩薩與阿彌陀佛密切相關，受到當時人們的普遍崇奉，被視為阿彌陀佛的協助者或者化身，所以他的頭冠上經常可見阿彌陀佛小像。在著名的阿旃陀石窟中，觀音手持蓮花，因此也被稱為「手持蓮花者」（Avalokitesvara Padmapani），文雅一點，則被譯為「蓮花指」。這個雕像中的觀音菩薩眼睛向下，神情慈祥而略帶悲傷，極其完美地體現了慈悲之神的神相特徵；再者，此雕像中的觀音看上去雖然是男子的身體，卻顯露出女子的一些特徵，這不僅體現於神情，也體現於他手中的蓮花和柔和的身姿。

《法華經‧觀世音菩薩普門品》對觀音的各種化身，有較詳細的陳述，說他既可以為男身，又可以為女身。在他的三十三（不是確定的數字，只是以此數字指代「多」）身中有梵王身，其形象為四面八臂。後來，在密教的典籍中，觀音的形象進一步發展變化，出現了十一面觀音、千手千眼觀音、馬頭觀音、不空絹索觀音、準提觀音等，這些都是印度教大神形象影響的產物。《西遊記》第十七回寫道：「爾時菩薩乃以廣大慈悲，無邊法力，億萬化身，以心會意，以意會身，恍惚之間，變作凌虛仙子。」講的就是觀音有無數化身。密教觀音中有準提觀音，其形象為三眼十八臂的女性，顯然是雪山神女的變體。唐宋以來，中國、日本的三十三觀音像中的多羅尊觀音，即是玄奘所說的多羅菩薩。中國觀音菩薩的女身，主要是從密教中與觀

音結合的多羅菩薩形象發展而來。

在中國，雖然我們偶爾也能見到千手千眼觀音，但像多羅菩薩那樣的「忿怒女神」形象，基本上不再表現為觀音菩薩的神相特徵，她只是取了多羅菩薩的女身，而將其「忿怒」諸相留給寺廟的各類「忿怒」金剛或阿羅漢。

從精神上看來，中國的觀音菩薩更接近印度的「蓮花指」觀音，而表現為女性菩薩也更能體現蓮花指觀音的慈悲精神，同時也可以說，觀音菩薩的女性化也是佛教精神最完美的形象化體現，因為即使在印度，成熟的佛教雕塑中，佛陀的形象也越來越體現出柔和的精神，明顯具有女性化的色彩。

在中國，眾生對模糊遙遠、不易理解的「業」、「輪迴」和涅槃這些佛教概念，是不怎麼動心的，而對可能立即轉生到阿彌陀佛的極樂世界卻充滿嚮往。在現實生活中，遇到苦難的人們對大慈大悲、救苦救難的觀音菩薩更是倍感親切，因此對觀音的崇信深入人心。唐代以後，中國民間進一步出現了各種名目的觀音，如海島觀音、送子觀音、魚籃觀音、楊枝觀音等。這些信仰不要求信徒有深奧的哲學知識，只要信佛、信仰菩薩，或是相信佛經中幾句真言就能辦到。這類佛經指《妙法蓮花經》、《阿彌陀經》等。

▲觀音，10世紀，印度博物館

17 黑天與羅陀

印度的兩大史詩《摩訶婆羅多》和《羅摩衍那》，對印度社會和文化產生巨大的影響。在史詩《摩訶婆羅多》中，黑天是一位主要人物；在《羅摩衍那》中，羅摩是主要人物。千百年來，黑天和羅摩這兩個重要人物，在印度教社會中一直受到人們的熱烈歌頌和廣泛崇拜。黑天和羅摩也被視為印度教大神毗濕奴的化身，大約在基督紀元之初，黑天和羅摩已被神聖化了。在此，我們主要考察黑天的形象，分析宗教神明如何與生活結合在一起，對印度社會產生巨大影響。

在史詩《摩訶婆羅多》中，黑天的形象極其複雜，他的神蹟也有多種表現，但隨著《薄伽梵往世書》出現之後，黑天的形象發生了變化。《薄伽梵往世書》其他各集都墨守陳規，凸出描寫了黑天的種種神蹟，但這些神蹟並未顯示出黑天的形象有何變化，唯有第十集對黑天的童年和青年時代的描寫不同一般：黑天大神變成了一個風流情種。他不僅痴迷自己的情人羅陀，而且同時與羅陀的女友以及他生活的牧區女子們調情說愛。他迷人的形象吸引

成千上萬的牧區女子，他對所有的女人都不拒絕，與她們一起遊戲、跳舞、打鬧、調情、親吻、擁抱、性愛等，而牧區的每一個女子只要聽到黑天吹奏的笛聲，便會設法擺脫家人或丈夫的重重阻撓去與黑天幽會。有時在為數達一萬六千多名女子面前，他便化作成千上萬個黑天與她們跳舞、擁抱、調情。這種多情種或風流少年的神明形象，是以前神話傳說中沒有的，一下子就吸引人們的注意。《薄伽梵往世書》因此成為風行各地的印度教偉大經典之一，其方言譯本不計其數（僅孟加拉語就有四十多種），證明它非常普及且影響巨大。

其實，對黑天大神性愛遊戲的讚美主題，約在西元三世紀就廣為流行了，但它主要盛行於民間和印度南部部分地區，對黑天出神入化且渲染性愛意象最早也最清晰的描寫，出現於古印度泰米爾語文學中。泰米爾語文學有描寫性愛與戀情的傳統，而且這種性愛總是被賦予某種特殊、自然的神祕性。一方面，這種性愛描寫極其露骨，另一方面，又將這種性愛宗教化、神化，從而使其顯得崇高。大約從西元七世紀到十世紀，泰米爾語文學中出現一種內容非常廣泛，使愛情與神明結合的頌詩文學。《薄伽梵往世書》正是在這樣的文化背景中出現，它的意義在於，從此以後史詩英雄式的黑天已隱退幕後，人們更關注他的出生及青少年時代充滿浪漫色彩的傳奇故事，尤其是他和女友羅陀以及牧區女子之間的愛情故事。由於黑天形象的這個變化和發展，以及對印度社會所產生的影響，從而標誌著毗濕奴教派歷史上的一個轉捩點，此為虔誠運動的出現。

在虔誠運動中，豔情詩人借助對神靈性愛遊戲細緻入微的描寫，從而將宗教意義的聖愛世俗化，世俗意義上的性愛宗教化，消弭世俗與宗教之間的界限。黑天與羅陀及牧區女子之間的性愛故事，不僅

▲毗濕奴化身為野豬，南印度帕拉維，9世紀

在民間文化活動中極為風行，也是印度宗教典籍和文學作品熱衷的題材。對大神的虔敬不僅是一種宗教奉獻，而且演變成熱烈、迷狂的性愛。它不再是出於宗教責任感的崇拜，也不再是與宗教儀式結合的社會活動，而更表現為與現實生活水乳交融的日常感情。毗濕奴大神化身為魅力無窮的風流少年，成為千萬女子日夜渴望與之性愛、偷情的對象。偷樑換柱，借助於黑天大神，人類生活中日常而暫時的性愛變成了永恆的存在。欲望也不再是解脫道路上的障礙，相反地，成了獲得解脫的有效途徑：現實生活中的欲望本身，並沒有發生質的變化，只要熱愛黑天大神，就可以盡情地滿足欲望。每一個男人都是黑天的化身，每一個女人都是渴望黑天的羅陀；只要熱愛神靈，人們便可以盡情狂歡。

在毗濕奴教派的傳統中，伴隨著欲望的各種激情，如狂熱、驚喜、衝動、興奮、渴求等成為性愛表達的理想形式，解脫已非性愛的目的，她們只是沉醉與黑天大神的性愛，解脫只不過是性愛的副產品。

第四部 生活百態

1 走近印度

印度之名，在我國古代又稱天竺。玄奘在《大唐西域記》中說：「詳夫天竺之稱，異議糾紛，舊雲身毒，或曰賢豆，從今正音，宜云印度。印度之人，隨地稱國，殊方異俗，遠舉總名，語其所美，謂之印度。印度者，唐言『明』，有多名，斯其一稱。」印度雖然和中國一樣有著幾千年的文明，但卻從未出現大一統的天下，印度也從來都不是文爭武鬥的天下，各種宗教和文化習俗在印度都是適者生存，所以這是一個智者的國度，亦即玄奘所說的「月明」之國，「良以斯土，聖賢繼軌，導凡御物，如月照臨，由是義故，謂之印度。」

印度位於亞洲東南部，地形是一個大半島，從地圖上看，像一只下垂在印度洋上、蘊藏鮮美乳汁的乳房，其南端呈水滴形的錫蘭島，正像一滴從乳頭滴下的乳汁。印度河和恒河像兩條乳腺，流貫在印度大平原上。印度的東、南、西三面是大海，北部是雪山，四周有天然屏障，只有西北部有一處低的缺口，古代外來的侵略者都從這個缺口侵入。

在一般人的印象中，印度是充滿神祕色彩的宗

教國度，我們很難想像，印度會有豔欲主義的文化傳統，但客觀上，歷來的印度是一個禁欲主義的苦行地，又是一個縱欲主義的淫樂園。正如馬克思所說：「印度的宗教既是縱欲享樂的宗教，又是自我折磨的禁欲主義宗教；既是林伽崇拜的宗教，又是箚格納特的宗教；既是和尚的宗教，又是舞女的宗教。」林伽指濕婆大神的生殖器官，林伽崇拜即對濕婆神的崇拜，盛行於印度南部。箚格納特是印度教大神之一毗濕奴的化身之一，崇拜箚格納特教派的特點是，宗教儀式上十分豪華和極端狂熱，這種狂熱表現為教徒的自我折磨和自我殘害；在舉行大祭的日子裡，某些教徒往往投身於載著毗濕奴神像的車輪下，任其軋死。

▲維會瓦納特神廟，卡朱拉霍，約 1002 年

　　在西方人的心中，印度曾是一個充滿神祕色彩的宗教國度，但在十九世紀，當西方「發現」印度時，又被印度文化中的淫樂嚇得目瞪口呆，以至於黑格爾說：「我們的羞恥感簡直都要被攪亂了，因為其中不顧羞恥的情況達到極端，肉感的氾濫程度簡直令人不可思議。」早期一些西方學者如 Griffith，將印度遠古詩集《梨俱吠陀》翻譯成英文時，常常將其中的兩首詩（10.86.16－17）略去不譯，因為他們無法譯成「乾淨的」英語詩，這兩首詩直接描寫天神因陀羅的陰莖，赤裸裸地描寫性欲。但到了二十世紀，當西方世界對印度有了更多認識，他們也逐步發現，印度文化中的禁欲和縱欲，就像硬幣的兩面一樣不可或缺，否則印度便不成其為印度了。

　　按一般的做法，我們也可以把話題扯到遠古時代，印度歷史上最早的藝術品——恒河流域的赤陶製品，就生動地反映出當時城鎮居民享樂主義的情欲，當然原始的生殖崇拜更不在話下。印度不同於中國，它似乎向來沒有歷史，但另一方面，印度當下的東西又與歷史密不可分，一切最古老的東西又是最年輕的存在。古印度社會中盛行愛神節，從愛神節中演化發展出霍利節，名稱雖然變了，但內容和實質卻一如既往：廣泛而盛大的狂歡，有點類似我們的春節，只是狂歡色彩更為濃烈。說不清從什麼時代起，也有學者認為大約在西元三世紀時，世俗的、普羅大眾的淫樂就與上天，亦即神的世界的歡娛混為一體。也就是說，淫樂、愛欲與神聖結合在一起變得天經地義了。

　　傳統的印度教對性的態度是健康的、泰然自若的，正如我們在犢子氏的名著《欲經》裡所見的。但是在西元十世紀之後，受伊斯蘭教的侵襲，印度古老的文化傳統變得面目全非；而在近代歷史中，印度文化經過英國清教主義洗禮，加上甘地主義的影響，我們已經失去真

正的印度本地傳統，並被迫借助西方的「科學」手段，重新找回失去
的印度。這種手段雖然是科學的，但卻不是印度的本色，所以當我們
面對古色古香的印度文化，尤其是豔欲主義傳統時，總是處於某種尷
尬的狀態之中：如果現代人對性的貪婪是隱蔽的，就總是伴隨著某種
大驚小怪的罪過意識；如果現代人對性的態度是厚顏無恥的，則伴隨
著一種虛張聲勢的意識。印度古代人正當取樂的手段，卻成了現代人
尋求病態刺激的源泉。

與此同時，自十九世紀下半葉以來，也有越來越多歐洲人聲稱他
們相信印度宗教，他們對瑜伽和印度神祕文化的興趣不減。在當代，
新印度教所宣揚現代化的吠檀多，引起了比過去任何時候都更廣泛的
迴響。在簡單而安全的避孕方法廣為傳播，使塵世生活大為改觀的時
代，有些人卻轉向了密教的性神祕主義。現代印度有很多來自歐洲、
美國和澳大利亞的男女青年，他們之中的大多數人生活簡樸，有些人
放棄西方社會優越的生活條件，寧願在印度忍飢捱餓，只為了尋求真
理，尋求不可言傳的深奧智慧，希望這些會給他們帶來思想的寧靜和
幸福。很少有人真正找到他們所尋求的東西，但他們返回故里比啟程
時顯得更快樂、更聰明。

除了從事印度學各個領域研究的大量歐洲美國學者之外，西方各
行各業的人也為印度的文化和藝術所傾倒。他們使用香手杖，演奏西
塔爾琴，吸食印度大麻，這些都是「引起幻覺的一代」生活中的附屬
品，其意主要在於仿效古代印度人的精神風貌。許多青年人力求得到
奧祕的傳授。印度的古魯們教人們體驗如何與宇宙合一，貝拿勒斯和
加德滿都已成為嬉皮的麥加。提倡與進取心相反的「花的力量」：意
即愛的力量，是嬉皮士的一個口號，他們常戴花以象徵著愛，鼓吹愛
情與和平。

2 豔欲與苦行結合的森林文明

　　中世紀的印度人口大約在一億人左右，主要生活在農村，至今印度也還是農業大國，約八○％的人生活在鄉下，如果坐火車從德里旅行到加爾各答，映入眼簾的便是一望無際的恒河大平原和星羅棋布的小村莊。村莊之外，除了雜草、叢林，便是田野和田野間的小道。但是在古印度，鄉村的景象卻不是現在這樣的情景，到處都是蔥蘢的林木，現在的田野在古印度大多是叢林或森林生長的地方，玄奘筆下西元七世紀的恒河兩岸，密布著綿延不斷的叢林。

　　如果說古印度文明是農業文明的話，那麼這種文明的起源並不在農村而在森林。因此我們不僅可以看到印度遠古詩集中，有很多關於自然的頌歌，而且吠陀之後，印度古代最著名的典籍即《森林書》和《奧義書》也與森林有密切關係。森林書顯然是在遠離城鎮和鄉村的森林裡祕密傳授的，而奧義書也具有祕傳的性質，同樣與森林有密不可分的聯繫。「奧義書」一詞的本義便是在林木之下，「圍坐在某人的身邊」，一方面是傳業，另一方面

是解惑。森林書和奧義書也被稱為「吠檀多」，其意是吠陀的終結，一方面繼承了吠陀森林文明的傳統，另一方面又將這種傳統加以發展。至今，印度文明也可說是吠檀多文明，這種文明的重要特徵在於，側重宗教性的沉思和修行，森林常常變成印度古代聖人的修行地，這種出現於森林之中的修行地，按印度傳統文化的說法，也就是淨修林。從吠陀時代，自然與森林在印度文明中扮演重要的角色，但淨修林在當時還沒有出現。梵語中的淨修林名叫 Ashrama，意謂實行苦行的地方，也可指苦行的目的，但在這個詞原始意義的問題上，至今仍存在著很多爭論。

印度古代的教育植基於淨修林的生活體系之中，聖人們則在森林中沉思自我，這些森林哲學家為學生授業解惑，他們的教導逐步形成印度文化中源遠流長的「奧義書」。除了學習吠陀和奧義書之外，學生還須在精神和身體兩方面，戒絕各種形式的享樂。苦行者應該拋棄一切，正如史詩《摩訶婆羅多》說：讓他拋棄社會就像拋棄毒蛇一樣，讓他拋棄安逸就像拋棄地獄一樣，讓他拋棄女人就像拋棄屍體一樣。但史詩中，女人也常常隨男人去過林居生活，可能是史詩時代對林居生活的要求，不像吠陀和奧義書時代那樣嚴格，悉多就是在蟻垤的淨修林中，生下羅摩的兩個孩子。

印度古代的托缽僧既可住在森林裡，也可離開森林住在村莊或城鎮，一切都著眼於修行的需要，有不少托缽僧喜歡生活在森林，尤其是淨修林裡，因此他們又被稱為「森林的居住者」（aranyakas）。佛教和耆那教的文獻中，有很多這樣的托缽僧或比丘的描繪。

在古印度文明中，森林不僅是宗教意義上的淨修林，也是印度古代性愛故事發生的背景。蔓藤纏繞著大樹，在《梨俱吠陀》中就已成

為性愛的象徵，在古印度的性愛經典《欲經》中，犢子氏描寫道，在四種基本的性愛遊戲中，女性在其中兩種遊戲中扮演積極的角色。其一，她像蔓藤纏繞大樹一樣依偎她的戀人、親吻著戀人，並激發他的豔情。其二，正像卡朱拉霍廟宇的雕刻一樣，她將一隻腳放在男人腳上，另一隻腳放在男人的腿上，一隻胳膊抱著他的背部，另一隻胳膊則撫著他的肩膀和脖子，像一棵樹一樣依附著他。這些關於性愛的描寫與森林文明結合，其主要意義在於將人之性愛與自然連為一體，使之變得古老而永恆：性愛以及對性愛的讚美，自印度文明初始便成為生活中不可或缺的部分。

世俗的、充滿生活氣息的《梨俱吠陀》創作於西元一千年之前，它對後來、包括當今的印度生活不斷地發生作用。奧義書大約始於西元前七世紀，是從禁欲主義的角度對人的生活做出解釋，這不同於吠陀時代從感官角度對性愛做出的理解，而更富於哲學和超驗的意義，但這只是吠陀觀念的發展和補充，並不是對吠陀世界的摧毀。這兩種世界觀在《欲經》中都有表現。犢子氏生活的時代，克制是其社會體系的重要組成部分，豔欲主義就像苦行主義一樣，依賴對身體的控制技巧即瑜伽。犢子氏說，人不能在生命的各個階段都沉溺於欲望，這一方面表示他對性欲的克制，另一方面也反映出他對當時頗為流行，人在生命各個階段都要致力於棄絕這種觀念的懷疑和諷刺。《欲經》談的雖然是性愛藝術，但作者常常偏離正題去談克制、棄絕。表面上這與全書所談內容顯得不太協調，實際上卻反映印度古代社會生活的典型特徵：一方面是宗教苦行，另一方面則是生活的享樂，兩方面可以相互分離，走向各自的極端，也可以相互融合互補，人不應當一味享樂，也不應該一味苦行。古印度社會中有兩種女人可以在社會體系

內自由活動，一種是修女，另一種是妓女，妓女可以變成修女，修女也可以是妓女；再者，修女也可以追求自由的愛情和婚姻幸福，印度古代著名的戲劇《沙恭達羅》描寫的，就是淨修女動人的愛情故事。

在迦梨陀娑的戲劇中，淨修林的平靜、柔和也與青春、愛情以及享樂結合，家居生活與林居生活、社會生活及自然生活密切聯繫，沙恭達羅是淨修者幹婆的女兒，她以自由戀愛的方式與國王豆扇陀結婚了。在迦梨陀娑筆下，淨修林不僅是世外桃源，也是青春樂園，豆扇陀一眼就看上迷人的淨修女沙恭達羅：「野林裡的花朵以天生麗質超過了花園裡的花朵」，這正是常言所謂「家花不如野花香」。本來，淨修林的女子都有一定的清規戒律，但這些清規戒律對豆扇陀不僅不是約束，反倒進一步激發他對沙恭達羅的濃厚興趣，說沙恭達羅是「一朵沒人嗅過的鮮花，一個沒被指甲掐過的嫩芽」。從印度文明起始，森林就與各種宗教儀式連為一體，歷代國王都很看重淨修林，並把維護淨修林的安靜與平和看成自己的天職。但國王豆扇陀在此卻將淨修林看成一個大花園，看到一隻蜜蜂繞著沙恭達羅飛舞，想吸吮沙恭達羅那一切快樂之源的櫻唇，他便挺身而出，說道：「在這太平盛世，在偉大國王的統治下，誰敢對貞潔淨修者的女兒們有無禮之舉？」打著「保護」淨修林、驅走蜜蜂的名義，他走到了迷人心魂的沙恭達羅跟前。

印度古代作家常常把自然作為描寫人類生活的背景，而自然的象徵是森林，與城鎮生活明顯不同的是，森林生活沒有什麼人為性，更富於自然的色彩。詩人常常以對四季、山水和小村莊的描寫，來反映他們的思想和社會，尤其是將森林裡的淨修林，作為人類享受美好自然和青春愛情的理想場所。

3 春天是戀人的季節與苦行僧的大好時光

　　印度地處熱帶與亞熱帶，這種氣候條件使印度自古以來就對森林和夜色有美好的感受，《羅摩衍那》和《摩訶婆羅多》兩大史詩中，就出現對自然景色較細緻的描繪，史詩所描寫的場景多半出現在大自然，只有少數的活動是在宮廷或城裡發生的，《羅摩衍那》就有《森林篇》、《猴國篇》等。這種情況也反映在印度古代的文藝理論中：對季節的變化、日出日落、月色與月夜等等描寫，是印度古

▲佛陀像，5世紀，鹿裡苑，印度博物館

◀《羅陀與黑天的結合》，17世紀，康格拉繪畫，勝天《牧童歌》插圖。看到自己的戀人黑天，羅陀的眼中滾動著幸福的淚珠，她低垂的眼簾流露出羞澀的心理，但看到光彩照人的克里希納，羅陀忘記了她的羞澀，不由自主地走向黑天用花草鋪成的寢床，臉上露出愉快的笑容，心中充滿幸福的渴望

代「大詩」必不可少的部分。

印度文學中一直有豔欲主義的傳統，豔情詩在古印度文學上占據重要的地位。一般來說，豔情詩的背景多為春天和夜色，樹葉、花朵、鳥、動物、昆蟲、輕風、水波等，都與豔情聯繫在一起。對於豔情詩人來說，春天之所以美麗，不僅是因為春天鳥語花香，而在於人與自然的和諧在春天顯得尤其凸出，自然界的一切變化最能觸動人心靈對於自然的感受：春景最能激發人們的愛情蜜意，和風（象徵著男性）輕柔地撫摸著蔓藤（象徵著女性），蜜蜂嗡嗡地採著花蜜，象徵男女之間的性愛，河流在親吻著沙灘，蔓藤擁抱著大樹，人類的感情完美地融合於自然的節奏之中。

勝天的《牧童歌》就是在印度文學中，具有代表意義的豔情詩集。這部詩集中，黑天與羅陀的性愛故事就發生在美好而理想的春景裡，之所以說它是理想的，是因為它對景物的描寫是依豔欲文學的傳統進行，與其說它描寫的是現實主義式的自然景物，不如說是帶著印度傳統的審美觀，對自然進行詩意的刻畫，是一種審美真實和作者內心世界的融合：既有世俗的現實意義，又有宗教的象徵意義，這便是

印度美學中常說到的「味」或說是情味。

什麼是「味」呢？在《梨俱吠陀》中，「味」指的是液體，尤其是植物的汁液，廣而言之，也可以說「味」是各種事物的本質或是元氣。後來，發展到文藝理論之中，「味」演變成了情味。當批評家試圖尋找一個詞語來概括藝術的本質時，他們選擇的是「味」（rasa）一詞。正如製作美味佳餚的關鍵在於調味品，文學作品尤其是詩歌的創作，關鍵在於創造出情味，我們之所以會感受到詩歌的美，是因為其中蘊含能觸動心靈的情味。

這種說法也直接啟迪了人們在宗教體驗的感受。宗教上的「味」說來自美學上的「味」論，不過它進一步具體化了。「味」本來屬於心靈感應的範疇，但經過密教和性力教派的闡釋，「味」又具有生理學上的意義。這種說法上承吠陀文獻中「味」指「液體」的說法，並進一步從生理的角度指出，「味」也表示人體中的血液和精液，在密教看來，「味」不僅指人們在性愛中得到美妙的心理或精神感受，也指人們在身體或生理方面得到的快感。

這種說法的意義不僅肯定了，性愛的心理與生理兩方面的交互作用，還進一步將性愛與修行結合，這是令一般人難以想像的奇特現象。在密教和性力教派看來，人體中充滿各種液體即「味」，其中尤以精液和血液最為寶貴，人要想在精神上得到昇華，就要充分調動身上的血液和精液，而春天不是人身上的血液與精液最活躍的季節，因此春天不僅是戀人們的季節，更是苦行者的大好季節。因為在這個季節裡，苦行僧透過打坐和呼吸控制使精氣（即精液）在全身運行，他正好可以化精提氣，使自己的修行突飛猛進；另一方面，為了充分調動自己的精氣，密教也借助性愛進行修行，性體驗因此變成了一種宗

教體驗。

　　從宗教體驗的角度來看豔情詩中的性愛時，性愛的滋「味」也正好在於它使人進入某種狂喜的境界，這樣一來，世俗意義上的男歡女愛便與對黑天大神的聖愛結合，從而使日常生活中的情感化為永恆。《牧童歌》的基本結構——男女的結合、分離、重新結合——既是印度豔情文學的常見結構，也符合印度教尤其是印度密教的教義：在密教看來，絕對的真實本來是合一不變的，但在現象世界裡被分為陰陽，正如人本來是陰陽一體，但後來被分為男女，因此人要從男女結合、陰陽一體的合一中，從現象世界中解脫。

◢ 戀人的日曆

　　古印度詩歌的一個凸出特徵在於，對季節的描繪，這種描繪常與豔情結合。在《梨俱吠陀》的頌歌中就有對春夏秋的大致描寫：春是酥油的季節，夏是祭祀的季節，秋是獻祭的季節。《阿達婆吠陀》中又說到雨季，《夜柔吠陀》又增加了冬季，冬季又具體分成霜季和寒季兩個季節，如此形成六季的說法。六季之外，古印度也有四季、五季、七季、十二季等分法，但最常見的還是六季。

　　印度古代詩人對季節及其變化的感受特別敏銳，蟻垤在《羅摩衍那》中對冬季和雨季有深刻的感受和細緻描寫，迦梨陀娑對六季都有美妙的描寫，尤其善於描寫與愛情有關的雨季和春季。迦梨陀娑的《六季雜詠》是印度文學史上，第一部致力於六季景象描繪的抒情詩集，它的特色在於將六季景象的描繪，與青春愛情、男女歡愛及相思之情的表達結合，從而使《六季雜詠》成為「戀人們的日曆」。下面是《六季雜詠》中描寫各個季節的典型章節：

夏季：

陽光是熾熱的，但月色卻是迷人的。

清水碧綠，引人沐浴；日落黃昏後，景色怡人。

我的戀人，夏天已經來臨，人們的情欲在減退！

汗水浸濕了四肢，少女們都脫下了她們的厚衣，

她們健美的豐乳上披掛的是輕薄的絲衣。

在赤熱陽光的灼燒和滾燙沙土的炙烤下，

毒蛇蜷伏到孔雀的羽毛下乘涼——危險的客人！

雨季：

我的戀人，雨季來了，它像是一個國王一樣威風凜凜：

黑雲滾滾，那是他在戰場上馳騁的象車；

閃電霹靂，那是他的皇家戰旗在飄揚；

雷霆萬鈞，那是他的戰鼓在轟鳴。

烏雲密布，響雷不斷，

儘管這夜晚漆黑一團，

多情女子依然去幽會，

陣陣閃電照亮了路面。

秋季：

瞧，秋天像一個光彩四溢的新娘一樣走過來了，

腳戴蓮花鐲，身穿裝飾著鮮豔花朵的潔白衣裙，

苗條的身軀像是飄香的金色稻穗！

溪流就像是迷人的少女一樣款款而行，
鱗光閃閃的魚群像是少女那令人目迷的裙帶，
沙灘上成排的鳥兒像是少女的珍珠項鍊，
柔和的沙灘則是少女的豐乳肥臀！

霜季：
涼季撒落草葉上的露珠，
就像是在灑落淚水，
涼季裡的戀人們日漸消瘦。

冬季：
這是門戶緊閉、圍爐取暖的季節，
這是在中午曬太陽的季節，
這是穿衣保暖、擁抱少女的季節！

春季：
樹開花了，荷花也在湖裡綻開了。
和風中伴隨著陣陣的花香，
女人的身體中也蕩漾著春情。
陽光明媚，夜色柔和，五月裡一切都是甜蜜裡的甜蜜！
層林盡染，雪白的茉莉花鮮豔奪目，儼然少女的萬般風情。
即使是苦行的僧侶，也難抵這萬千春情的誘惑！

顯然，這些抒情詩不僅描寫自然美景，更抒發戀人們的豔情，充

滿感官享受的色彩。在戲劇《沙恭達羅》和抒情長詩《雲使》中，迦梨陀娑對六季中的自然景物也有深入細緻的描寫，而且這種景物描寫與人物的感情和心理較完美地結合。比如，國王豆扇陀是在春天愛上沙恭達羅，而在冬天他拒絕了沙恭達羅，但到了春季，他回想起沙恭達羅。波那的散文著作《迦丹波利》受迦梨陀娑的影響，也將六季的描寫融於作品之中，但這些景物描寫與情節的發展聯結得不是太好。不過，他對自然的想像更多神話色彩，常常將六季的循環與濕婆大神的舞蹈結合起來，也是一部「奇書」。

5 苦行與性愛

　　在吠陀時代，宗教犧牲儀式占據主導地位，而到了奧義書時代，人們對祭祀的熱情慢慢衰退，苦行逐步成為宗教修行的主要形式，苦行僧代替祭司成為宗教的主體，濕婆大神也演變成一個苦行大師。祭祀多半是一種集體活動，苦行則更多表現在個人的行為，與祭祀相比，苦行更方便，也更容易被接受。

　　苦行的最初目的是為了獲得神力。為了獲得這種神力，有

▲耆那教寺廟內殿

不少苦行僧有點走火入魔，他們隱居深山老林，自願忍受飢餓、焦渴、蚊蟲、寒冷的折磨，有些則在城郊平原地帶沉醉於苦修：坐在烈日之下，用熱火焦烤自己，或躺在用荊棘或釘子做成的床上，或是倒掛在樹枝上長達數個小時。但大多數苦行者並沒有走向如此嚴厲的極端，他們更多是在精神和意志方面進行沉思。有些獨自住在郊外或某個村莊裡，有些則是在某位長者的帶領下，居住於茅屋草舍集體修行。有些則是遊方的托鉢僧，常常是多人結伴，隨時隨地向願意聽講的人佈道，或是與對手辯論。有些是全身赤裸，有些則身著極其簡單的衣服。

如果說祭祀是人祈求神的恩賜，那麼苦行主義則不再是被動的祈求，而更多地表現為對知識和智慧的渴求和占有，其肉體上的自我折磨與精神上的無限喜悅，總是結合在一起，因此苦行主義又是一種神祕主義。與吠陀時代樂觀向上的精神不同的是，奧義書時代，尤其是到了佛教和耆那教興盛的時代，印度盛行與苦行主義和神祕主義結合的悲觀主義：對世界、人生都有深沉的焦慮心理。這是社會發生急邊變革的時代，但與世界上其他文明的表現形式不同的是，它不表現為血腥的對抗與武力征服，而表現在思想的衝突與交鋒。再者，也不像中國的聖人和希伯來的先知，古印度的預言家並不考慮他人或整個民族的得救，他們認為這在衰微時代是不可能達到的目的，但自我的苦行或修行卻可能使個人獲得解救。顯然，這是一種根本的、徹底的個人主義。古代印度的政治、經濟和社會結構都在為宗教服務，但所有的宗教又在為個人服務；先於國家的是社會制度，先於社會制度的是個人，只要個人能以最好的方式力爭得救，那麼人人得救的同時，世界也就得救了。印度文化儘管表現得千差地別，但在以下的啟示卻存

在著一致性：存在比物質觀更為重要的價值觀；物質的繁榮和政治權力集中，並不是對一個國家或個人的最終裁定；古印度人最熱衷的便是個人解脫，換成現代的話，也可以說，他們一直在追求自我發現和個人價值的實現。儘管在追求與發現自我的方式上，可能是矛盾或相反的，但印度思想的根本卻是實實在在的個人主義。

或許正因為這種個人主義，使印度文化顯得千奇百怪，有時明顯對立的東西偏又相互融合。以苦行來說，苦行本來是要戒絕色欲，但奇怪的是，苦行與性愛在古印度又常奇特地結合在一起。

我們從苦行的本義上說起。在《梨俱吠陀》中，苦行（tapas）的意思是「溫暖」或說是「熱力」或「熱量」。古印度人認為世界正是由於這種熱力而得以誕生，後來的苦行之所以取這個詞，實際上與其原義也多少有些聯繫，苦行行為在外表上是肉體的磨難，但內心卻是幸福、快樂的；也可以說，透過苦行而聚集身體的能量（表現為「熱」或「溫暖」），從而得到某種超自然的神力，所以在後期吠陀文獻中，從苦行中獲得的力量成為苦行的關鍵因素。正是為了獲得這種力量，而採取了齋戒、禁食、沉默不語等形式的自我苦修。

但到了濕婆教派和密教那裡，苦行又與性事密不可分：苦行和性事被認為是人自身熱量的兩種表現形式，苦行是從人自身產生的，具有潛在摧毀力或創造力的火；而性事則是透過陰陽力量的結合而產生能量。《廣林奧義書》說：「女人是火，男根是她的燃料，陰部是火焰；當男人穿透她的身體時，她得到活力，她的迷狂是她的火花。」正是透過這樣的性愛火焰，性力教派和密教才將修行與性事結合在一起，認為性愛火焰本身像原始的宇宙創造力一樣神聖。宇宙的創造正是透過陰陽和合而完成，人的修行想要真正有所成就，也只能透過男

女結合。如此一來，性愛在密教那裡變成了主要的修行手段。這種修行並不是欲望的滿足或欲望宣洩，而是欲望升化的過程，它透過性愛的方式而對人自身欲望進行抑制和征服，使人在心靈上得到淨化，因此性事是一種向內的、自我淨化力量的體現，而不是向外的、向不可知領域的追求過程，在這一點上，與苦行注重於自身力量的聚集是一致的。

6 苦行、智慧與青春

　　吠陀時代結束時，印度社會發生很大的變化，按《摩奴法論》等印度教典籍的說法，人一生都在修行，這種修行被描述為人生四個階段。首先是學子生涯，也叫梵志階段，學生到老師家裡上課，有點類似中國的私塾制。在二十歲前後，學子便結束學生生涯回到家裡，進入居家盡職階段。在這個階段，他將參加相當於成年禮的宗教沐浴，成為一個沐浴者，之後他結婚成家，生兒育女。婚姻有三個目的：透過家庭生活促進宗教社會的發展；繁衍子孫，光宗耀祖；享受性愛。第三階段叫林居修行階段。第四階段是真正的出家修行階段，他要拋棄所有的一切，苦行遊方。四個階段代表人生的不同境界：不斷地淨化自己，使自己逐步擺脫塵世束縛，獲得至高的境界。

　　根據《摩奴法論》的說法，人到了頭髮花白，子孫滿堂時，應該離家到森林裡去進行苦修，以別人的施捨和野果為生。他應該有意增加自己的苦難：「在夏天，他應該暴露於烈日之下；在雨天，他應該生活於露天之下；在冬天，他應該身穿濕衣

服。」死亡來臨之前，他應該拋棄在森林中的住處，帶著拐杖、缽和
一點粗衣去四處流浪：

> 他不能渴望死亡，
> 也不能渴望活下去，
> 只是在等待時辰，
> 就像僕人在等待工錢⋯⋯

> 無論什麼人對他生氣，
> 他都不可動怒。
> 他應該祝福詛咒他的人⋯⋯
> 他不能說任何假話。

> 執著於精神和心靈的安寧，
> 一心一意，戒絕任何感官的享受，
> 把自己當作唯一的依靠，
> 以對永恆祝福的渴望生活於世上。

　　在中國人的心中，人到了老年應該享受天倫之樂，但印度古代卻
從個人解脫的角度出發，認為人到了老年之後，才可以擺脫俗事進行
真正的修行。事實上，人在老年時很難再忍受如此艱難的生活以求得
解脫，這只是印度古代聖人所設想的理想，在這種理想中，老人完全
成了苦行精神的化身。而到了中世紀，受伊斯蘭教文化尤其是波斯詩
人歐瑪爾‧海亞姆思想影響，在中世紀的印度繪畫和文學又出現一種

更為奇特的現象：青春與智慧的結合，成為最高的理想。

在這種理想中，老人變成智慧的象徵和化身；而少女則代表青春和美麗，青春少女依偎在白髮老人的身邊，成為詩人和畫家心目中至高至美的境界。在印度當代作家的創作中，我們依然可以找到這種思想影響的痕跡。比如，女作家安妮塔・德賽的小說，就常常透過心理刻畫來塑造內心孤獨不安的女性形象，她們的不幸不表現在生活的艱難，而多半

▲苦行中的佛陀，犍陀羅風格，2世紀

表現在心理上某種莫名的渴望，《今夏我們去哪兒》中的悉多正是這樣的女性。她自身生活的無聊和單調時常使她感到煩悶，有一次，她在公園看到一位老人與一個年輕女人親密地坐在一起，讓她留下深刻的印象，她反覆回味著這種情景，從中感受到的是她所竭力追求夢幻般的意境——智慧與青春的結合——老人溫柔的手摸著白淨女子的身體，這正是悉多也是德賽筆下的女子，所想像最美好的祝福。這種結合多少染上古印度文化，神聖而奇怪的神祕色彩。

7 性愛的情味：食與色

　　沉思一下，人類所有的生活實際上都與性密切相關，這就是吠陀和奧義書也談論性的根源。在奧義書哲學家們看來，宇宙在各個方面體現的也是性愛的精神。對長者的尊敬，表現的是信仰和忠誠等感情，同齡之間則表現為友誼和志同道合的感情，對弱者或受苦之人表現的是同情和善良之情，母愛和父愛表現的是人的關懷、慈祥和犧牲精神。這些感情都基於人的性愛之情，因此《廣林奧義書》說：性情便是人，也就是說，人之情皆緣於性。

　　早期佛教經典《雜阿含》認為，一切眾生皆因食而存。「食」有四種含義，稱為四食。其一，食物，在此不僅指食物，而且被聯結到五官之欲：好吃、好看、好聞、好聽等等。其二，是觸，多被聯繫到「受」，人在世上接觸到各種事物，不斷受到刺激，於是便有種種欲求，「受」既可以表現為樂，也可以表現為苦；其三，是心，「心」被聯繫於愛與享樂；其四，是識，「識」被描述為依於名色的經驗，由食欲品味到愛欲，我們的身體一生都在經歷痛苦或是歡樂。名色一詞由「色」（意為

「物質」，指人的身體）加上「名」（指人的知覺或感受能力），構成的複合詞，相當於有情之身。

依靠四食，一切有情才能維持生存，四食的根源或緣起條件在於人之愛欲，並進一步導致愛欲。有人問佛陀，痛苦不幸是自己造成，還是他人造成的？是自己和他人共同造成的，抑或是自發或說是命中註定的？佛陀否定了這些原因，說苦與樂皆是因緣所生：「受緣愛，

▲佛教雕塑，犍陀羅風格，3 世紀，peshawar 博物館

愛緣尋，尋緣得，得緣抉擇，抉擇緣意向與貪婪，意向、貪婪緣貪求，貪求緣攝受，攝受緣慳，慳緣守護。」

在著名的「火誡」中，佛告訴諸僧眾：「一切事物皆在燃燒。……究竟為什麼而燃燒？為情欲之火，為憶恨之火，為豔情之火；為投生、暮年、死亡、憂愁、哀傷、痛苦、懊惱、絕望而燃燒。」在火誡全文中，火既是欲火，也是人自我拯救的煉火；人不可能無欲，但在佛陀看來，人想要解脫，只能在生活中時時刻刻做到離欲。不過，人常常會沉醉於各種欲望之中，很難離欲。佛教「火宅」寓言故事道，房子已經著火了，小兒們卻在屋裡玩得不亦樂乎，父親想讓小兒們趕快離開房子，小兒們卻渾然不覺有何危險，執意不肯離

開，父親只好哄小兒們說，外面有更好玩的東西，小兒們才高興地跟著他從屋裡跑出來。

佛陀關於生命意義的探討，對後世產生很大的影響，叔本華、尼采直到傅柯這些大思想家，都極為關注這個問題。叔本華深受印度古文化尤其是奧義書和佛教思想浸染，也從欲望的角度來認識生命存在的意義：「一切欲求的基礎是需要、缺陷，也就是痛苦，所以人向來就是痛苦的，他的本質就是落在痛苦的手心裡。如果相反，人因為易於獲得的滿足，隨即消除了他的可欲之物而缺少了欲求的對象，那麼可怕的空虛和無聊就會襲擊他，亦即人的存在和生存本身就會成為他不可忍受的重負。所以，人生是在痛苦和無聊之間來回擺動；痛苦和無聊也是人生的最後兩種成分。」叔本華是一個悲觀主義哲學家，他認為人人都是瞎子，受著盲目欲望或意志的牽引，而不停地四處亂走。

叔本華的思想影響直接了尼采，使尼采變得憤世嫉俗。他認為自己所處的是「最卑鄙的人的時代」，他們是「最後的人」，愛是什麼？創造是什麼？渴望是什麼？「最後的人」對此茫然不解。尼采的思想又直接啟迪了傅柯。傅柯一生都在努力進行一場偉大的、尼采式的探索：「我何以活著？我該向生活學習什麼？我是如何變成今天這個我？我為何要為做今天這個我而受苦受難？」他對於性的問題尤感興趣，因為性實際上是人類欲望最直接的體現，而西方社會對這個問題常是加以迴避或將它轉化成其他問題：「這麼多世紀以來，在我們的社會中，把性與真理的追求連接在一起的線索是什麼……在我們這樣的社會，性為什麼不是一種簡單的，對種族、家庭和個人進行再生產的手段？為什麼它不單單是獲取快樂和享受的手段？為什麼性最終

被認為,是我們最『深刻』的真理藏身和表白的地方?」古印度文化也一直在探討這些問題,與性聯繫在一起的人類欲望問題,一直是人們想弄清楚,但又難以明白的永恆話題。

8 不要拒絕任何女人

　　《梵書》斷言，早期吠陀編集的文學作品，是為了專門實施或應用某種祭祀儀式。這種說法並非完全虛妄，而是合乎情理的。吠陀時代的人們並不迷戀純詩歌，他們的詩篇大多是巫術詩歌，其核心便是欲望，這種詩歌主要是為了演唱，並伴有某種儀式，這是後來吠陀儀式產生的底層土壤，吠陀祭祀是原始巫術的自然發展。

　　祭祀儀式最初被認為是，初期吠陀人民生產活動的手段或輔助方法。按古代吠陀信仰，祭祀儀式的程式與性愛過程，常是難解難分地交錯在一起：分開女人的雙腿，那裡不僅是幸福快樂的源泉，也是繁榮昌盛的象徵。《百道梵書》、《他氏梵書》、《廣林奧義書》、《歌者奧義書》都象徵性，或公開強調性愛的重要性。

　　下面是《歌者奧義書》第二篇第十三章的《女天讚歌》：

　　一個召喚──那是一節興迦羅(指哼聲，序曲歌聲)。

▲情侶，卡朱拉霍寺廟雕刻，10～11世紀

他做出請求——那是一節布羅斯多婆（指引子性的讚歌）。

　　和那個女人一起躺下——那是一節烏吉佐（表示高聲歌，須引吭高歌）。

　　他睡在那個女人身上——這是一節布羅提訶羅（指對歌或和歌，應答對唱或合唱）。

　　他結束了——那是一節尼陀那（尾聲，迴旋曲）。

　　他盡歡而起——那是一節尼陀那。

　　這是迴旋著女天讚歌歡會的場所。

　　他若是知道女天讚歌迴旋在歡會的場所，一個接著一個，每一次交媾都是歡暢和祥福，福如東海，壽比南山，子孫滿堂，牲畜滿欄，名望滿天下。一個人永遠也不應當拒絕任何女人，這就是他的規矩。

　　這裡，興迦羅、布羅斯多婆、烏吉佐等，是這五節歌曲的五個段落名稱，是以性愛儀式的不同階段，配以不同的吠陀讚歌。《歌者奧義書》說：「人的要素是語言；語言的要素是聖詩；聖詩的要素是曲調；曲調的要素是歌唱。」對吠陀時代的人來說，沒有語言不是詩，沒有詩作不是歌，他們的語言有種非常明顯的節奏和活潑輕快的調子。在這些語言中，調子節拍是那樣的音樂化，對於表意是那麼重要，所以一首歌編成時，調子大部分已被所用詞語的自然規律所規定了。他們的語言有節奏和韻律，所以他們的語言是詩、是歌曲，同時他們的歌唱幾乎永遠伴隨著某些身體動作，以此來加強節奏，並將幻覺賦予現實，所以它們本身又是巫術和咒語。詩歌、舞蹈和音樂處於原始複合體的狀態。因此，我們不難想像，《女天讚歌》及其儀式，

描寫的雖然是性愛場面，但絲毫沒有不雅之處，相反地，它的音樂和舞蹈及相應的氣氛，能引領我們到高雅華貴的精神境界，是一種很美妙的藝術享受。

在奧義書的思想家看來，一首歌永遠是為了實現一個欲望的目的，一個歌手不過是欲望的謀求者，實現某種欲望是其祖先的歌唱所體現的要義。這種關於欲望的古老儀式信仰，對後來密教的性愛儀式有很大的影響，它也是盛行於中世紀，孟加拉的縛羅多（vratas）祭祀儀式的文化基礎。縛羅多是一種民間儀式，帶有季節色彩，一般由民間婦女舉行。縛羅多的核心是欲望。叢聚在它周圍的是韻腳、隱語、歌曲、舞蹈等等，這些都是為了表現欲望彷彿已經實現了，如阿‧泰戈爾（Abanindranath Tagore）所說：「一個縛羅多是一個欲望。我們看見它表現在繪畫；你可以傾聽它在歌詞曲調裡的回音，你可以目睹它在戲劇和舞蹈中的反應；總之，縛羅多不過就是唱出來的欲望，畫出來的欲望。」很顯然，它既非祈禱也不是贖罪。它不是匍匐在神像面前乞求神的恩典，而是透過一定的行為動作，尤其是性愛儀式表示欲望的實現。

不過，《歌者奧義書》中的《天女讚歌》最重要的意義，不在於它所表現出的古老性愛儀式，而是其中頗引人深思，也令後來的哲學家和聖人百思不得其解的一句話：一個人永遠也不應當拒絕任何女人，這就是他的規矩。我們可以簡單地說，在奧義書時代，物質財富的多寡是以牲畜的多少來衡量，愛欲或性愛被想像成有助於發財致富，有助於物質大豐收的行為，因此一個人永遠也不應當拒絕任何一個女人。但奧義書常常看似簡單，實則隱藏著深奧玄祕的意義，此正所謂「微言大義」，《歌者奧義書》堂而皇之地描述天女讚歌儀式，

並在結尾處以這句話點出儀式的要義所在，說明這句話除了上面所說的一般意義之外，還有更深刻的寓意。因此，這句話引起之後學者的紛紛猜解。商羯羅說，這句話的意思在於：男人不應當拒絕來到自己床邊、充滿欲望的女人；拉姆奴闍則注解，與強烈渴望性愛的他人之妻做愛，是濕婆崇拜的一個組成部分，通姦是不被禁止的。

對於古籍中提到或描寫各種好的、或壞的性愛習俗，我們可以理解：因為性愛涉及人們的日常生活，理解性愛也就是理解生活。但將《天女讚歌》與通姦習俗聯結起來似乎有點離譜。其中到底蘊含什麼意義，似乎是一個謎，但謎的意義正好在於讓我們去深思一些問題。

9 要認識自我，必須認知女人

　　印度吠陀時代相應於中國的神話傳說時代；而奧義書時期則相應於老子所處的，哲學高度發展的時期。在奧義書時期，印度文化聖人也像老子那樣，進一步將宇宙的創生具象化為性愛合一。《廣林奧義書》說，宇宙的創造基於原人的自我意識。原始宇宙本是純粹自我的存在，就像一個人似的，因此原始宇宙也被稱為原人或生主，他向四周觀察，除了他的自我以外，什麼都不存在，他覺得很沒意思（因此即使是現在，孤獨一人依然會覺得沒什麼意思）。在孤單之中，原人渴望一個類似自我的第二存在，他想到要有個伴侶，於是把自己一分為二，從中產生自我和妻子，由他們的結合中，人類得以誕生。隨後，原人的妻子化身為牝牛，原人便化身為牡牛，如此這般，他們在自我不斷的化身和交合中，創造出宇宙中的一切。

　　《奧義書》是印度古代出現一系列富於深奧哲理意義的典籍，當《廣林奧義書》以人類性行為來想像宇宙創生時，實際上存在著將人類的豔情神祕化、宗教化的傾向，它並不像吠陀詩歌那樣樸素自

然，而是以人的生理性特徵和男歡女愛，來論證「梵我合一」的宗教哲學思想。

按奧義書和後來吠檀多哲學的說法，正是因為有了女人，世界才得以誕生，因此是女人幻化出一切，使世界變得豐富多采，世界正是從女性原則中誕生的，因此要認知世界，必須認知女性原則要認識自我，必須認知女人。

女人或女性原則又是什麼呢？從生理上說，女人是單單的一個「空」字，只有男人才能使女人充實，但在本質上，女人又表現為「幻」，從「空」中「幻」化出一切。男人是向外發現，而女人則是向內尋找，並擴及整個世界。生孩子不是身體的創造，對女人而言，這個過程體現的是創造世界的全部輝煌。

印度佛教從奧義書關於女人和女性原則的說法中，演化出「空」、「無常」等思想，而印度教則從中演化出摩耶觀。摩耶即幻覺或幻象，它在本質和特徵等方面，均體現為女人或女性原則，印度吠檀多哲學認為，現實世界就是女人即幻覺的產物，一方面它以千變萬化的幻象形式出現，但這一切不過是梵天遊戲的產物而已，就像在夢中一樣，我們在醒覺中看到的一切都是不真實的；另一方面，現實世界又與本真的大梵發生關聯，雖說它是我們的幻覺，但我們也只能透過這種幻覺來認識真正的世界，幻覺體現為女人和女性原則，人們只能在女性原則中，才能對世界和自我進行真正的認知。

印度密教和性力教派也深受奧義書說法的影響，並進一步將奧義書關於女性原則的哲學化思考，回歸於性和性愛本身的神祕崇拜之中。印度密教將人的身體看成是宇宙的縮影，主要由陰陽二氣構成，這也是印度傳統醫學的理論基礎。密教受印度神話和奧義書理論的影

響，認為人的右側身體體現為男性，左側身體則是女性，即性力的領域，這正如我們的左、右手各有不同的功能，便是印度密教所謂人都是半男、半女的說法。瑜伽的功能主要在使身體得到平衡狀態，身體的左右兩側要通過各種姿勢，使人的身體處於陰陽平衡的狀態。人世間最大、最美妙的幸福，並且也是可以上達天國的最高祝福，緣生於男女之間在嚴肅的規則和瑜伽控制中，進行的交媾結合，它將人引向完美的安謐之中，不僅使人體在美妙和歡喜中處於和諧飽滿的狀態，也是一種至高無上的精神境界。

10 無常的世界

　　在佛教中，「無常」與「空」相互聯繫，常常使人產生哀傷的感情。比如，我們說世事無常時，總是伴隨無奈的心理，榮華富貴轉頭空，花開花謝兩由之。儘管印度宗教哲學中的摩耶觀，也將美看成是暫時的、虛幻的，但這並不拒絕世俗之美的追求，沒有對魔幻之境的深刻體驗，也就感受不到真實，而梵語豔情詩更將女性之美描寫得淋漓盡致。對豔情詩人來說，沉醉於生活的奢侈和美妙的享受

▲美女與怪獸，1世紀，貝拿勒斯大學藝術館

之中，就像宗教意義上的解脫一樣成為目的。詩人伐致呵利說，在這無常的世界上存在兩種生活方式：其一，獻身於宗教，因為其中充溢著真理之智而變得樂趣無窮；其二，與風情萬般的性感女子一起享受生活。因此，在伐致呵利的筆下，一方面是豔欲享受，另一方面則是苦行般的宗教追求，兩者都是人生的美妙享受：

> 千言萬語有何用！
> 費盡心機到頭空。
> 唯有豐乳美女帶給你青春的享受，
> 迷人的森林帶給你精神的愉悅。

一方面是愛女人，另一方面是愛神明，如何才能使兩者結合呢？

過去我沉醉於激情的黑夜之中，認為世界就是女人；

如今智慧擦亮了我的眼睛，我發現一草一木皆神明。

原來伐致呵利教導我們的只是：青春時代該享受時，只管沉醉於青春和性愛享受，到了老年，則可以去追求宗教上

▲王宮，莫臥爾細密畫，18世紀

的解脫。這在我們看來，豈不是荒唐可笑？但伐致呵利卻別有高見，認為青春享受與老年時代對宗教的追求皆緣於愛，相互矛盾又相互依存，假如沒有豔欲的體驗和感受，對神明之愛便不具體生動；而只沉醉於性愛，性愛本身便會失去意義，性愛只是一種手段而不是目的，我們最終到了老年，還是要追求宗教解脫事。

在伐致呵利的心中，當聖人拒絕年輕美貌的女子時，事實上是自欺欺人，因為他是在透過宗教苦修，而獲得天堂美女的青睞這樣的回報。他還透過文字遊戲，以極其世俗的方式嘲弄追求宗教解脫之人：女人的乳房是珍珠鑲嵌的地方。這裡的「珍珠」（Mukta）一詞，在梵語中也指「（宗教上）獲得解脫之人」，此可謂妙筆生花的雙關語。伐致呵利在此不僅頗具風情地誇飾女人的乳頭，還輕鬆調侃了宗教聖人：原來是坐在女人乳房上享受的小玩意兒。既讚美女人又嘲弄宗教的雙關詩，意是梵語宮廷豔情詩的典型特徵。豔情詩主要反映古印度上層社會的生活情調，當時的社會分工和社會階級已經比較明顯，當祭司熱衷於宗教修行的同時，王公貴族和社會有閒階層則沉醉於世俗生活的享受，在他們心目中，只要有睡眼惺忪的美妙女郎相伴，他們才不管什麼赫利大神，女人是他們讚美和崇拜的對象：

忽而眉頭緊皺，忽而滿面含羞，
忽而似含驚恐，忽而笑語溫柔，
少女們的如此面容，眼波流動，
正像四面八方綻開著簇簇芙蓉。

11 佛陀生活的時代

　　孔子（西元前五五一～西元前四七九年）與釋迦牟尼（約西元前五六六～西元前四八六年），基本上是同時代的人。西元一千年中葉，大致相當於春秋戰國時代，印度也處於社會變革時期，出現百家爭鳴的局面。

　　這個時期，印度的社會經濟結構發生急遽的變化。恒河中下游一些君主制國家正逐步形成或強盛起來。這些國家間的鬥爭，從部落間的侵襲演變成戰爭，自由的氏族部落社會正處於解體狀態，印度文明正從森林文明過渡至封建文明，印度社會出現了很多城鎮。城鎮的出現與印度傳統文明發生很大的衝突，人們在現實生活的變化中，對人生、社會如何發展產生了疑問並進行探索。當時印度思想界也非常活躍，出現以宗教為表現形式的各種意識形態潮流。

　　佛陀正處於這樣的歷史危機時期。當時，自由的部落社會正遭受無情的消滅，而在擴張的君主制國家政權範圍內，人們正在困惑不解地體驗新的價值觀念時，佛陀卻按照部落社會的基本原則，塑造

他的僧伽教團，他成功勸說信徒不要參與塵世的事務，執著地追求一種理想的人格轉變。儘管佛陀不喜歡形而上學，還是發展了一種輝煌的玄學系統，唯有這種玄學才可以說明，退回到失去平等和正義的幻景中的道理。他將時代的具體痛苦，提升到普遍痛苦的形而上學中，使痛苦消融於似有非有的飄渺境地，如原始佛教經典《經集》所說：

在這世上，人生無歸屬，不可知，煩惱而短促，充滿痛苦。

沒有辦法能使生者免於死；到了老年，便是死亡，這是眾生的規律。

正如成熟的果子面臨掉落的危險，出生的人始終面臨死亡的危險。

正如陶工製作的陶器，最終總要破碎，人生也是如此。

……

你不知道來路和去路，也看不見兩者的盡頭，悲傷也徒然。

愚者悲傷，只能傷害自己。如果悲傷有用，那麼智者也會這樣去做。

尼乾陀·若提子即大雄（耆那教主），也處於與佛陀相當或較早的時代，他的成就雖然沒有佛陀偉大，但也像佛陀一樣，為新時代描繪出一個讓人沉醉的幻景。在此同時，佛陀時代的先知們大多在痛苦中無以自拔。末迦黎·拘舍羅認為一切都是天命決定，他本來提倡聽從命運、順其自然的宿命論，但當他看到一些部落慘遭屠殺後，心靈受到巨大的震撼，而變成一個說狂話的瘋子。富蘭那迦葉認為當時的世界處於混亂之中，因此正確與錯誤、神聖與低下已經沒有標準，

社會已經失去了道德。
阿耆多・翅舍欽婆羅嘲
諷一切道德，也嘲笑當
時所有形式的形而上
學，認為它們都是無意
義的，他是順世論的代
表思想家，主張享樂主
義。婆浮陀・伽旃延在
一切事物中看見的只是
荒涼，是一個悲觀主義
者。散惹邪・毗羅梨子
認為每種世界觀與其他
的都一樣糟糕。這些思
想派別若非憤世嫉俗，
就是主張縱欲享樂，他

▲佛陀像，10世紀，印度博物館（kolkota）

們在當時的印度社會中，都有一定的影響。

12 永恆的苦難

　　佛陀將時代的苦楚看成是一種疾病、一種頑症：為什麼生產技術的進步，帶來的卻是最可怕的人類痛苦和最極端的道德敗壞？但佛陀並未從現實生活的角度來回答這個問題，相反地，他將真實而具體的社會問題，轉變成抽象而普遍的人的理想問題，以主觀術語來解釋客觀現象，結果是將時代的巨大痛苦轉化為「苦」的形而上學。

　　在著名的貝拿勒斯說法（即初轉法輪）中，佛陀宣告了關於痛苦世界的神聖真理（即聖諦）：生是苦，老是苦，病是苦，死是苦；與不愛的人結合是苦，與所愛的人離別是苦，嚮往的東西得不到是苦；即使一切都得到了，人也會在無聊中產生新的痛苦。為什麼痛苦呢？因為我們存在著生生不息的強烈欲望，這是情愛之欲、快樂之欲、生存之欲、權力之欲。「眾生的生死輪迴在永恆中有它的起始。可憐的眾生，發現不了前行的道路，為無明所惑，為生存的渴望所惑，他們游移飄盪。你們怎麼想，諸位賢弟子，當你漂泊流盪在這個漫長的歷程中，為你憎惡的正是你所應得，你所愛好的又沒有

你的份，當你哀傷涕泣時，四大海之水和你流出的眼淚，何者為多？母親之死，父親之亡，兄弟之歿，姊妹之喪，兒子之夭，女兒之殤，親戚故世，財產喪失，這一切你多年經歷的苦難，當你為此而悲哀啼哭時，從你眼裡流出的眼淚，一定比四大海的水還要多。」佛陀在此將同輩眾生具體的物質生活之苦，化為人類生存永恆痛苦的普遍法則，將痛苦變成一種理想或形而上學的精神狀態。

▲佛陀，11世紀，南印度，德里國家博物館

在這種無始的、神話式的、幻想的永恆苦難故事之前，從新社會條件中產生的個人實際苦難變得黯然失色、無關緊要了。但佛陀並沒有讓人在形而上學的痛苦中想入非非，他不主張自我毀滅，也不主張任何形式的自我折磨苦行，他認為實行苦行是痛苦而無價值、無益的事情。反之，他主張溫良社會純樸道德的復活，人要活得「正」：正信、正思、正語、正業、正命、正精進、正定等等，而這些「正」的東西在當時社會中，正遭受無情而殘酷的破壞。

人生成於欲望，所以人的出生本身便是苦，肉體的存在是我們老死的因緣和條件。佛教與耆那教均將「生」看成是罪或苦，「生」類似於西方宗教中的原罪。老、病、憂愁、惱怒、悲傷、哀痛、悲慘等

等，其根源皆在於伴隨著肉體的產生，而產生了無限的「欲」，欲
而不得也就是苦。所謂苦或不幸，必須在個人的親身經驗中去體認，
瞭解它的真實本性。生活中任何不滿意之事，究極而言，都是我們對
自己渴望的事物產生執著的欲望，生活中各種形式的苦難或不幸，皆
發源於我們的愛欲，這種欲望隨其所遇即生留戀，並充滿了歡樂的要
求和肉體享受，這就是我們的生存欲望和享樂欲望。但世上的萬事萬
物在本質上都是非「我」所有，因為我們並不能控制它、主宰它，既
然不能控制、主宰，人的欲望一定不能滿足，因此苦難和不幸總是伴
隨我們；再者，世界上的萬事萬物（按佛教的說法，是五蘊中的每一
蘊）都是無常的，總是處於不斷的變化之中，這樣一來，即使美好
的事物也會瞬息萬變或消失，這也意味著我們在「得到」之後，會有
更深的痛苦和不幸：我們不願意失去已經得到的美好東西，對此便會
產生更執著的留戀；一旦失去之後，我們則會加倍痛苦。「因」為
欲，「果」為苦。造化推移，悲歡離合，此乃人之可悲的厄運，若墜
入「惡」道，猶如被織入紡機，經緯糾纏，絲絲入扣，何以解脫？只
有當一個人發現萬事萬物的「無我性」和無常性，才能榮辱不驚，泰
然自若，達到「離欲」的境界。

　　佛教傳說故事提及，孔雀城的名妓娃斯娃達德，偶遇佛陀的弟子
近護後，她被近護的俊美身體所吸引，傳信要近護到她那兒，但近護
總是說：時機還不成熟。娃斯娃達德後來成為一個男人的妻子，但她
仍嚮往先前與她相好的富商，她的男人對她進行嚴密監視，娃斯娃
達德因此殺死了自己的男人。結果她受到嚴厲的懲治，被割去四肢等
死。在她倍受折磨時，近護來了。在近護的幫助下，娃斯娃達德獲得
了至高無上的堅定信仰，涅槃而終。在這個故事中，近護的作為典範

地體現出佛教的思想境界，佛陀時代的佛教並不歧視妓女，所謂「離欲」，也並不表現為不近女色這樣呆板的面孔。因此，近護對名妓娃斯娃達德的相約並非一口回絕，而是泰然自若地讓她等待成熟的時機，這一方面顯得有幾分神祕，另一方面也表現出近護的人情味。如此一來，當娃斯娃達德遭遇極度的苦難時，近護不失前約地來到她的面前，娃斯娃達德獲得救的時機也就成熟了，這生動地表現出佛教救苦救難的精神。

13 天衣派：赤身裸體的哲學家

耆那教大約與佛教出現於同一世紀，是婆羅門教的分支，但耆那教否認吠陀的權威，所以被婆羅門教視為異端。西元一世紀，耆那教分裂為兩派，即白袍派和天衣派（Digambara）。白袍派身穿白色長袍；而天衣派則一絲不掛，因此，天衣派也叫赤裸派。為什麼會有這種區別呢？部分學者認為主要是受天氣的影響，印度北部氣

▲耆那教大雄，13世紀，南印度，馬德拉斯博物館

候相對比較寒冷，使得耆那教徒穿上了白袍以抵禦風寒，而印度南部一年四季比較炎熱，因此保留赤身裸體的習慣。

　　天衣派也被稱為原始的哲學家，其原始的一面標誌著耆那教的赤身裸體可能是從遠古延續下來的，因此耆那教也被認為像吠陀教一樣有著悠久的歷史。另一方面，說他們是哲學家，這也說明他們的赤身裸體有著更複雜的原因。亞歷山大大帝（西元前三五六－三二三）侵入印度時，曾遇到一些「赤身裸體的哲學家」，亞歷山大發現他們能夠忍受各種惡劣的自然環境，這正是他和他的士兵所缺乏的特質，於是亞歷山大對他們充滿了好奇心，想讓他們加入自己的隊伍，沒想到卻遭到拒絕，亞歷山大發現無論如何也打動不了他們，因為他們什麼也不需要，他們是真正自由的人，便不再強迫他們。他們棄絕了一切，不僅沒有家，而且一無所有，因此他們是赤身裸體。不僅耆那教徒，還有不少的佛教徒以及正命派教徒等等都是身著天衣，據說耆那教主大雄也是天衣派。

　　至今，我們在恒河岸邊或聖城貝拿勒斯以及印度其他地方，偶爾也會碰到耆那教天衣派教徒，一絲不掛地從身邊走過，而在耆那教聖地，我們常會看到男男女女的耆那教徒一絲不掛地站在大雄面前，聆聽教誨的繪畫，其場景與人物渾然天成，全然超越一切的道德觀，給人世外仙境之感。筆者在印度時，曾看到一個耆那教天衣派教徒從恒河岸邊走過，引來外國遊客好奇的目光和微笑，尤其是天衣派教徒那不同尋常、又粗又長的生殖器官，走起路來左右不停晃動著，引得人們竊竊私語。後來經過打聽才知道，天衣教徒的生殖器官之所以不同於常人，是因為他們要時常進行特殊修煉，將生殖器官纏繞於棍棒之類的器具上，時日一久，生殖器官便不再有勃起的功能，與常人相

比，也顯得鬆大有餘。顯然，他們與我國古代的宦官無異，不過宦官是不得已而為之，他們卻是自覺、自願的極端苦行，真是匪夷所思。

耆那教認為，含有原子的物質是不滅的，可以變為任何形狀，所有物質都是由原子的結合而產生。而充斥於世界的靈魂雖然與一般物質不同，但因為他們也是物質，所以也是不滅的。物質與靈魂接觸，於是人便轉入無窮無盡的輪迴苦難之中。輪迴說是耆那教哲學體系的基石，其最高目的為擺脫輪迴而達到涅槃，也就是不再轉生的境界。達到這個目的的主要方法便是實行苦修。它比佛教更注重苦修，耆那教徒甚至採取自殺的方式，來達到這種宗教目的。其苦行主義有內在和外在兩種，後者以絕食為主，絕食的方法之一就是把自己餓死，耆那教認為人的出生是一種罪惡，人活著也是一種罪惡，停止生命輪迴是耆那教的最高目的。另一種外在的苦修方式，就是瑜伽的實行。如此一來，我們不難理解，天衣派為什麼會在生殖器官上大作文章，因為這是停止生命、不再輪迴，最根本、最徹底的方法。

不過，天衣派在耆那教中只是少數，大多數的耆那教徒是居家修行，也不像天衣派教徒那樣進行極端的苦修。但他們在不殺生方面卻較為嚴格，再者，耆那教徒都是素食主義者。對於女人，耆那教基本上持悲觀主義的看法，認為她們是「到地獄之門路上的火炬，悲慘的根源，不和諧的基本原因。」耆那教認為人生無常且空虛，正如耆那教徒金月所著的《瑜伽論》所說：「幸福的變化有如海中的波濤；與朋友相會有如一場夢；而青春有如一片草為疾風吹去了。」

14 遠離女人

《如願以償的什維迦》，是印度泰米爾語文學中的五大詩之一，作者是耆那教天衣派教徒，提魯達迦代瓦爾。這部長篇敘事詩創作於西元九世紀，有三千多行，共分作十三章。什維迦的父親是一個國王，被邪惡的大臣謀殺，他的母親逃走他鄉生下了他。他在一個商人家長大，後來四處漫遊，與多位女性結婚，並與舞女鬼混，最後又戰勝了邪惡的大臣，為父親報仇，登上王位，娶了他的第八位也是最後一位妻子，最終他厭倦了生活，成為一個苦行僧。

這部長詩對性愛描寫極其沉醉，以至於當時有人質詢作者若沒有豐富的性愛經驗，不可能寫出這樣的詩篇，但作者聲稱自己自幼就是一個不近女色的耆那教天衣派教徒。顯然，這部長詩的創作，受到當時印度豔欲主義文化傳統的深刻影響，側重性愛生活的描寫，如將女人的陰部描寫成樹葉掩蔽著的陷阱，將男女之間的性愛描寫成牛奶（男性的精液）攪拌著蜂蜜（女性的分泌物）等等。但實際上，作者並不像一般的豔情詩人那樣痴迷性愛，而

是基於耆那教的教義來對性愛進行描寫。印度豔情詩常將女人形容成擁抱大樹（男人）的藤蔓；而耆那教則將女人形容成纏繞男人的毒蛇，她豐腴的乳房就像眼鏡蛇展開的蛇冠一樣，纏繞在男人的胸膛上。此詩將女人形容為可怕的眼鏡蛇，美女的眼睛只要看上你，毒液就會進入你的胸膛，而你若痴迷地看著她，毒液就會深入你的骨髓，使你病入膏肓。如果你離開她，她會像憤怒的眼鏡蛇一樣四處追逐著你，直到你被她咬傷。無論是憤怒的，還是微笑的女人眼鏡蛇，都能致人於死地，因此要遠離女人，萬不可與女人糾纏。在印度的豔情詩中，長眼及耳常常是美女的重要標誌，而在這首長詩中，女人長長的眼睛則被形容為傷人的長劍或長矛。什維迦在長詩中與多個女人的遭遇，事實上是他從毒蛇猛獸般的欲望中不斷經受考驗，並最終走向精神解脫的歷程。就像佛教故事一樣，耆那教文學中也常有身為耆那教徒的國王的故事。國王一般都有很多妻子，他沉醉於性愛，經歷各種女人，但最終又拋卻了塵世，走向宗教解脫之道。

▲怪獸與美女，卡朱拉霍寺廟雕刻，
10～11世紀

　　印度既有豔欲主義，又有與苦行主義結合的離欲主義文化傳統，佛教和耆那教都主張離欲，不過在文學中表現的雖然是離欲主義，重點卻常常落在豔欲主義上，似乎只有在經歷充分的「欲」之後，才能做到離欲。因此佛陀也常被說成是一個「王子」，在他經歷各種愛欲之後，才從愛欲中解脫。梵語抒情詩人伐致呵利不僅吟詠豔欲，同時歌唱離欲，而他對離欲的歌唱也充滿豔欲的色彩：

> 展示三疊波浪，閃耀蓮花面龐，
> 一對鴛鴦戲水，隆起乳房成雙，
> 外觀美麗，內懷險惡，是這大江，
> 若不想沉溺生死海，切莫到其近旁。

　　印度古代美女的身姿以呈三道曲線為美，因此，伐致呵利將女人的身段形容為三疊波浪，這與下一句的鴛鴦戲水正好呼應，表現出女人「水性楊花」的本質。印度文化中，習慣以蓮花來形容美女，所以不說楊花，而是蓮花，而且蓮花也更與水性相近：生於水中而浮於水上。由此，伐致呵利說女人是外觀美麗、內懷險惡的大江，正是欲海無邊，回頭是岸：

> 疑慮之漩渦，無禮之大廈，驚險之城堡，
> 過失之聚集，欺騙之淵藪，無信之窠巢，
> 天堂之障礙，地獄之城門，眾幻之住所，
> 甘露毒藥，生人網路，這女人巧機關是誰創造？

15 沉湎於苦難

　　介南德爾是一個耆那教徒，也是印度現代文學史上著名的作家。他的中篇小說《辭職》典型地以現代人的生活為背景，但卻表現出耆那教的苦難精神，而且這種苦難與現代人的愛欲相結合，顯得古老又生動。這部小說以日記體形式寫出，故事的敘述者帕拉穆德是小說的主人翁默麗娜爾姑姑的侄子，但是他和默麗娜爾只差四、五歲，從小一起長大。因此，他對一生不幸的默麗娜爾姑姑深感同情，在默麗娜爾姑姑死去之後，他在心靈上頗為震撼，最後辭去公職，做了遊方的托鉢僧人。

　　默麗娜爾自幼父母雙亡，跟著兄嫂過活，童年也算天真快活，當她愛上女同學西拉的哥哥時，心中更是充滿幸福感。但她的愛情不被兄嫂理解，嫂子還無情地鞭打她，自此她從歡樂走向悲傷。她被迫嫁給一個中年人，婚後，丈夫知道她曾和別人有過情感上的事之後，對她殘酷虐待，最終將她趕出家門。默麗娜爾淪為妓女，直至死去。小說的敘述者帕拉穆德曾有幾次想救助默麗娜爾，但默麗娜爾不願意接受憐憫，甘願受苦受難。

小說頗令人深思的地方是，作者不僅寫出默麗娜爾的苦難，及她對苦難的忍受，還寫出了默麗娜爾自我營造苦難，並沉湎於苦難的心理和思想。因此，《辭職》不是簡單的社會悲劇或性格悲劇，而是古老的耆那教的犧牲精神。小說對默麗娜爾從歡樂走向悲傷的描寫不僅別致、自然，且帶有寓言色彩。她愛上西拉的哥哥時，可謂一生歡樂的極點，但嫂子的一頓鞭打，使她一下子走向超越歡樂與苦難的一種奇怪的靜穆之中。或許是活生生的愛頓時變得遙遠而暗淡，她心理上的反差過大，一時難以適應；或許是她已經為愛的苦難做好心理準備，嫂子的鞭打不僅沒有使她哭泣，而且她對一切採取不反抗的冷漠態度，沉湎於自我的苦難之中。因此後來當她不堪丈夫的毒打與折磨，回到兄嫂家中時，她想起自己心目中永恆的戀人，即西拉的哥哥時，她寫了封信，並透過帕拉穆德送出去，但當帕拉穆德高興地拿著回信到她面前時，她卻氣憤地責難帕拉穆德：「誰讓你帶回信來了？你自個兒送回去吧。」西拉的哥哥約她見面時，她心中充滿恐懼而非歡喜之情，她像怕自己的丈夫一般，怕見往昔的情人：情人變得極其遙遠而永恆，她只是在心靈中

▲耆那教雕塑，中世紀，孟買威爾士博物館

對情人極為接近；在現實生活中，她寧願過一種奇怪的孤獨生活，寧願情人賜她以毒藥：她只能在自我的苦難與折磨中，完成自我對愛的奉獻和犧牲。之後，當帕拉穆德想救她於苦難之中時，她氣惱地對帕拉穆德說，讓帕拉穆德去改善整個社會體制吧，而不要去管她一人。

　　介南德爾筆下的默麗娜爾可謂苦難的化身與象徵。這種苦難，與其說是社會環境造成的，不如說是人物自身價值的自覺性實現。作者認為，崇高的真理只能在征服自我之後才能體驗到；而自我的征服也只能在一連串的苦難中才能實現。默麗娜爾形象是耆那教哲學思想的文學化表現，耆那教主張透過自身的折磨來解除業障，因此對於各種苦難，不僅抱持冷漠，甚至是沉湎於其中的心態，可說是苦難折磨中的自我棄絕。小說最後，帕拉穆德辭去法官職務，也走上自我棄絕的道路。

　　從古老的苦行主義，印度文化就形成了苦難精神，這種精神至今仍在影響印度。甘地說：要取消受苦的法則是不可能的，這是我們賴以生存的一個必不可少的條件。進步以受苦多寡為衡量標準，苦難越純粹，進步就越大。苦難精神在印度作家的筆下，多表現為女性精神，豔欲是女性，苦難也是女性。

16 城鎮與花園

　　佛陀生活的時代，印度北部出現很多城鎮，如迦西（即現在的印度教聖城貝拿勒斯）、王舍城（著名的佛教聖地）、昌巴等等，這些都是大城。佛教文獻中的城市有大城、主城和支城之分。當時一些重要的政治中心如吠舍厘城，都不在大城之列，因為佛教和耆那教不是從政治角度，而是從繁榮的角度來看待城市的大小和重要性。

　　城市是各種非農業生產者聚集的地方，「城」是中心，「市」是介於鄉村與城市之間的市郊。印度古代的城市雖然不像現代城市功能齊全，但比起鄉村來，城市的社會結構比較複雜，城市與鄉村的差別、對立還是比較明顯。佛教和耆那教起初是商人的宗教，與城市文化的發展密切相關，因此它們都讚美城市文化；而從森林文明發展而來的婆羅門教則極力詆毀城市文化。正統的婆羅門教徒總是擔心城裡生活不潔淨，因此要盡量避免進城。而佛教徒則把城市看成是充滿樂趣和生機的地方，《大般涅槃經》說：「阿難陀，京城裡響著十種聲音，它們是象的聲音、馬的聲音、車的聲音、鼓的聲音、

手鼓的聲音、琴的聲音、歌的聲音、鈸的聲音、鑼的聲音，最後，是喊聲：『吃吧！喝吧！高興吧！』」佛教和耆那教不僅在城裡爭取信徒，也靠城市的財富來維持生存。傳說給孤獨長者在舍衛城附近為佛陀購置一所祇園精舍，而精舍的主人卻不肯出手，說除非給孤獨長者拿出鋪滿祇園的金幣才肯賣出。給孤獨長者敬佛心誠，真的這樣做了。

城市是各色人等雜居的地方，財富和能力是衡量人的地位和身分的重要標準，而出身和宗教地位則顯得不太重要。巴厘文佛經《犍度》中的《大品》，講到耆婆的故事。他本是妓女所生，出生後就被拋棄了，有人將這個無名無姓的孤兒撿起來時，看見他還活著，就把他叫做「耆婆」（意思是「活著的」）。這樣一個出身卑微的人，一旦在坦始羅學會治病的醫術，他便以自己的能力贏得名望、財富和地位。耆婆後來成為印度古代一個醫術高超的名醫，以治癒疑難病症而聞名。傳說有個富商得了病，百治無效，於是請來耆婆。耆婆詢問病人能否做到左側臥七個月、右側臥七個月、仰面臥七個月，病人說能夠做到。於是耆婆為他打開頭顱，取出兩條蛆蟲，縫好傷口。富商朝左、朝右、朝上三個方向各躺了七天，二十一天之後就痊癒了。耆婆後來解釋，倘若不預先要求他朝每個方向各躺七個月，他恐怕連七天也躺不住。

印度古代大多是城邦林立，一個城鎮就是一個小小的王國。為了紀念西元二世紀的奈東謝里延國王，印度泰米爾語詩人孟古迪·馬魯達納爾在西元二、三世紀創作長詩《馬杜賴之歌》。詩人較為詳細地描寫了國王治下的馬列杜賴城，從側面表現出古印度豐富多采的生活情景：

今天是一個節日，城中飄揚著歡樂的旗幟，街上人頭攢動，買賣興隆，和著遊吟藝人的音樂，人們載歌載舞。陣陣鼓聲響起，皇家遊行隊伍走過來了，大象合著號角悠閒地走在最前面；騎兵趾高氣揚，策馬而行；戰馬跳動著舞步，迫不及待，似乎要騰躍而起。小商小販在市場上不停叫賣甜點、花環、檳榔包、棕櫚酒，老太婆們則挨家挨戶地向女人兜售香花和廉價首飾。貴人們坐在華麗的馬車上耀武揚威，招搖過市，貴婦們則珠光寶氣地在陽台上，觀賞陽光下的節日景象。

寺院裡歌聲悠揚，伴隨著一曲曲珠圓玉潤的音樂，香客們將他們手中的鮮花奉獻於神壇。金匠、銀鐵、銅匠、鐵匠、木鐵、裁縫、布商、花工、畫師等各色藝人，在他們的店鋪裡忙碌，食品店裡的老闆在高聲叫賣炒飯、熟豆、芒果和甘蔗。

傍晚時分，歌妓們向王公貴人取悅獻媚，伴隨著美妙的樂曲輕歌曼舞，歌聲悅耳，舞姿曼妙。鄉下人來城裡參加節日，喝了個酩酊大醉，趔趔趄趄地走在回家的路上。貴婦們打著燈籠、帶著孩子，與朋友一起來到神廟，頌神的歌聲中夾雜著貴婦說話的聲音，寺院的夜景熱鬧火紅。

城鎮進入沉寂的夢鄉，一切都寧靜下來，魔鬼和精靈出沒於黑暗之中，偷竊者鬼鬼祟祟，看門人小心謹慎。城鎮在平靜中度過了夜晚，婆羅門吟經的聲音打破夜的寂靜。晨光熹微，遊吟詩人又彈起他的豎琴。店家打點著店鋪，準備開業。隨之，千家萬戶都打開了家門，女人們開始清掃自家院落中節日後的蔫花兒，城鎮裡又像往常一樣開始一天天的生活。

印度古代城鎮一般有兩個中心：一個是王宮，一個是寺院。王宮建築基本上都消失不見了，但寺院的保存相對卻比較好，宗教寺院在古印度人的心中和現實生活中，都占據至關重要的地位，中世紀印度聖城中的寺院本身就是一個小型城鎮。因為香客不斷，所以寺院極其富有，擁有自己的祭司、會計、僕從、樂隊、舞女、藝人、勞工等各色人馬，寺院裡也有學校、醫院等公共機構，還有救濟窮人、負責施捨的部門。大的寺院在城鎮中的作用，遠遠高出王宮的作用。

從文字、雕塑、繪畫等材料中可以看出，大戶人家的豪宅與王宮相比並沒有不同，只是規模小一些而已。它們大多是多層建築，文字材料上說有七層甚至是十一層房屋的建築，但較為少見，也難以令人相信，三層房屋的建築在印度古代城鎮中比較普遍。到笈多王朝時，從王宮到一般人家的房屋，多是圓筒型的拱頂，後來則演化成帶屋簷的平頂房，窗戶和陽台對著大街，窗戶都是格子結構式的，並配有窗簾。這樣一來，屋裡的女人可以看到外面，而不至於被外面的人看到；但是陽台卻沒有簾子或格式結構的裝飾。牆壁多被粉刷成白色，配以繪畫和裝飾，大的房屋前面有個由走廊合圍而成的正方形庭院，走廊後面一般是起居室。

古印度人很喜歡花草樹木，王宮一般都配置花園，梵語文學中常常描寫到國王與妻妾們，一起在花園水池中嬉鬧的場景。印度古文獻中常常說到一般大戶人家都有花園，郊區常常有很大的花園，花園裡修建不少涼亭。公園若不是依山傍水，便會修築假山，這類似於中國的園林和日本的風景花園。水是花園的重要組成部分，缺乏天然的河流與湖泊的公園常常要修建人工湖泊，並配以噴泉和水車，湖泊邊修有台階供沐浴者使用，水池邊上也常修建一座供沐浴者休息的房子，

房子四周圍繞著清水。秋千也常常是花園裡不可少的娛樂工具，既有私家花園，也有公園。市郊的公園是城裡人愛去的地方，阿育王建造了不少公園，後來的國王多追隨他，喜愛花木，建造公園。

古印度特別喜歡花木，如開白花的合歡樹、開黃花的黃蘭樹，以及一些喬木、爬藤植物、茉莉花等。梵語詩歌中常提到的是無憂樹，一種並不高大、長滿紫色或橘紅色花朵的樹木。據說只有美女搖晃無憂樹時，樹上的花朵才會綻開。各種蓮花更是印度人歷來最為喜歡的，被詩人們廣為吟詠。

17 飲酒作樂

　　從《政論經》、印度古代雕塑、文學作品和壁
畫中看，在印度古代一些地區飲酒是一種較為普遍
的現象。在卡納達語文學作品中，還將飲酒作為一
種類似宗教儀式行為，進行了細緻的描寫。儘管印
度的宗教典籍將飲酒看成一種罪惡，但釀酒和飲酒
在印度古代卻是一門藝術。《梨俱吠陀》中就有
一百二十多首詩歌是蘇摩酒神的。據說，希臘酒神
是從印度借過去的，但在古希臘，好像是用葡萄釀
酒，因而在希臘神話中，酒神的武器是葡萄藤，而
在古印度神話傳說中，蘇摩酒這種瓊露玉漿，據說
是存放在月盤之中，因而在吠陀詩中也有把蘇摩酒
神當作月神來歌頌的。

　　蘇摩本是一種植物的名稱，可以榨出一種可以
給人帶來強烈刺激的汁液，呈棕紅色，具有興奮作
用，因此被認為是取悅天神的一種飲料，在印度古
代的祭祀中占據相當重要的地位。以下是選自《梨
俱吠陀》中有關蘇摩酒的兩節詩：

　　人的願望各種各樣：

木匠等待車子壞，
醫生盼人跌斷腿，
婆羅門希望施主來。
蘇摩酒啊！快為因陀羅（神）流出來。

馬願拉輕鬆的車輛，
快活的人歡笑鬧嚷嚷，
男人想女人到身旁，
青蛙把大雨來盼望。
蘇摩酒啊！快為因陀羅（神）流出來。

　　一般認為，這是印度古代榨取蘇摩製酒時唱的頌歌，字裡行間流露出歡快的生活格調和幽默情趣。在吠陀時代，蘇摩酒是所有天神都喜歡享用的美酒，也是凡人延年益壽的甘露和醫治百病的仙藥，因此被廣為讚美。但到了佛教與耆那教盛行的時代，宗教修行要求人們平靜寡欲，酒被認為是不利修行的有害物，但即使如此，印度古代典籍也多半認為，飲酒是人們的天性所需，不能完全禁止。《薄伽梵往世書》

▲蘇摩是一種植物，蘇摩酒是從這種植物中榨出的液汁液

說，人們應從這方面的天性中解脫：「在婚姻、犧牲等場合中，需要我們沉醉於這種傾向之中，但我們的目的在於獲得自由和解脫。性愛、飲酒、吃肉是人們的天性，人們不可能徹底消滅這種天性，這就是人們對此加以控制，只在特定場合中能沉醉其中的原因。」在《摩奴法論》中，摩奴也認為，吃肉、飲酒、做愛無罪也無錯，因為它們是人之天性，但擺脫它們，人才能獲得幸福。

　　但在印度的享樂主義學派看來，飲酒、吃肉再加上性愛，是人生的三大享受，因為酒對人們的神經有興奮作用，因此飲酒常常與性愛和歡樂場面聯繫在一起。《欲經》也認為人們在性愛之前，適當飲酒能調節人們的神經，不僅有利於性愛氣氛的培養，對人的身體也有一定的益處。不過，古印度與西方對於飲酒的看法存在明顯的不同。對印度人來說，飲酒主要是一種娛樂，而對於西方人來說，飲酒則是飲食習慣的部分。《欲經》認為，飲酒體現的是閒情逸致，與之相配的應該是良辰美景。印度神話中也常把酒神想像成一個女神，飲酒前要敬神，再敬長者飲酒，之後大家才開始隨意飲酒。飲酒還需配上烤肉、雞蛋、甜點、水果和蔬菜，以及用來解酒的草藥等等。飲酒中間若有歌舞相伴，更能助興。印度的密教繼承了古印度享樂主義的看法，進一步將性愛、酒、肉等等作為歡樂修行的重要內容。

18 婚姻與家庭

在古印度，女子要等到成年後，亦即發育成熟才考慮結婚。正常的、合乎印度宗教的婚姻由雙方父母安排，講究門當戶對。《欲經》在談到擇偶求婚時說，女方應當是同階層（門戶相當）的處女，至少要比男方小三歲，出身富貴的家庭，應有美貌和良好的性格，牙齒、指甲、耳目、頭髮、眼睛和乳房都要恰到好處。天性需活潑可愛，不能是病態的，還要有一定的知識和文化。和中國相似的是，印度從古至今也是先看男女雙方的生辰八字是否相合，再選定吉日成婚。《欲經》第三部分談到，成婚之後，男人對待初次性愛的少女時，尤其要注意動作的溫柔，以克服少女的恐懼心理。性愛的快樂要求男人也要取悅女人。《欲經》建議，婚姻的目的在於培養並發展男女雙方的愛情，因此在婚後前三夜，男人最好不要急於性事，而要主動理解女人的感情，贏得女人的信任並激發她的愛欲。這是犢子氏在印度性愛史上，首次將愛情引入婚姻和性事之中。

古印度一般是一夫一妻制，但也有一夫多妻

的，國王和部落首領一般是一夫多妻，主要看是否能供養多妻。不過，即使能夠供養，印度古代法論方面的典籍也不鼓勵一夫多妻。印度古代最理想的婚姻是羅摩與悉多之間忠貞的愛情。在古印度，婦女的地位低於男人，《欲經》第四部分主要談論，一夫一妻家中的妻子要把丈夫當作神一般供奉，而一夫多妻家中的女人不僅要侍候好丈夫，還要和其他女人（妻妾）處好關係。妻子對丈夫之妾要親如姊妹，妾對丈夫的妻子要敬如母親，男人應平等對待所有的妻妾，也有一妻多夫的，如大史詩《摩訶婆羅多》中的黑公主，就是與般度五子結婚，而有五個丈夫。這個故事可能產生於更古老的年代，一妻多夫的習俗主要存在於，古印度德幹地區的低種姓社會群體中，可能是從母系社會流傳下來。總的來看，一妻多夫的現象比較少見，而且法論方面的典籍多認為，一妻多夫是一種罪行。

在古印度，婚姻的主要目的是傳宗接代，如果妻子不會生育，印度古代典籍規定，男人另娶一房妻子則是宗教性的義務；如果妻子不能生育的根源在於丈夫，則會以其兄弟或親戚代行其事。如果丈夫死得過早而沒有子嗣，為獲得子嗣，也會如此。史詩中有不少為求子嗣，而請聖人代行其事的故事，但在西元前後，這些習俗基本上被禁止了。

《利論》顯示，在古印度，離婚並不是沒有可能，若婚姻雙方無法調和，經雙方同意後就可離婚，如果一方有身體殘疾或疾病，則任何一方都有權利解除婚姻；再者，如果女方被男方拋棄，則女方在等待一至多年之後則可離婚。但這一切到了笈多王朝時代（西元三至今世紀），成為不再可能之事。這之後的印度女人一旦結婚，離婚對她來說便是很難想像的事情了，婦女基本上沒有再婚的權利，至今印度

社會的離婚率是很低的。再者，通姦的女人常常要受到懲罰，當她與等級低下的男人通姦，《摩奴法論》認為這種女人應被野狗分屍；而與較高等級的男人通姦，懲治較輕：她應該身穿骯髒的衣服，睡在地上，只吃能維持自己勉強活下的少量食物，直到下次月經來臨，之後便可重新回到丈夫的床上，恢復在家中的地位。而對於男人來說，通姦則不算什麼罪行。聰明的女人對男人總是寬宏大量的，正如《故事海》中一個故事所講述的那樣：

有一次，一個名叫薩莫德羅達的商人與他人之妻通姦，被巡警抓到，關進了藥叉廟。按照慣例，第二天早上，他們將被帶到國王的公堂，將通姦之事公諸於眾，然後接受處罰。商人的妻子名叫舍格提摩提，她得知此事後，便喬裝改扮，在夜裡拿著供品，由女友陪伴，充滿自信地前去藥叉廟。到了那裡，祭司貪圖她的布施，打開門放她進去，也通報了地方官。她進去後，看到丈夫和那個女人都侷促不安。她讓那個女人穿著她的衣服，然後說到：「你出去吧。」那個女人穿著她的衣服，趁黑夜走掉了，而舍格提摩提和丈夫一起待在廟裡。早上，國王的官員前來查看，看到的是商人和他的妻子。國王知道後，下令釋放商人，懲罰地方官。商人從虎口脫身。

總的來看，印度古代社會中，婦女的地位雖然不高，但她們的婚姻和家庭生活也沒有什麼異常之處；而且印度古代也不是大一統的天下，各地風俗習慣多有差異，儘管印度教正統的典籍對婦女和家庭有種種規定，但這些規定只不過是印度教宗教理想罷了，並非通行於各地的律法。各地有各地的習俗習慣，印度古代婦女的活動天地相對而

言還是比較廣闊，這些在《欲經》以及同時代的文學作品中都有反映。

　　但到了西元十世紀之後，印度婦女的命運卻越來越悲慘，主要是因為薩蒂制和童婚制在中世紀的印度逐漸盛行。童婚制是一種社會習俗，規定在女兒第一次月經來臨之前，父母就要將她嫁出去，否則就會犯了大罪。中世紀後期童婚尤其盛行，為什麼會如此？原因不明。可能是因為印度傳統認為，女人天生受欲望支配，如果不早日成婚，即使父母看管再嚴，她也會自己尋找性愛，一旦失去了童貞，便難以嫁出去了。一九二一年，孟加拉女子的平均結婚年齡是十二‧五歲，而男子則在二十歲以下。其次是薩蒂制，即妻子在丈夫死後自焚殉

▲丈夫死後妻子自焚的情景，現代繪畫

節的風俗，它可能是印度史前時代的風俗，但在吠陀時代，這種習俗幾乎已不存在。到了印度中世紀，不知何故這種習俗又死灰復燃，並且風行一時，直到英殖民政府於一八二九年下令禁止，但因為根深柢固，印度至今仍有自願殉節的婦女。

印度一直存在著禁欲主義和縱欲主義兩種文化傳統，在奧義書和佛教、耆那教出現的時代，與苦行主義聯繫的禁欲主義占據著印度文化的主導地位，但隨著《欲經》的出現，以及印度密教和性力教派盛行，豔欲主義在印度文化中又占據了主導地位，從西元二、三世紀一直到西元八、九世紀，印度文化經歷了黃金時代並由盛入衰，走入了漫長的中世紀。

19 兩種性愛觀

　　古印度有兩種性愛觀，一是由「正法」（達磨）觀主導的、外部的、社會的、合乎道德與宗教理念的婚姻價值觀，其中尤以羅摩和悉多這一對典範夫妻為代表；另一是個人的、隱密的、充滿激情的性愛觀，以黑天與羅陀的性愛為代表。非法的性關係，可能以人神之間不正當的性關係為原型，它與社會、家庭的道德準則違背，但借助於聖愛而有了更高的合法性和價值。前者以婚姻、家庭和道德為主，後者以性愛、享樂為主。這兩種性愛在印度古代社會都極為盛行。

　　本來，性愛是與婚姻結合，但當性愛與婚姻結合在一起時，性愛常常不再是一種生活享受，而變成了一種性愛負擔。印度古代一些僧侶之所以出家，並不是因為不喜歡性愛，而是因為性愛以家庭的方式束縛了他的自由。如耆那教文獻Sutrakrtanga 中的一首詩說到，古代印度婚姻家庭生活：

　　禁欲的僧侶要小心跌入愛河，

性愛確實是有些僧侶想得到的享受。
儘管僧侶渴望性愛，
但他一定要自制。

一旦一個僧侶愛上了一個女人，
他便會忘掉過獨身生活的誓言。
那女人便會對他斥責、嘲笑，
使他失去僧侶的尊嚴。

「如果你不和我做夫妻
相廝相守，告訴你，
我便揪掉自己的頭髮當尼姑，
沒有我你別指望活下去！」

而她一旦掌握了你，
家庭瑣事便會使你不得安寧：
「拿刀來把這葫蘆切開！」
「去買點新鮮水果！」

……

「去把鼓和球拿來，
我們的小寶貝要玩！」
「天要下雨了，

去察看一下屋頂和貯藏室！」

作為對他們功勞的獎賞，
又一個孩子出生了，抱孩子。
一個又一個孩子，
那老爹像是一隻負重的駱駝搖搖晃晃。

他們深更半夜爬起來，
哄著哭鬧的孩子入夢鄉，
白天疲憊不堪，
還得給小兒洗尿布。

……

僧侶呀，抵擋住誘惑，
不要與女人相好為伴。
從她們那兒得到的一點快樂，
會把你引向無窮的煩惱！

梵語詩人恰德尼亞 Caitanya or Shri Krishna Chaitanya（一四八六—一五三二）對後來孟加拉語文學中的虔誠運動產生很大的影響，他的作品主要歌頌黑天與羅陀。他曾津津有味地講述一個特殊的故事，反映性愛與婚姻之間的關係。這故事在印度廣為流傳，反映出古印度人更渴望自由性愛的心理：一對年輕的戀人深深地相愛，他們每天都

▶女友勸說女主
人與情人幽會，
細密畫，1630～
1635 年，印度
烏代普爾政府博
物館

偷偷約會，感到無比快樂。一天，女孩的父親發現他們的性愛祕密，
便強迫他們結婚。結果，「他們的愛情之花變成了荊棘，性愛的美妙
感覺一下子全部消失了。」這就像一對自由的鳥兒忽然被關進了籠子
一般，只能在婚姻和家庭的小天地裡生活了。

　　與此故事相關，印度的文學作品裡也常常以喜劇筆調描寫夫妻偷
情的幽默場面，其中也隱含古印度人對婚姻與性愛的思考。七世紀
梵語詩人阿摩盧創作了一百首情詩，來反映情人與夫妻之間的各種情

態。其中有一首詩中寫道：夜間，丈夫與妻子雙雙出去與自己的情人
相見，黑暗之中他們走到一起，各自把對方當作自己的情人，熱烈地
陶醉於激情與享樂之中，他們不知道彼此原來就是夫妻。勝天的《牧
童歌》中也寫到類似的情形：兩個情人在黑暗中相見，相互擁抱、接
吻，似乎享受到從未體驗的快樂，只是聽到對方熟悉的聲音時，他們
才知道，兩人原來是夫妻，他們千辛萬苦地在黑暗中奔波，只是為了
不忠於對方，他們為此感到害羞，卻互相裝作不認識，將假戲繼續演
下去，如此也充滿了快樂。也有同類故事說，偷情的一對情人，自始
至終都不知道他們原來是一對夫婦，他們在不知情的狀態中，以夫妻
的身分充分享受到情人的快樂。

20 關於女人和性愛

在印度兩大史詩中，男人的愛被認為是男人身上小小的缺憾，女人只是男人快樂的工具。在現實生活中，如同座椅、睡床、交通工具、馬、穀物等等，女人只是男人的一件生活用品。性愛是男人的消遣和娛樂，只是在男人過於沉醉性愛或女人時，才會是危險的。對女人來說，夫妻之愛和家庭至關重要，女人要像忠於大神一樣忠於丈夫，只有這樣，她才能實現「法」。這實際上是一種矛盾的觀點，若女人都忠實自己的丈夫，男人也就無法將性愛作為消遣與娛樂了，但從另一方面來說，這不是一加一等於二的簡單問題，它反映出的是古印度人對女性的看法。

無論是兩大史詩還是《欲經》都認為，女人在感情上比男人更容易走向極端，一方面她是美麗和溫柔的化身，另一方面當她嫉妒時，會比男人來得更狠毒、殘酷、猛烈。《故事海》中寫道：有位商人的妻子愛上了戈目伐，遭到拒絕後，想用毒酒害死戈目伐。而戈目伐從她女友口中得知這個陰謀，沒有喝她的酒，並譴責她道：「唉，創造主從前，

創造了魯莽，女人便追隨它。出於本性，她們以為天下無難事。她們之所以叫做女人，因為她們是由甘露和毒藥製成的。喜歡你時，是甘露；嫌棄你時，是毒藥。誰會看到她們嫵媚臉龐下隱藏的罪惡？壞女人猶如盛開的蓮花下潛伏的鱷魚。從天而降、遵奉德行的賢慧女人會給丈夫帶來榮譽，就像太陽的純潔光芒。反之，愛上他人、放縱情欲的邪惡女子心中充滿厭棄之毒，會像雌蛇一樣殺死丈夫。」這也正如梵語詩人伐致呵利所說：

　　沒有甘露和毒藥，

　　如果不算女姣娥：

　　愛戀時她是甘露枝，

　　離棄時她是毒藤蘿。

　　按印度傳統的看法，男人是豔欲與理智的結合體；而女人則是豔欲與感情的結合體，如果說男人體現的是豔欲的情調（更多地表現為遊戲），那麼女人則將豔欲化成難以抑止的感情，女人在感情上比男人更專注也更為激烈。因此在印度神話中，女神不僅是愛的化身，也是恨和恐怖的象徵，對女人的矛盾看法是印度文化的一個典型特徵，這也是禁欲與縱欲並存的原因所在。

　　再者，在《欲經》等印度古代典籍看來，女人在性愛初始雖然表現為被動的角色，但一旦真正投入性愛，女人便會更積極主動。她們對於與情人的幽會，常懷抱比男人更難克制的感情衝動，《牧童歌》描寫羅陀不畏恐懼，在漆黑夜晚去尋找情人黑天的情形：

▲醉酒的藥叉女，茉菟羅雕刻，貴霜王朝，2世紀，存新德里國家博物
館。女藥叉也被看作是生殖神的象徵，這個雕塑主要表現的生殖題
材，對於一般來祈求多子多孫的信徒而言，這些雕像似乎具有某種法
術的效力。這尊雕像也被認為是春軍醉酒圖，春軍是印度古代著名的
高等妓女，梵語戲劇《小泥車》刻畫的重要形象便是春軍

我去往他隱蔽在叢林裡的小屋，

他神祕地隱藏在夜色之中，

我心懷恐懼地四處張望，

他發出了充滿性愛激情的笑聲。

這裡的描寫與印度神話中，渴望偷情的女人阿毗娑麗迦（abhisarika）在黑暗裡偷偷摸摸去尋找情人的場景十分相似，是印度古代豔情詩中較常見的文化母題之一。

在古印度文人的筆下，性愛也被描寫為「戰場」。因為男人既要勾引女人又要抵抗女人，克服女人可怕的一面，又享受女人美麗和溫柔的一面。在勝天的《牧童歌》中，性愛與女人都被表現為一種悖論式的存在。從對黑天的抓傷、咬傷、掐傷等傷痛中，羅陀在性愛中得到興奮和享受；儘管黑天對她三心二意，她依然愛他，甚至因為他的三心二意而更愛他；儘管他對她有點殘暴，但她卻因為這種殘暴而更依戀於她。愛與性欲結合在一起時，常常會變得扭曲，這是性愛本身的性質所決定的。印度傳統觀點認為，性愛本身就像是戰鬥，為了使戰鬥演變得愈來愈烈，男女雙方的敵對情緒越是尖銳，越能顯示出「戰爭」的偉大意義，因此性愛「戰場」上，「殘忍」、「邪惡」的男人給女人帶來的痛苦越大，女人越是感到快樂。不，這一切都是性愛遊戲，因此「戰爭」主要表現技巧的演練或說是遊戲。沒有對立也就沒有結合，因此黑天溫柔時，羅陀就粗暴；黑天屈服時，羅陀就高傲；黑天充滿激情時，羅陀就充滿敵意；黑天不見時，羅陀就尋找；黑天遠行時，羅陀就思念。

顯然，這種關於女人和性愛的看法，基本上是將性愛當成人生的遊戲，愛情更多表現為豔情或豔欲。

21 為什麼是豔情而非愛情

　　梵語文學主要是為宮廷吟詠和演出而創作的，
有嚴格的清規戒律，因此按西方的標準，它顯得矯
揉造作，詩人們也一直生活在相對安寧的社會環境
中，對社會習俗多是適應而非反叛。儘管古印度文
化對世界有深刻的悲觀認識，但宗教思想和文學卻
是樂觀主義的。詩歌主要是為了表現感情，但與西
方的情感宣洩不同的是，印度古代詩歌抒寫的，是
一種更歡樂也更安詳的情感體驗。

　　印度古代的長詩在結構上常常是鬆散的，而短
詩則非常講究結構和精練，令人想起波斯文學中的
柔巴依和日本文學中的徘句，以及中國文學中的五
言、七言詩，這些短詩若非單獨成篇，就是鑲嵌於
散文著作或戲劇作品之中。一般是四行詩，從八言
到二十一言不等，但每行的字數應當相同，一般不
講究韻律。有很多短詩集或出自一人之手，或多人
創作的結集。這些詩集大多表現世俗的智慧、豔情
和宗教情感，尤以豔情為主，而且表現得極其世俗。

　　豔情是古印度文學的一個典型傳統，它不同於
西方文學中的激情。一般來說，梵語宮廷豔情詩是

非個性化的，語言極其精緻雕琢，因襲於約定俗成的傳統，致力於語言與技巧的遊戲，梵語詩學從這些詩歌創作中，總結出一套系統的理論，對各種技巧詳加分類，逐漸形成高度風格化、精美的文學樣式。梵語文學的主要功能在於娛樂，對於享樂尤其是性愛享樂方面的描寫，較為細膩。對大多數的現代讀者來說，這種將愛情強化為非個性化的感官享受的描寫，並不易在感情上產生共鳴，西方讀者感受的大多是浪漫主義和個人主義的激情，對於這種廣泛化之青春美貌的感官描寫，不會有特殊的感受。浪漫主義愛情描寫最後常演化為激情的摧殘，而變成悲劇，因此其格調是深沉而悲壯的，而《欲經》和同時期的梵語文學的色彩則是明亮歡快的。如女人的容貌總被比喻為嬌柔的月亮或蓮花（花容玉貌），眼睛常被比喻成睡蓮或赤蓮。她們的乳房出奇豐腴，猶如青春蔓藤上盛開的鮮花，因為未經採摘，好像是整個身子都承載不動，纖細的腰身與豐乳肥臀對照，正好形成完美的曲線，臍深以顯其肥美。這些完全是從豔欲的角度，對女性的身體進行感官體驗式的描寫。

摩由羅（約西元七世紀）的《摩由羅八詠》直率地描寫性愛，八首詩中，詩人摩由羅描寫了一個年輕女子走出私室時，迷人的魅力：頭上的鮮花撒落了，解衣寬帶時她的面頰變得緋紅，好像綻開的花朵，熱烈地投入性愛之中時，她渴望著清風吹撫著她，因性愛而浸出汗水的身體。傳說摩由羅詩中這位年輕女子就是他女兒，為此，他遭到女兒的詛咒，得了麻瘋病。於是，他精心創作了《太陽神百詠》，從而獲得太陽神的恩惠，病體康復。

毗爾訶那（西元十一世紀）的《偷情五十詠》是一部四行詩集，其中的五十首詩，描寫了感官之愛的各個小細節，詩人將要被處死

了，死前他回想的不是戀人的溫柔和感情，而是受當時文風的影響，對戀人進行感官和性愛方面的描寫。傳說詩中的主人翁是一位強盜（一說是毗爾訶那本人），因與公主私通被判死刑。他在刑場上念了這五十首詩。國王聽後深受感動，下令赦免，讓他與公主成婚。在這部詩集中，愛情變成了偷情，而且是至死不悔地「偷」，這與我們心目中的浪漫愛情，可謂大相逕庭。

浪漫愛情的凸出特點在於，多表現為生死渴求、愛情至上，愛主要是緣情而生，與性相關的欲反而降至次要地位，甚至消失不見了，而《欲經》及相關的印度古典豔欲主義愛情詩，則完全不是如此，在梵語和古典泰米爾語愛情詩中，愛人並不表現為情的化身，而是愉悅感官的源泉，令人產生的是激動和興奮。因此，這些詩常極為細緻、津津有味地對戀人進行感官性的描寫，而且也常常參照、對比著進行描寫，感情上不僅不專一，還頗有「調戲」的意思。男人的享樂也是只顧眼前，而不管過去和將來。

這方面最著名的則是阿摩羅的一百首詩《阿摩羅百詠》（Amaru－Sataka）。它描寫情人的各種狀態：快樂、憂慮、憤怒、誠摯等等，側重的是性愛及其遊戲，而不是浪漫與理想的愛情。詩集表現的是，印度古代上層社會生活中的豔欲情調，迎合的是達官貴人的欣賞口味，因此詩集將男主人翁在愛情上的輕薄與不忠，視為理所當然，如詩中以欣賞的態度描寫一個男子與兩個女子之間的調情：

　　悄悄走進兩個可愛女子的座位背後，

　　捂住一個女子的雙眼，佯裝做遊戲，

　　這滑頭汗毛直豎，扭過脖子，親吻

　　另一個心兒撲通、臉兒微笑的女子。

第五部　性愛與藝術

1 印度藝術，表現性愛習以為常

　　印度藝術習以為常地關切性愛，總是設法刺激感官。在佛教早期的窣堵波建築和石窟中，常有些坐在陽台上的美女或是男女（夫妻）形象的雕像，這些雕塑造型生動優美，不僅成為佛教寺廟的主要點綴，還使寺廟呈現出歡樂的格調，寺廟因此變成了「神宮」或「天宮」。

　　阿旃陀的雕塑和壁畫主要描繪佛教傳說的各個場面，大多數作品都帶有明顯的豔情風格，以至於人們得到這樣的看法：只有印度特有的、世俗色情的藝人，才能創作出溫柔與激情相互交織的動感世界。

　　印度教寺廟更是充滿豔欲色彩的天宮，在寺廟外部雕欄性的裝飾帶上，常常有眾仙女與天神、英雄、聖人歡娛的場面，性愛色彩極為明顯。著名的卡朱拉霍印度教寺廟群繞湖而建，雕刻著很多生動逼真的性愛場面，其中的人物都耽於聲色，普遍認為是印度藝術中無與倫比的傑作。阿旃陀石窟和卡朱拉霍印度教寺廟，都是印度著名的世界文化遺產。

即使不涉及性愛場面，印度藝術在極其誇飾浮華的風格中，也會幻化出類似佛陀坐在蓮花座上似真似幻的意象，在我們的心目中，這更表現為一個安詳的、有似於母愛一般的世界，而從印度文化的角度來看，它卻是一個充滿溫柔與奇特激情的豔欲世界。

　　印度的宗教藝術為什麼會與性愛娛樂有密切聯繫？我們從印度最古老的藝術說起。產生於印度河流域、最早的藝術奠定了後來印度藝術發展的基礎。一些藝術形象如盤膝而坐的神像、赤身裸體的女人、一腿斜舉跨過另一腿的舞女、戴珠寶飾品的婦女以及娛樂聚會的場面，出現在印度河文明的赤陶藝術品中，這些藝術品充滿感官享受的氣息，對後來印度藝術發展產生深刻的影響。多花的寶石性裝飾與性

▲卡朱拉霍寺廟中的雕像，10～11世紀

愛的魅力結合，美麗的少女與奇形怪狀的動物在一起，這與後來印度
藝術中，司空見慣的淨修林（修行的場所）和美女的結合，在格調上
是相似的。幾乎所有印度古代藝術的遺跡都是宗教性的，可謂宗教藝
術。這種藝術雖然是為了引領人們的精神，達到更高的境界，但在外
表上卻極其世俗，它將人們在世俗生活中占有重要地位的情愛生活，
淋漓盡致地表現出來，而非單純地對此加以拒絕或排斥，以免人們將
宗教與生活對立。

再者，從具體藝術分類上說，印度宗教藝術又與宗教文學（古印
度文學也是宗教性的）大不相同。文學多是宮廷詩人、婆羅門、祭司
和苦行僧創作的，而建築、雕刻等在古印度則出自中下層的匠人、藝
人之手。儘管他們是遵照婆羅門祭司的指導，並按照藝術的規則進行
自己的工作，但是他們對藝術的感受深深影響他們的創作，而這種感
受又與他們在現實生活中的體驗密不可分，因此這種宗教藝術不僅凝
聚他們的汗水，更重要的是，凝聚他們的智慧和感情。它看似宗教性
的，但表現的並不是對宗教精神和神靈的永恆追求，其靈感多半來自
藝人們對現實生活的感受和理解。印度古代就存在著享樂主義的生活
傾向，而在印度的雕塑藝術獲得充分發展的時期，亦即大約西元五世
紀之後，印度社會受到密教影響，宗教、生活與豔欲主義更密切地結
合，這對印度藝術豔欲風格的形成，產生極大的影響。

與西方藝術相比，古印度的建築傾向與歐洲中世紀的哥德建築風
格正好形成對比。哥德建築大多是垂直的高建築，追求神祕與怪異，
而印度古代的寺廟顯得墩實厚重；歐洲中世紀的人物造像，如基督耶
穌、聖人、天使等大多是憂思型的，很少面帶笑容；而印度雕塑中的
神和精靈，則多半年輕漂亮、身體圓潤，顯得較為肉感，雖然有時也

會顯露出憤怒或嚴肅，但幾乎見不到悲傷的神情，而且大多面帶笑容，甚至笑容可掬。按西方的標準，他們多半顯得有點女子氣，但從印度文化的角度，他們更表現出悠悠自得、其樂融融的文化心理。印度教、佛教和耆那教的寺廟雕塑，都喜歡用半裸的美女形象作為裝飾和陪襯。

2 湖光塔影

　　印度藝術的興起和發展，與窣堵波的建造有著密切關係。窣堵波始源於墳塚，在印度古代，受尊重的人或親人去世之後，人們會在埋藏的地方堆起墳丘以示紀念。後來，佛教吸納了墳塚的祭拜方式，墳塚的規模逐漸變大，演化成為窣堵波即塔的形式。阿育王在印度建造了很多紀念佛陀的窣堵波，這些窣堵波多呈半圓形，圓丘中間有個房屋式的建築，用水晶或玉石做成的器具盛放佛陀的遺物。窣堵波的中心地帶是用未經燒製的磚做成的，外牆則用燒製的磚砌成，另加一層厚厚的水泥。頂部用木材或是石材做成。窣堵波的周圍多是用木頭柵欄圍成一個圓圈，入口處有裝飾精美、類似門牌式的建築，圍繞著窣堵波，多半是一條、兩條或是三條巡行道，面向窣堵波順時針徐徐繞行，是向窣堵波中的遺物膜拜致敬的主要方式。菩提迦耶是著名的佛教聖地，佛陀就是在這裡悟道的，菩提迦耶的高大佛塔即窣堵波，就是這樣的建築。圍繞著雄偉壯觀的佛塔，是三條高低不同的巡行道，來自世界各地的佛教徒和參觀者沿巡行道緩緩而行，形成

三道不停流動的人流，在巡行道之間的空地上，很多虔信佛教的人對著佛塔不停做著五體投地的大禮。塔、菩提樹、流動的人流和此起彼伏的禮拜者，使整個窣堵波形成一種特殊的氣場，莊嚴神聖，令人神清氣爽，雖然有很多朝拜者，但給人的感覺卻是一片淨地，讓人沉浸、陶醉。這一方面是因為菩提伽耶窣堵波本身是一個神聖的佛教聖地，另一方面也與窣堵波的建築格局有關。

　　窣堵波的形狀一般被看成是佛塚，象徵佛的涅槃，但對它的含義也有其他說法。其造型一說是模仿蛋殼，內部的舍利子有如蛋黃，是生命之源。一說是模仿佛鉢，佛鉢倒置著，既紀念過去的生活，又寄託人們的懷念。因為窣堵波並非佛教專有，其他印度宗教也都有窣堵波建築，所以也有一說認為，窣堵波是出自印度教徒或耆那教徒所崇拜的男人性具。包括黑格爾在內的部分西方學者認為，普遍盛行於東方國家的塔，代表著男根，塔多半是依山傍水而建；塔象徵著男根，水象徵著女陰，湖光塔

▲巴爾胡特雕塑，西元前 2 世紀，加爾各答印度博物館

影不僅是一種美景,且寓含著性愛的意義。

孔雀王朝和笈多王朝都是大興土木,建造不少富麗壯觀的佛教窣堵波,其中最著名的是位於巴爾胡特、山奇和阿姆拉瓦蒂的窣堵波。現存的巴爾胡特窣堵波建造於西元前二世紀中葉,現在這裡的窣堵波已經殘破不堪,只有雕塑還保存得比較好;而山奇的窣堵波保存得比較完好。大約在西元前一世紀,在原有的基礎上,山奇窣堵波擴建了兩倍,直徑達一百二十米,是當時印度境內最大的佛教建築物。其正面以磚石結構建築而成,有兩條供膜拜致敬用的巡迴人行道,下面的一道建在地面,上面的一道建在十六米高的平台上,周圍的木質柵欄也被九米高的石牆代替。西元前一世紀末,在環繞窣堵波四周的四個大門又加了四個大柱。在窣堵波的四周還建有小一點的窣堵波和寺廟。

後來窣堵波的建造變得越來越富有裝飾性。現在的阿姆拉瓦蒂窣堵波建造於西元二世紀,它比山奇窣堵波的規模還大,牆壁上鑲嵌著講述佛陀生平故事的畫面。與此同時,北部印度的窣堵波建造也變得越來越高,鹿野苑和那爛陀的窣堵波也非常有名。鹿野苑窣堵波建造於笈多王朝,為了紀念佛陀第一次說法而建造,曾經是華貴而精美的建築,但現在僅存其中心部分。那爛陀窣堵波是一個高大建築,周圍有寺院、講經堂、客舍和一些小型窣堵波等,我國唐代高僧玄奘到印度「取經」時,曾長期在那爛陀寺院學習。

窣堵波作為佛教祭儀的中心,隨著佛教的傳播而盛行於印度以外的國家,而且有多種不同形式。在緬甸出現了尖頂的塔;在西藏形成多種的塔剎;在中國則有角樓式的高塔;而在印尼更形成下方上圓的大窣堵波。

♪ 山奇藥叉女

　　隨著窣堵波的建造，印度古代較為重要的雕塑也出現了。巴爾胡特、菩提迦耶和山奇窣堵波的圍欄和門廊上，都有非常精美的裝飾性雕塑。巴爾胡特窣堵波的圍牆上，雕刻著很多美麗的、半人半神的藥叉和藥叉女形象，橫欄上的雕塑大多取自佛本生故事，但比起迦耶和山奇的雕塑來，巴爾胡特的雕塑顯得比較平板，出現的年代可能稍早一些，而山奇窣堵波門廊上的雕塑技巧最為成熟，可能出現得較晚（約為西元前一世紀），迦耶的雕塑介於兩者之間。菩提迦耶窣堵波是在佛陀悟道後的地方建成，其圍欄性的建築深雕細鑿，人物形象顯得更為豐潤也更有活力，不像巴爾胡特雕塑那樣平淡。

　　山奇窣堵波的圍牆沒有什麼裝飾，但門廊上的雕塑卻顯得生龍活現。山奇窣堵波的四座門廊極其有名，因為這些門廊的建造比山奇窣堵波本身的工程更為精巧。雕刻在這些門廊橫樑下的女藥叉，是山奇雕刻中最美妙的女神造型。就時間上說，這些女神比巴爾胡特的女神晚了大約一百年，但在技巧和觀念上，都有很大的變化。藥叉女面帶微笑，一

條腿微微彎曲，四肢顯得自由舒展，身軀呈印度傳統的三曲線狀態，肌骨顯得更柔和，臀部微微翹起，其姿態既嫵媚妖嬈又柔和優美，整個雕塑顯得圓潤、豐滿，而不像巴爾胡特雕塑那樣呈幾何結構，人物形象的塑造也不是宗教象徵性的表達，而是有血有肉的少女形象。

山奇的雕塑主要表現佛陀時代的生活和佛本生故事，在形式上不拘一格，將現實與想像化為一體。城市裡，騎馬騎象的人成群結隊，男人和女人在膜拜著神龕，裝飾用的花環隨處可見；大自然中，大象在叢林裡遊盪，這裡不僅活動著獅子、孔雀，而且充滿夜叉、那伽等精靈和神話傳說中的動物。自然與城市生活交織在一起，表現出古印度令人眼花撩亂的生活，充滿活力，又富於神話色彩。

▲山奇藥叉女，西元前 2～1 世紀

在巴爾胡特、菩提迦耶和山奇，以及這時期其他的佛教藝術中，從來沒有佛陀本人的雕像出現，只以輪子、寶座、足跡或菩提樹來象徵佛陀，可能是遵照佛陀反對偶像崇拜的意願，而不對佛陀進行雕像刻畫；也可能是因為，在當時人們心目中佛陀的形象過於崇高偉大，任何雕像的形式都不足以表現佛陀的品質和精神。佛陀塑像產生於貴霜王朝時期的鍵陀羅和茉菟羅雕刻之中。

最初佛陀形象的產生可
能受到耆那教的影響。是耆
那教首先刻畫出雙腿盤坐、
赤身裸體的祖師打坐形象，
佛教藝術可能從中吸取了靈
感，也出現類似的雙盤打坐
的佛陀形象。佛陀和菩薩的
早期雕像側重於人性而非神
性，且充滿歡樂的情調，這
與早期佛教雕塑的精神是一
致的。

與佛教窣堵波的建造相
呼應，耆那教也建造了不少
窣堵波，和佛教窣堵波一

▲山奇窣堵波東門廊，西元前 2～1 世紀

樣，耆那教窣堵波的圍牆上也有類似的雕塑：藥叉女（女精靈）豐臀
細腰，姿態優雅，令人想起更古老的印度河流域出土的舞女形象。在
苦行主義的宗教文化氛圍中，她們卻坦蕩直率地表露出性欲本能的色
彩，充分證明古印度苦行與豔欲對立並存的生活觀。

4 曹衣出水

　　茉菟羅位於德里南方八十五英哩處的朱木納河畔。早期盛行耆那教，到了貴霜和笈多時代，耆那教與佛教並行發展，其後又接受了印度教性力教派的思想。

　　在茉菟羅的雕刻中，最令人著迷的是充滿幻想的藥叉女形象，藥叉女形象是茉菟羅藝術的典型代表。比起早期佛教窣堵波建築物中的藥叉女，茉菟羅雕刻藝術中的藥叉女，顯得更生動也更富有挑逗性。她們裸露的身軀充滿肉感的色彩，嬌俏的臉孔也充滿豔欲的神情，她們的乳房被誇張地表現為球的形狀，本身便像是窣堵波，腰肢如蜂，正與肥美的臀部形成對照，顯得極其妖魅。全身只有頸部、手臂、腳踝和臀部掛著珠寶和環飾，其餘皆予以裸露。

　　茉菟羅的雕刻技術發展得相當純熟，人物形象的塑造，有如真人般富有生命力和動感。此派特別喜愛女性三曲線式（Tribhanga，又叫「三道彎式」）的身體姿勢，即頭向右側傾斜、胸部對應著轉向左方形成一彎；臀部向旁聳出、略微上翹形成

第二彎；兩腿再轉向左方形成第三彎的姿勢。

笈多時代印度文化的發展是全面的，迦梨陀娑、婆羅多都出現在這個時代，史稱印度歷史的黃金時代。這個時期，佛教藝術也達到非常完美的地步。細匀而富有韻律感的衣紋，透明的絲質袈裟，既單純又聖潔的形象，顯示出佛教藝術極端理想化的藝術思想，這些造型表現出佛教的理想人格，如柔和、寧靜、內省、完美、高貴、典雅。一方面是美得無懈可擊；另一方面則因過於完美而缺乏生命的活力，似乎脫離了現實的境界，去除了世人的體臭。

這是一種很奇特的藝術現象。在此之前，印度藝術家對人物的刻劃是以寫實為基礎，雖然也有象徵性的內容出現，但基本上不脫對客體的直接思考，很注重人體自身的特徵。但到了笈多王朝，藝術家對人體的思考中，介入了植物和動物的格調化色彩，因此，對客體尤其是人體的認識融入了新的內容。在對人體的刻畫和造型中，思考的不僅是人體特徵，而且將宗教教義普遍化，他們企圖模仿動物和植物的曲線及動感，塑造出美的典型，使觀者從神像和人像中感覺動、植物的生命力。因此，一件藝術品裡，神性、人性、動物性、植物性等因素被

▲曹衣出水，笈多王朝時期，德里國家博物館

融為一體。

　　笈多王朝的雕刻在衣紋方面，保留早期茉菟羅貼身細紋的風格，但更為優美，傳入中國之後，中國畫家曹仲達曾加以模仿，時人稱為「曹衣出水」，因為細紋緊貼皮膚，看來像是剛從水裡出來的樣子。但在古代印度，「出水式」的雕刻指的是另一種風格的佛像，如藏於美國克里夫蘭博物館的一件砂岩佛像：它身上的衣紋完全被省略了，雕像本身顯得更加單純化和透明化。

　　同時，我們也注意到，這裡的佛像採用早期女藥叉常有的三曲線姿勢，三曲線式一般用來刻畫女性優美的身姿。但由於印度人特別喜歡這種姿勢，所以在男像的刻畫中也可見到三曲線的身體姿勢，不過與女人的三曲線不同，男性是頭向左側傾斜，正好與女性三曲線形成對照。佛陀塑像以三曲線的形式出現也表明，這時期的佛教在精神上已經出現女性化的傾向，佛教女性化是印度和西藏密教的典型特徵，顯然這種傾向不是一朝一夕形成的，與三曲線的姿勢互相適應，曹衣出水式的身體特徵也充滿了女性的柔和之美。茉菟羅藝術的這種獨特風格，可能受到希臘、羅馬和波斯藝術的影響，是外來藝術與印度婆羅門教、佛教藝術傳統結合的產物。

5 非男非女：犍陀羅藝術

　　犍陀羅位於印度河上游，居中西交通要道，為東西方貿易必經之地。在此形成許多重要城市，如白沙瓦、塔克希拉、哈達，稍西則有貝格蘭姆和巴米楊。在這些以商業為主的城市中，佛教和佛教藝術都依靠商人的財富來維持，對於不願意放棄世俗榮華，又渴望死後得救的人來說，菩薩的神格特別受歡迎。在大乘佛教中，菩薩占據著重要的地位。所謂菩薩是指未成佛，但即將成佛的神格，當此神格附於某一人時，這個人便是菩薩。其存在大致分為三種：法身、應身和化身。法身是抽象的，屬哲學意義上的實體；應身是以神的方式出現，誕生於偶像崇拜心理；化身是以人身出現，源於人的為善念頭，實屬倫理範疇。菩薩化身的觀念最深入人心，統治者和商人往往扮演菩薩化身的角色，他們資助佛僧、佛寺，吸引很多遠道而來的教徒和藝術家，使佛教建築藝術得到蓬勃的發展。

　　犍陀羅藝術受到東西方文化的影響，在題材與風格上可謂五花八門。早在西元初，由中國新疆經阿富汗到波斯之間的大沙漠和草原，已經是各遊牧

▲非男非女神像，西元 13 世紀，奧里薩，貝拿勒斯大學藝術館

民族競逐之地，來自中國、印度、波斯諸國的文化在此交匯，商人在其中扮演中間人的角色，佛教徒成為文化的傳播者。大約在西元五世紀末、六世紀初，當時靠近中國的庫車、龜茲、旦旦烏克立等地藝術，開始受到中國繪畫的影響，展現出具有優美線條的白描式壁畫。這個時期的印度藝術家，向東吸取了中國畫家的白描筆法，向西則大量吸收希臘、羅馬雕刻技法，以及人物造型方面的特徵，尤其是後期犍陀羅藝術，更明顯受到了希臘、羅馬藝術的影響，它的一些建造者可能來自西方。

從犍陀羅西行不遠，便是哈達城，哈達位於基伯山隘（Khyber Pass）的西端，傳說是釋迦牟尼頭骨珍藏的聖地。再往西便走到了馮都基斯坦。哈達和馮都基斯坦都曾以美麗的泥塑藝術而聞名遐邇，尤以馮都基斯坦的泥塑菩薩最為有名。

上圖是馮都基斯坦一座寺廟的佛龕中，供奉的泥塑菩薩像，其優美姿態和細長柔媚的手相，具有明顯的「風格主義」作派。豐滿圓渾的臉龐上，眼睛如樹葉一般，且有點微微翹起，細長的雙眉高高揚起猶如彎弓。看來過分完美的雙唇露出神祕的微笑。眉、眼和嘴唇的稜角與光滑的臉龐構成有趣的對照。過分細長的手指好像沒有骨節，與豐厚的肩臂形成不大對稱的比例。從種種特徵，我們可以辨認出雕像表現的是一位少女，但裸露的胸部卻平坦得像未發育成熟的孩子。這種非男非女的佛教造像如此奇特，似乎能將人引入非現實的夢幻世界。

這些佛像造型大多產生於西元七世紀，正是佛教密宗在印度盛行的時期，其怪異風格的形成，一方面與密教在印度的發展有關，另一方面也與佛教的女性化傾向有關。此時期及後來印度本土的建築和雕

刻藝術，受佛教密宗和印度教性力教派的影響，多半直接表現性愛的場面；而在佛教密宗中，佛教中的菩薩多呈金剛怒目的怪誕特徵，這是犍陀羅藝術風格出現的內部因素；從外來影響上看，希臘、羅馬藝術的雕刻技法和思想，也為印度藝術家提供更廣闊的想像空間。因此可以說，犍陀羅藝術是印度文化與東西方文化結合的產物。它向西吸收了波斯和希臘藝術的風格，同時又向東傳播，流行於新疆，並順著絲綢之路進入甘肅的敦煌。

印度藝術的形式和思想，深深影響整個東南亞、中國、朝鮮、蒙古、西藏和日本的藝術。儘管印度教也傳入東南亞，但主要是佛教——一種典型的商人宗教——充當了傳播這種藝術影響的主要工具。

6 宗教與豔情：阿旃陀石窟

　　阿旃陀石窟是位於印度德幹高原北部偏西的佛
教聖地。此地丘陵起伏，山路幽寂，瓦柯拉河在此
形成一個大轉彎，阿旃陀石窟正是在這臨溪的懸崖
上開鑿而成。它建於西元前二世紀，西元七世紀以
後，隨著佛教衰落，阿旃陀逐漸被遺忘，往日的繁
榮景象消失了，整個石窟群靜悄悄地埋藏在蔓草之
中。到了一八一七年，一些英國士兵狩獵時由一位
印度小童領路，來到這個斷崖前面，拉開藤蔓時，
赫然發現了雕刻精美的石窟。

　　即使以今天的藝術眼光來看，阿旃陀石窟也是
一座佛教藝術的博物館，其中最令人著迷的是它精
美豐富的壁畫，隨著歲月流逝，色彩雖然有點斑
駁，但其魅力卻是永恆的，引導著人們進入一個色
彩迷人的佛教世界。

　　阿旃陀石窟的壁畫，主要是以各種佛教傳說宣
揚佛教。有關於釋迦牟尼誕生、出家、修行、成
道、降魔、說法、涅槃的壁畫，圍繞著釋迦牟尼一
生的經歷，阿旃陀的壁畫涉及當時廣泛的社會生
活，從城市宮廷到鄉間田舍，從王公貴族到牧童農

夫，有的高貴莊嚴，有的鄙俗滑稽。總體來看，這些壁畫給人的印象不是宗教的莊嚴肅穆，而是將宗教情感寄託於世俗豔情的生活格調之中，因此女性形象的塑造，成為壁畫的重要組成部分。

　　下圖是第一窟中的一幅壁畫局部，描寫一個高雅的菩薩——即國王摩訶旃納卡（Mahajanaka）——被王后和宮女包圍的情形，題材出自佛教《摩訶旃納卡本生故事》，表現的卻是當時畫家所熟悉的王宮生活。

　　第十七窟中的壁畫「西姆哈拉歷險記」，說的是急功好利的商人西姆哈拉在航海途中，船擱淺在女妖島的岸邊。表現這個故事的壁畫篇幅極大，幾乎覆蓋整個牆壁。那裡的女妖白天會化身成一位豔麗的美女，晚上則變成嗜血的魔鬼。這幅巨型壁畫的局部，表現的是商人西姆哈拉與一位美麗女妖在帳篷裡的情形。

　　「毗濕凡陀羅本生故事圖」表現的也是類似的畫面：毗濕凡陀羅王子正在告訴妻子，他被父親驅逐出門的消

▲阿旃陀壁畫中有關難陀的故事，畫面中裸體的形象也富有艷欲的情調。約4～5世紀

息。在這些壁畫中，無論是王后、宮女還是女妖或妻子，女性人物形象都顯得妖豔生動，連佛陀的母親摩耶夫人的形象也是如此，這類富有色情意味的主題和構圖，直接影響到印度後來的細密畫。細密畫的主角常常是一對相互痴迷的情人。

第十九窟裡的一龕浮雕，描寫的是那伽王（蛇王）和他的妻子，他們分別作藥叉與藥叉女的打扮。那伽王源自印度「生殖神」，在印度文化中，那伽常常是性和性愛的象徵；但在佛教傳說中，那伽後來成為佛法守護神和佛殿的保護者，這是一種非常奇特的結合。兩人都是自然地坐著，一腳置於座台上，一腳下垂。那伽王的頭上戴著珠寶冠，周圍是凶猛的七個蛇頭，這些蛇頭是此神的象徵。

從這些石窟的繪畫和雕刻中，可以看出當時王宮的富麗、服飾的華貴，也可以看出當時印度充滿快樂的生活格調。其中的人物如國王、王后、太子、宮女、武士、平民的不同生活，以及佛、菩薩、天女、比丘等不同的神態，在畫面上都被表現得生動細膩。在人體肌膚的柔軟和彈力，構圖的和諧與緊湊，線條的流動與色彩的洗鍊等方面，都表現出高超的繪畫技巧和豐富想像力。

阿旃陀石窟之後，在埃羅拉、巴格等地也出現印度藝術史上極為有名的石窟。埃羅拉寺院有二十多個石窟，建造於西元五至八世紀，大多數是印度教石窟，只有少數是佛教和耆那教石窟。其中凱拉薩納特最為有名，整個石窟廟群雕鑿於山坡上，包括神殿、大廳、門廊、還願柱、小的神殿、迴廊等都精雕細鑿，人物造型優雅富有活力，這些造型特徵在後來的印度藝術很少再呈現。

佛教東漸之後，阿旃陀等石窟藝術也隨之傳入中國、朝鮮、日本，以及東南亞一些國家和地區，並對當地的雕刻、繪畫產生重要影

響。中國著名的敦煌、龍門、雲崗石窟中，有不少珍品就是阿旃陀風格的再現。有的不僅形式相似，內容也極為相近。

7 蓮花指菩薩

　　蓮花指菩薩像（Bodhisattva Padmapani，手持蓮花的菩薩，阿旃陀一號窟壁畫，約西元五世紀），是阿旃陀石窟中最有名的壁畫，它不僅代表阿旃陀石窟壁畫的最高成就，其姿態與神情也完美地表現出佛教的精神。

▲觀音像，10世紀，印度博物館

　　一般都認為這位蓮花指菩薩就是讀者極為熟悉的觀音菩薩。在佛教傳說中，自從釋迦牟尼逝去後，觀音菩薩就行使佛的職責，直到佛轉為彌勒再次下凡為止。觀音菩薩看來像是一個出身高貴、格調優雅的年輕王子，他

頭戴珠冠，右手持一株蓮花，左手置於臀部，以無限慈悲的目光俯視世界，面部神情淡然而略帶憂傷，似乎整個世界都盡收眼底。

仔細品味蓮花菩薩像，我們會發現，他那細長的手指，蛋形臉，高聳的珠寶冠，都帶有女人味。加上項鍊、胸飾、手鐲等，更能顯示出女性的柔美，可是他的胸部平坦，說明他是一位女性化的男性神——是從早期帶著鬍鬚的男性觀音像演化而來。他的面相特徵體現了笈多時代人物造型的典型特徵，尤其是豐滿的蛋形臉、相連成波浪紋的眉毛、如驚鹿的雙眼、筆直的鼻樑，以及如蓮瓣的雙唇。流暢的線條使人物的輪廓增加了動感，尤其是手與手指的動作顯得細膩生動，他的右手持蓮花，左手搭於胯部，顯示出女性的婀娜多姿。菩薩的頭向左側垂顧，而右肩聳出，臀部又扭向左側，形成比較和緩的曲線，其扭動的三曲線身姿，富有女性美的特色。這種姿勢是印度壁畫菩薩像中較普遍的樣式，而蓮花指菩薩則將這種造型推向極致，充分顯示藝術家在勾線、敷色和刻畫臉部神態的精細技藝。垂視的兩眼賦予菩薩一種超然寧靜的氣質，給人澄思靜慮之感，這種氣質在周圍熱鬧混雜的背景陪襯下，更顯示出其超凡脫俗的魅力，足以令膜拜者心心念念，一片神往。

$\mathscr{8}$ 眾神狂歡的卡朱拉霍寺廟

　　卡朱拉霍（Khajuraho）寺廟極其有名，被視為
最偉大和無與倫比的印度藝術，屬於人類最珍貴的
文化遺產之一，但卡朱拉霍寺廟又不同於大多數的
文化遺產，因為它所有的雕刻都圍繞著性愛主題，
而且表現得極其大膽、露骨，這種奇特的現象使它
在世界上極其有名，每年都有大量遊客絡繹不絕地
前來參觀。在不同的人眼中，同樣的藝術場面可能
產生完全不同的藝術效果，卡朱拉霍寺廟上的性愛
雕刻，給人的感覺尤其如此。以那些栩栩如生的女
性人物造型來說，在母親眼中是少女的形象；而在
少女的眼中，則是母親的形象，在老年人的眼中又
可能是女兒的形象；而在富於浪漫情調的人心中，
則又演變成戀人的形象。這些雕塑給人的印象並不
是淫穢下流，相反地，這些令人不可思議的雕刻畫
面，常會使人在心靈上產生震撼和茅塞頓開之感，
同時也在美和藝術的享受中讓人回味無窮。

　　卡朱拉霍的原義是「眾神之城」，此地曾是擠
滿磚房木屋的熱鬧城市，而現在除了卡朱拉霍寺廟
之外，便是一片開闊的荒地，熱鬧的市井早已悄無

聲息，乳黃色的砂石塔總是映著藍天，顯示出被時間侵蝕的側影。往日被視為司空見慣的性愛及其藝術，如今多少顯得有點稀奇古怪；往日泰然自若的性愛姿態，如今也顯得有點驚世駭俗。

卡朱拉霍寺廟群建於西元十至十一世紀，本有八十多個寺廟，現存二十五座。這些寺廟並不高大，一般不超過百米，全都繞湖而建，形成一個獨特的寺廟群體。在中世紀印度，卡朱拉霍神廟也被視為「宇宙山」，從高處俯視，卡朱拉霍寺廟群呈連綿起伏之狀，主塔像是一座主峰，主峰周圍附著無數層層堆疊的小峰，一方面給人重巒疊嶂之感，另一方面也象徵旺盛的生命繁殖力。從正面來看，卡朱拉霍的大堂和門廊上面建造小型寺塔，與主塔相映成輝，給人群山環繞之感。再者，卡朱拉霍的寺塔像大多數北印度的寺塔一樣是曲線型的，在周圍小型寺塔的陪襯下，中心寺塔看來有種向上推進的力量。寺塔與整個寺院結合起來，像是群山環繞著峰頂，讓人聯想到天國與大地之間的完美融合，神聖的宗教精神既洋溢於天國，也瀰漫於大地。寺廟的整體結構勻稱精美，又不乏自然的活力，也有藝術家認為，卡朱拉霍寺廟本身的建築就像是一個天國少女，台階是她的腳，門廊是她的膝蓋，會眾堂代表她的臀，聖祠是她的子宮，那裡一般都顯得黑暗，並安放著林伽。

卡朱拉霍寺塔在外表上並非金字塔型，它的建築者以出牙磚的形式形成托臂，使其峰頂部分產生圓丘性的效果。而在主體建築上裝飾著門窗，也進一步打破磚石結構的單調性。典型的卡朱拉霍神廟包括神殿或聖祠、會眾堂和一個門廊，三個部分相互連接。它在建築上的另一個突凸特徵，是給會眾堂添加了兩個耳堂，這使得它在建築布局上與西方的哥德式教堂更為接近。從整體風格上看，卡朱拉霍也頗有

西方巴洛克風格：多半裝飾曲線以顯示起伏的動感，鋪張浮化，結構複雜，意象奇崛。它的雕塑性裝飾也不像一般印度教寺廟那樣，只裝飾外部而不裝飾內部，而是內外兼修，各個大廳內部的圓頂也裝飾得極為完美。

　　不過，使卡朱拉霍寺廟聲名遠揚的，還是它華麗多姿的人物雕刻。這些人物雕像主要出現於塔身的下半部，即頂柱過梁與挑簷之間的雕飾帶上，也叫寺廟的天堂條帶，代表美妙無比的天國。在這些條帶上，不僅刻有民間傳說中認為應歸上天的諸神，而且充滿美貌迷人的天女和仙女，她們給予眾神英雄聖人的靈魂，無盡的歡娛和盡情的享受。

▲卡朱拉霍，10～11 世紀

　　雕飾帶上的人物都具有強烈的立體感，似乎要從建築物結構中走出來似的，再者，各個人物都雕刻得細膩逼真，姿態各異，富有強烈的生活氣息。所有的人物都耽於聲色，或擁抱或交媾或調情，可謂盡情享受，其中也不乏群交、亂交的場景，甚至人與動物交媾的場景也栩栩如生。天女們更是妖嬈嫵媚，她們以柔美的身姿、裸露的豐乳和富麗的裝飾，做出各種誘人的姿態和動作。如一位美女嬌柔地把眼膏塗上自己的眼睛，另一個正在餵自己肩上的鳥。

　　印度的宗教建築向來少不了性愛的裝飾，但將性愛裝飾發展到極致的，當屬卡朱拉霍寺廟群，可以說，卡朱拉霍寺廟是印度古代性愛寶典《欲經》的藝術化，《欲經》中所描寫的一切性愛姿勢，在卡朱拉霍是應有盡有。

9 充盈性力的奧里薩寺廟群

　　奧里薩寺廟群興建於西元八至十三世紀，至今
仍有兩百餘座寺廟。像卡朱拉霍寺廟一樣，這些寺
廟的建築也深受當時流行的密教和性力教派影響，
將性愛作為裝飾性雕刻的主要內容。但與卡朱拉霍
寺廟不同的是，奧里薩寺廟內部常常沒有裝飾，外
部裝飾則趨於華麗精美，其雕塑具有較高的審美價
值。再者，這些寺廟本身也是密教和性力教派活動
的中心。

　　奧里薩寺廟群不僅雕刻了充滿性誘惑的藥叉女
和天女形象，以及各種性愛場景，而且寺廟本身的
建築構思也充滿性和性愛的象徵色彩。比如，位於
布凡內濕婆爾的林伽王（Lingaraja）寺廟，就特別
注重從寺廟的整體構思上，體現出宗教的象徵寓
意，並配合宗教觀念設計出寺廟建築的整體架構。
這時的印度教越來越注重性力的作用，以濕婆尤其
是濕婆的陽具作為男性象徵，以他的妻子為女性
象徵，二者結合使生命無限繁衍。為了說明性力派
的理論，這座寺廟特別凸出象徵濕婆大神陽具的高
塔，而且在高塔的設計與建造上頗費苦心，塔面呈

玉米柱般的稜狀結構，好像是道道突起的青筋，給人昂揚挺拔的雄偉感；同時塔牆面上又點綴著各種圓雕型的動物像，顯得威嚴又充滿生機和活力；而高高在上的塔冠則在飛揚與厚重的張力中，充滿了神祕莫測的色彩。高塔下是象徵性力的大小塔群，它們對主塔起了很好的陪襯和烘托效果，同時也像是由主塔中衍生出無數的小生命。該寺大約完成於西元一千年，其設計不僅富於宗教象徵意義，而且在寺廟複雜化的同時，更注重整體和諧，使整個建築成為一個完美的有機體，表現出北方印度教建築最完整的式樣：進門是一座祭堂，為信徒膜拜和供奉祭品之處，入內是舉辦各種娛樂活動的舞廳（Nata Mandir），第三部分是會眾廳，最尾端是高塔。像印度中世紀大多數的寺廟一樣，這座寺廟不僅是宗教聖地，也是豔情歌舞表演的主要場所。奧里薩寺廟一般都是由獻祭、歌舞、會眾和聖祠四個大廳構成，聖祠上是一座高塔。

大約與林伽王寺同時建造的羅吉拉尼寺（Rajarani）雖然體積較小，而且未完成，但雕刻極為精美。有些香豔而有詩意的少女像，如玩弄著腳上飾環、體態豐滿的少女，逗引孔雀起舞的性感女人，以及美麗的樹邊藥叉女。

這些雕刻一方面生動地反映出，當時印度享樂主義的生活習俗，另一方面也反映出印度宗教對於女性美和性愛之美的崇拜。再者，奧里薩寺廟的雕刻也常將美女與怪獸放在一起，比如穆克代濕婆羅（Mukteshvara，約西元九五〇年）寺廟，就雕刻了不少與怪獸在一起的美女，表面上看，這類浮雕顯得很奇特，但實際上這在印度古代文化中也習以為常。比如，毗濕奴大神就曾化作野豬，用嘴巴拱起裸體的美女，這不僅是一個神話故事，也是雕刻家喜愛刻畫的主題。

幾乎與卡朱拉霍齊名的奧里薩寺廟，是科納爾克的「黑塔」。這座聞名於世的印度教建築，大約建造於西元十三世紀，是一座原先就未造成的太陽神廟，它高達兩百米的主塔已經坍塌，但會眾大堂依然保存。「黑塔」曾經是印度最大和最壯觀的神廟之一，寺院內的雕塑表現出極其露骨的性愛場面，其題材主要是天女和富有豔情意味的男女雕像，以表演或演示的形式做出各種性愛動作和姿勢。男女擁抱或是性愛的場景，常常是印度教寺廟的必要裝飾，但在克納爾科的黑塔，這些場面顯得尤其凸出，交媾的情景也描繪得特別分明。它被設計成一輛巨石製成的戰車，巨大的車輪既象徵著太陽不停運轉，又代表著使生命得以誕生的女陰，車輪上的軸以小一些的圓出現，好像是一個個小車輪。它們也代表著女陰和性力，所以在這些圓軸中央雕刻著男女性愛的細緻畫面。在英語中有個成語「wheels within wheels」說的是「車輪中的車輪」，意為「複雜難解」或「一塌糊塗」，而在印度文化，

▲卡朱拉霍寺廟，美女與怪獸。10～11世紀

尤其是密宗的思想中，「車輪中的車輪」就像「蓮花中的蓮花」一樣，是常見的比喻，它既是對女陰生理構成的想像，又是對生生不息的生命流程的形象化描繪。當然，其中最重要的象徵意義在於，凸出美妙無比的性愛，在此性愛表現的是某種恍惚迷離的幸福境界，從性力派宗教哲學的角度來說，當人的靈魂脫離人體與神結合時，便會產生這種難以言說的快感，這與我們日常生活中所能體會到，最美妙、最為和諧的男女歡愛的感受類似。

10 耆那教建築中隱藏無法破解的性愛祕密

　　早期耆那教極其重視苦行，並將苦行與性愛對
立，將性愛與耆那教徒的生活完全隔離開來，但到
了中世紀，由於密教的影響，耆那教也充滿性的色
彩，並反映在耆那教的建築之中。耆那教與佛教一
樣，曾經擴散到印度的大部分地區。到了中世紀，
耆那教在西印度的商業城市裡吸收很多信徒，在南
印度則受到取締而無法生存。

　　阿布山位於印度拉吉斯坦的西南部，它是一片
乾燥不毛的平原上，隆起的一個高達四千英尺的山
峰。當伊斯蘭教侵擾印度並大量摧毀印度寺廟時，
耆那教徒卻在這裡從事宗教建築和雕刻藝術。其中
的主要建築是毗瑪拉‧婆沙希寺廟、帕爾濕凡那陀
寺廟和內彌納陀寺廟。

　　毗瑪拉‧婆沙希寺廟（Vimala Vasahi）建於西
元一〇三一至一〇三二年間，寺廟裡供奉著耆那教
第一個聖體羅剎坦那陀。寺廟裡有很多門柱，每個
門柱上都雕出一位身材豐滿、姿態優美的舞妓，她
們的身上只帶珠寶飾物，不著衣物，顯然是繼承以
前藥叉女形象的雕刻傳統。這些美麗的舞妓也常被

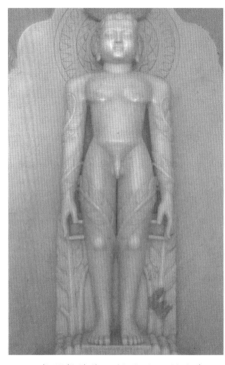

▲耆那教神像，帕爾濕凡那陀寺廟，950～1000 年

視為偉大的知識女神，即「摩訶維迪亞」（Mahavidya），她不僅是充滿智慧的知識女神，也是性感無比的青春女神。

內彌納陀寺廟（Neminatha）建於西元十一世紀，幾乎是卡朱拉霍寺廟的縮影，但裡面的雕刻更加細膩柔滑，接近珠寶匠的手藝，這可能是波斯藝術隨著伊斯蘭教入侵的結果。

帕爾濕凡那陀寺廟（Parshvanatha）建於西元九五〇至西元一千年之間，供奉耆那教第二十三位聖體帕爾濕凡那陀。這座寺廟裡的雕刻充滿豔欲色彩，是卡朱拉霍風格的代表。這些雕像在裝飾區形成完整的結構，畫面中充滿恍惚懶散的色情細節描繪，女人因為陶醉性愛而顯得有點倦怠，但在倦怠之中依然是色瞇瞇的，活生生的一副豔欲相。

北印度耆那教寺廟最顯著的特點在於，穹窿形建築式樣。寺廟的修道室門口前供奉一位耆那教聖哲的塑像，門廊一般都呈穹窿形。修道室是以支持在八個柱上的圓頂屋構成的，八個圓柱頂端的柱頭各分出一個支柱，每對相鄰圓柱的支柱合在一起形成一個拱門。如此一來，各個支柱給予依附在柱頂的軒緣額外的支持。穹窿室是用平板石材建成的，一層層向中心掩砌，最初的平行圈本是八邊形的，在交

角的地方橫放著平直的石板，但是漸往高處，石板逐漸被鑿為圓圈中的拱狀石，形成逐漸狹小的石圈環，直到最高處用一塊石板將穹窿頂封閉起來。此種建築形式使耆那教穹窿建築顯得精緻優美，且穩重踏實。印度著名的泰姬陵也是以此種方式建造。

門廊中套著門廊這種建築式樣，是耆那教建築的特色之一，這種建築式樣也蘊含著耆那教的宇宙觀和生命觀，印度現代著名詩人阿格葉耶曾創作《庭園的門檻》，其題目寓含的正是耆那教的古老智慧：門廊後面還有門廊，就像蒼穹之外還有蒼穹一樣。另外，從密教和性力崇拜的角度也可以說，耆那教的穹窿式建築象徵著女陰或子宮，正如宇宙中蘊含無窮的奧祕一樣，性與性愛自古以來，一直隱藏著古老的智慧和永遠無法破解的神祕。西元十至十二世紀，佛教、印度教和耆那教都受到密教和性力教派的深刻影響，強調女神崇拜，不僅性行為被神聖化，而且性神祕主義也盛行一時。

11 為什麼要在寺廟雕刻性愛畫面

　　為什麼要在這些寺廟上雕刻這些性愛畫面呢？學界對此有多種說法。

　　一般認為，中世紀印度寺廟的建築和雕刻受到密教和性力教派思想的影響。在這些雕塑出現之前，佛教寺廟形式占據著主導地位，人們因追求苦行而對家庭生活失去興趣，印度教寺廟這些雕刻，重新將人們的興趣吸引到性生活和家庭生活的樂趣之中，使印度宗教與生活更密切結合，從而喚起人們的宗教熱情。所有的生命都是上帝的創造，每一個人都是神靈的組成部分，為了獲得解脫，為了獻身於達摩，我們首先要充分體驗性愛。即使是神靈也無法逃避性愛，何況凡人！印度的聖哲也常常因為美女而放棄修行，神靈也喜歡通姦，與他人之妻做愛。此類故事不勝枚舉。如果人們承認性愛是生活中必不可少的重要部分，那麼沒有性愛生活的充分體驗，生命與宗教的意義也無法完全實現。如果我們仔細研究人類行為，會發現人只在欲望得到滿足之後，才會真心實意地渴望獲得解脫。在中世紀印度，欲望的滿足和宗教解脫成為人類生存的兩大

目的，寺廟中出現的性愛雕塑代表人生的第一個目的，此即它們多出現於寺廟外牆上的原因所在。解脫是人生的第二個目的，多以出現於寺廟內部的神像呈現。在寺廟門廊和外牆上出現的性愛雕塑提醒人們：沒有通過欲望滿足之門檻的人，沒有資格邁向神靈與解脫之道的第二個門檻。因為性愛雕塑基本上限於寺廟外牆，所以不少學者認為，它們是通往神靈世界的象徵性門檻；也有學者認為，寺廟外牆的性愛雕刻，是借外在的豔欲世界與內在的苦行世界形成對照：現實層面是一種苦行，但精神層面卻是極大的快樂。在雕刻者的心中，這些因素也可能是結合在一起的，在中世紀印度的宗教思想中，性神祕主義占據著非常重要的地位，從極為淺顯的意義上，這些性愛畫面也可以代指天國的快樂。

其次，有些學者完全從密教和性力教派的角度，來看待中世紀印度寺廟中出現的性愛場面，認為卡朱拉霍和科納爾克等寺廟，是密教和性力教派活動的中心。按照密經所說，宇宙是由色欲創造的；它誕生於陰性法則，是陰陽交配的結晶。般度波迭雅認為，這種宇宙起源論可能是奧里薩等地寺廟，性愛雕刻出現的基礎：在佛教密宗信仰中出現過一種派別，稱為欲金剛乘，作為其基礎的觀點是，人類和宇宙的誕生遵循相同的法則……這個派別的經典充滿猥褻的細節，幾乎不能向讀者公開。照此派看來，宇宙正如人類一樣由淫欲所創造……他們的禮儀實踐目的在於，建立宇宙淫欲與人類淫欲之間的和諧。所以他們繼續不斷地放蕩於淫欲修持……他們將這種淫欲現象在寺院廟宇公開展覽……我的意見是傑根那特（Jagnnatha）寺，原是在這些欲金剛乘的影響下修建的。……在所有這些淫猥的雕刻中，每個男的都是欲金剛乘佛教比丘，女的都是女天奴或女居士。整座寺廟是按照欲金

剛乘佛徒原則修建的。但值得注意的是，不僅奧里薩寺廟群出現很多性愛場面，中世紀印度的各個寺廟，幾乎都雕刻了極其露骨的性愛場景，所以這並不是一種孤立現象。再者，密教將性行為看得極為神聖，它對於口交、自我性愛、同性戀、與動物性交以及性愛中的獸性等嚴加譴責，所以中世紀印度寺廟中，出現的性愛景象與密教的性崇拜基本上是兩回事。

　　第三，也有些學者認為，這些寺廟性愛雕塑主要出現於黛維達西（即神奴，生活於寺廟中的妓女）體系盛行的地方，表現的主要是寺院祭司、苦行僧和黛維達西墮落的生活，和鬆散的道德觀。寺廟牆壁上雕刻各種淫蕩的性愛姿態並非宗教性的描述，而是對祭司、僧侶極度感官享受的生活寫照和心理刻畫，反映出中世紀印度教寺廟墮落和淫穢的本質。在西元五至九世紀，很難在雕刻藝術中見到男女交媾的性愛場景，雖然偶爾也有涉及性愛的雕刻出現在石雕藝

▲卡朱拉霍寺廟中的性愛雕塑，10～14世紀

術品中，但性愛並非寺廟雕刻的主題和內容，只有在西元九至十四世紀，性愛和性交的場景才氾濫於寺廟雕刻之中。這些場景的出現都與寺廟妓女墮落、淫蕩的生活有關。這些雕刻中的女人都是寺廟妓女，是從世俗的層面展示寺廟妓女的迷人魅力。

也有學者從中世紀印度的社會生活，尤其是王宮享樂生活以及生殖崇拜等角度，研究寺廟中出現的性愛雕刻。無論如何，表現性愛成為印度藝術習以為常的現象。我們對於藝術品的欣賞，並不是非要說明究竟，而是要徹底投入，達於忘我的境界，正如信徒拜神時要忘卻自我，因為美本身既有神性的一面，也有人性的一面，也可說它是介於神性與人性之間的靈性。從靈性的角度說，印度藝術極其誇飾，它像女人一樣講究裝飾華美，也像女人一樣關切性愛；再者，印度藝術雖然富有誇飾和想像的色彩，但在性愛場面的雕刻上，卻追求鮮明逼真的實體感和現實感，總是設法來刺激感官。繪畫的色彩鮮豔，以圓潤的筆觸刻畫豐滿自然的人物形象，其意只在激起包括性感在內的感官反應。在印度人的想像之中，神與天國就是最直接和最無拘束的歡樂：花環、蔓藤、美女以及美女身上的珠光寶氣。建築上的嵌線、輪廓、圓柱和裝飾背景，不僅繁複而且精緻，如同印度音樂的節奏般連綿不斷。佛教以悲憫之心來對待生命，而印度教則以讚美的眼光看待生命，因此印度教的藝術，包括音樂、舞蹈、雕刻等都是對生命的禮讚。充滿歡樂和喜悅的情調，優美的曲線和節奏感，表現出人生狂喜的場景，因性愛產生歇斯底里式的狂態也是常見的主題，如唇吻手指、撫弄乳房，甚至是赤裸裸的男女擁抱、接吻和性愛。它們對人體之美尤為關注，對身體各個部位的觀察和表現極為細膩、生動。人物造型上，不僅將身段表現得性感、美妙，而且在嫵媚或狂放的姿態

中，散發出青春活力和女性的柔情。這種優美的多情特質也被後來的
細密畫所吸收。

12 寺院：名副其實的妓院

　　一般來說，在西元五世紀前後，印度開始慢慢
向中世紀轉變，社會生活和社會結構不斷發生變
化。顯然，在當時的印度社會中，宗教和寺廟占據
特別重要的地位，社會變革主要圍繞宗教的發展
而進行，印度教與佛教以及耆那教之間不斷進行鬥
爭，力圖吸引更多教徒。在這種背景下，宗教日益
關心人們的現實生活，逐步變成生活的藝術和藝術
的生活，年輕漂亮的女子進行的歌舞表演，也成為
宗教寺院活動必不可少的項目，而且愈演愈烈，不
僅印度教寺廟如此，耆那教和佛教寺廟也有舞女出
現。玄奘的《大唐西域記》（七世紀）中記載，他
在寺廟中見到的多位舞女。有關耆那教神廟舞女的
最早記載出現於西元八〇二年。

　　本來，歌舞儀式作為宗教活動的重要組成部
分，早在幾千年前就出現在古希臘和古埃及文化之
中，但將舞女以妓女的形式變成一種固定的宗教職
業，則是中世紀印度文化比較獨特的現象。這種現
象在西元九世紀時較為普遍，十一到十二世紀尤為
興盛。

在這種情況下，寺廟成了神靈在塵世的宮殿，神靈也有了自己的三宮六院。中世紀印度寺廟常把供奉的神，當作現實生活中的國王一樣對待，他有自己的妻妾、大臣、隨從以及侍女，生活在寺廟裡就像生活在王宮一樣，寺廟裡的舞女則以王妃的形式，為神靈提供服務。神的女奴即寺廟裡的舞女，有的是世代延續，在寺廟裡出生並長大的女孩；有的則是普通人家的女孩，被父母作為對神的純潔供奉（處女），而自幼被送進了神廟；也有的是寺廟出錢買來的。其中大多數女子，來自印度社會的低種姓階層。

寺院舞女被認為是神的妻妾，她們似乎應該過一種純潔的生活，但日常生活包括性事，都由寺廟的祭司代神支配，她們受寺廟祭司的役使，成為寺廟裡的妓女；再者，寺院的祭司對於這些女孩難免動色心，因此祭司與她們發生性愛關係是司空見慣的事。從習俗上說，舞女們一般也是在神廟內部尋找情人，當然也不限於神廟內部，但這種做法一般不受鼓勵。她們也可以隨時結婚，有自己的丈夫。有些特別漂亮的舞女，常常得到國王、王子或其他王室人員的青睞，並成為文學家喜愛描寫的題材。

《喀什米爾國王的故事》描寫，國王愛上商人朋友的漂亮妻子納倫達羅帕羅芭，但顧慮到將她娶入王宮，會使他聲名狼籍，國王渴望納倫達羅帕羅芭，但又無法得到她，因此害了相思病，身體日漸消瘦。商人知道國王的心思後，不但沒有妒火中燒，反而很能理解國王的情懷，請國王不要有所顧慮，可以隨意而為。國王雖然心有所動，但依然顧慮重重。商人覺得自己應該為國王減去心理負擔，想出一個妙策，納倫達羅帕羅芭曾是一個著名的舞女，她名正言順地作為一個舞女被送進神廟，而後國王就可以從神廟裡將她迎接到後宮了。

最早有關寺廟舞女的雕刻，是貝拿勒斯南部約一六〇公里文迪亞山，拉姆迦爾石窟中的寺廟妓女像。這個雕塑上有兩則銘文，一是用詩體寫下的：詩人，戀人的領袖，深深地洞悉充滿著激情的心房；而戀人，被人嘲笑、受人責備的對象，不知自己為什麼會如此沉醉於激情？另一則銘文用散文體寫成：年輕漂亮的畫家代維丁那深愛神的女奴蘇坦奴迦（Sutanuka）。這裡「神的女奴」即寺廟舞女。這兩則用巴厘語寫成的銘文，出現在阿育王時代後不久。蘇坦奴迦一詞後來成為神的女奴代名詞。沒有更早的資料提到神的女奴，中世紀之前，寺廟妓女可能不是一種常見的現象。後來的寺廟妓女主要出現在印度南部。

　　印度中世紀寺院常常擁有大量的地產，不僅有祭司、舞女、歌女等固定的宗教人員，還雇用泥瓦匠、裁縫、洗衣工等非宗教人員為寺院服務。有些大的寺廟供養著成百上千的舞女，她們不僅為寺院的神職人員提供各種服務，而且她們作為妓女，為社會提供服務。她們的收入不僅成為寺院建設發展，一個有效的資金來源，也以稅收的形式為封建君王的國庫提供收入。寺院成為名副其實的妓院。寺廟也是旅行者和朝拜聖地者的休息場所，對於富有的客官，寺院的舞女常常為他們提供歌舞音樂，和講黃色段子等各種方式的周到服務，這時的寺廟就像現在的夜總會一般。她們名義上是神的女奴，但實際上是妓女，這在中世紀印度已是公開的祕密。據記載，著名的蘇瑪納特（Somanath）寺院當時供養五百多位神的女奴，她們既是舞女又是妓女，無論白天還是黑夜，一天二十四小時不斷在神廟裡進行歌舞表演。這個寺院於一〇二六年被穆斯林摧毀。

　　十八世紀下半葉，法國傳教士杜波依斯（Abbe Dubois）來到印

度時，發現南印度幾乎每個寺院裡都有舞女的存在。在寺院出現舞女
的同時，對這種習俗的反對也就開始了。印度教社會本身對這種習俗
存在不同看法，這種習俗主要盛行於印度南部和東部，只是在一定地
區內盛行，並沒有在南亞大陸廣泛傳播。穆斯林對這種習俗也持反對
態度。但由於豔欲主義與印度宗教文化緊密結合，這種習俗卻變得根
深柢固，至今也無法徹底根除。

13 永恆愛情的象徵：泰姬陵

西元七一二年，阿拉伯商人占領信德，伊斯蘭教隨之進入印度本土。但是伊斯蘭教真正對印度傳統文化和藝術產生重大衝擊，則是數百年後的事了。

穆斯林與印度教徒對藝術的看法完全相左，不僅時空觀念背道而馳，對宗教建築及偶像崇拜的看法也是水火不容。伊斯蘭教的時空觀念非常強烈，無論走到哪裡都要定時向麥加膜拜，所有的清真寺建築都要面向麥加，時間和空間在穆斯林的心目中，都凝聚在伊斯蘭聖

▲泰姬陵（局部）。

莫臥兒帝國著名建築。在今印度距新德里兩百多公里處的北方邦的阿格拉（Agra）城內，朱木納河右側。莫臥兒帝國國王沙賈漢為他死去的皇妃蒙泰姬修建的陵墓。1630年始建，1653年建成。它由殿堂、鐘樓、尖塔、水池等構成，全部用純白色大理石建築，用玻璃、瑪瑙鑲嵌、絢麗奪目。有極高的藝術價值，是伊斯蘭教建築中的代表作

地這個點上，它簡單光滑的門柱基本上不雕刻裝飾。清真寺的建築在風格上與印度的寺院建築完全不同。它的結構富有數量比例概念，輪廓清楚明確，窗戶寬大敞亮，室內明亮清澈，沒有神祕的動物像和人像，所有裝飾都是抽象圖案、花飾、文字圖案或植物圖案。這一切與印度教神廟那巨大、沉重、複雜、神祕、幽暗、誇飾和怪異的風格，形成鮮明的對比。

莫臥兒人來自中亞，巴布林是帖木爾的後裔（從母系方面講也是成吉思汗的孫子），一五二五年，巴布林率領軍隊由阿富汗攻入印度，於次年占領德里，稍後又征服了北印度大部分地區。從此，印度開始了長達三百多年的莫臥兒帝國統治時期。隨著莫臥兒王朝在印度的建立與興盛，伊斯蘭文化尤其是波斯藝術，在印度得到逐漸深入的發展，巴布林把對波斯的愛好帶到印度，隨後在幾代頗有天賦和藝術造詣的統治者引導下，波斯文化對印度的影響不斷深入，在巴布林時代，印度出現不少波斯風格的花園。隨後，印度的建築也深受波斯藝術影響，逐步形成印度。

在巴布林的孫子阿克巴統治時期，莫臥兒帝國內修朝政，外事征服，其疆域面積擴大到西起俾路支、信德，東至阿薩姆和孟加拉的廣大地區。十六世紀七〇年代至十七世紀七〇年代的一百年間，莫臥兒帝國極為興盛。阿克巴極其喜歡建築，在他統治期間，印度──波斯風格的建築藝術得到極大的發展，所以他被譽為莫臥兒建築之父。他在建築風格上模仿波斯，但在建築過程中使用的卻是印度教石匠，結果創造出既非印度教，也非波斯──伊斯蘭的頗有印度特色的建築，他的後繼者進一步減少印度教建築成分的比例，不過也非完全拋棄印度教成分，而是使之與波斯風格更完美地結合。阿克巴大帝的孫子沙

賈漢是莫臥兒建築的指導者和贊助人，隨著泰姬陵、德里和阿格拉宮殿和清真寺的建成，印度——波斯建築藝術達到輝煌的頂峰。

　　泰姬陵是印度最著名的建築，被譽為世界七大奇蹟之一。它是莫臥兒皇帝沙賈漢為紀念逝世的愛妃滿塔子‧瑪霍爾（Mumtaz Mahal，意為「皇宮之珠」，喻其美麗過人）而修建的。沙賈漢對妃子瑪霍爾極為痴情，瑪霍爾在一六三〇年第十四次生產中不幸去世。據說，當年沙賈漢聽到愛妃先他而去的消息後，傷心至極，竟一夜白頭。為了紀念瑪霍爾並寄託自己的哀思，沙賈漢傾舉國之力，耗費無數錢財，用二十二年修建了愛妃長眠之所的泰姬陵。它建立在一個巨

▲泰姬陵，阿格拉，17世紀

大的庭院之內，背靠朱木納河，其基本結構是幾何層面構成的半圓體，通體用雪白的大理石砌成，白色大理石的半透明色澤，巧妙地與黑石做成的花飾窗格搭配在一起，形成黑白對比的鮮明效果。據說，沙賈漢國王本想在朱木納河對面，再為自己造一個一模一樣的黑色陵墓，中間用半白半黑的大理石橋連接，以期與愛妃相對而眠。但泰姬陵剛完工不久，沙賈漢的兒子奧浪則布就篡位奪權，將他囚禁在離泰姬陵不遠的阿格拉堡。此後整整八年，沙賈漢每天只能透過小窗，淒然地遙望著遠處河水裡浮動的泰姬陵倒影，直至病故。三百多年來，儘管每天有來自世界各地成千上萬的遊人相伴，但泰姬陵卻是孤獨、寂寞的，就像一位形單影隻的絕代佳人，在潺潺的朱木納河邊痴痴企盼著愛侶歸來。

14 莫臥兒繪畫

　　與莫臥兒建築相提並論的是莫臥兒繪畫，不過，與印度——波斯風格建築略顯不同的是，莫臥兒繪畫雖然也深受波斯繪畫的影響，但它卻更繼承了印度文化的傳統。由於伊斯蘭教與印度教在各方面的衝突非常劇烈，在十二世紀伊斯蘭教入侵印度初期，穆斯林所到之處，印度寺廟幾乎蕩然無存。但穆斯林想在眾多印度教徒的社會中立足，不得不逐漸改變態度，兩大文化慢慢開始了長期的融合過程。一方面，印度常常是迷信、固執地企圖維護過去的傳統，另一方面，舊的和新的、外來的和本土的文化逐漸在相互妥協中求得彼此的促進和發展，成就了印度在十三至十六世紀奇妙的繪畫藝術。印度西部繪畫風格源於西元五世紀形成，在阿旃陀石窟中得到輝煌表現和保存的印度壁畫，同時它又深受波斯繪畫的影響，從誇飾、繁複的筆法逐漸走向簡化、抽象化和線條化，最終形成印度——波斯風格的繪畫。十六世紀上半葉出現的《摩訶婆羅多·森林篇》、《薄伽梵往世書》和《偷情五十詠》的插圖稿，特別喜愛具有波斯感染力、蒼白冷漠的色

彩，以及柔和纖細的線條。十六世紀下半葉，莫臥兒王朝阿克巴大帝
從印度各地招收畫家，並在皇宮建立畫室，這些藝術家在繪畫實踐過
程中，逐步形成綜合印度和波斯藝術，卻又異於二者的風格，這就是
莫臥兒風格：它傾向自然主義，充滿呈曲線狀的動感，色彩明亮，並
且具有固有的奇異感，與波斯風格迥然不同。莫臥兒畫家多是印度教
徒，他們在繪畫上注重細節描繪和色彩的精美搭配，多進行書籍插圖
的創作，借助書籍中的描寫，他們對人物的感情和心理，表現出豐富
而深刻的理解，同時也表現出超乎尋常的想像力和創造性。莫臥兒朝
代的著名細密畫家：巴沙宛（Basawan）、達斯瓦特（Daswanth）、
密斯奇納（Miskina）、塔吉魯拉（Muhammad Tagirullah）、哈辛
（Mir Hashin）等。

　　莫臥兒風景畫，常常不是專為風景本身作畫，大部分和波斯繪畫
風格相近，風景只是作為裝飾的主題。不過，在波斯繪畫中的風景，
慣常以繁花茂樹作為背景或陪襯，其意義主要停留在裝飾層面，而莫
臥兒繪畫則常常表現出畫家對大自然的真誠愛好。他們把落日平原、
崇山茂樹畫得極富生趣，或是在一株孤樹下，有王公僧侶們在靜慮沉
思，對著金色天空遐想；遠方的地平線上，清真寺若隱若現，大氣茫
茫，人與景物彷彿融合為一。畫師們對於天空的描寫變幻不定：飄動
的浮雲，時而金黃，時而鉛紫，有時是一望無際的落日紅霞。他們也
常把地平線塗成夕陽的紅色，從而使美麗輕鬆的畫面，平添一種意外
的、渾厚深遠的景象，雖然是小型的細密畫，也能感受到巨幅繪畫的
意象。這種橫亙天際、寬寬的紅、藍、金的色彩，加上服飾和花卉的
陪襯，使人恍如置身於仙境之中。再者，對夜景的濃淡和陰暗光影的
獨特處理方式，也使這些繪畫具有特殊風格。

對這些風景的渲染性，也同樣用於描寫宮幃生活的場景。統治者一方面窮兵黷武，另一方面也盡情享樂，沉迷於酒色。畫家們對他們在私室裡放縱淫欲的生活也有細緻描繪。表現王宮生活的莫臥兒繪畫，在線條的細膩方面多表現出波斯繪畫的風格，而在筆法的純熟，以及設色的濃豔等方面則多半繼承印度的傳統；再者，從內容上看，莫臥兒王宮繪畫也極富印度傳統的豔欲主義色彩。

15 拉吉普特細密畫

　　與莫臥兒繪畫並行發展，且互相影響的是拉吉普特細密畫。莫臥兒繪畫源於波斯細密畫，但拉吉普特細密畫卻源於印度本土，而且早於莫臥兒繪畫。它們與十五世紀古吉拉特的小型畫，以及耆那教典藏中的小型彩飾畫有一定的聯繫，更早一點，則與阿旃陀和巴格壁畫有繼承關係。它受到莫臥兒繪畫的影響，同時也保存印度的本土特色。二者的區別較為明顯：莫臥兒繪畫多是正式的肖像、王宮景色和表現歷史事件的藝術。在技巧上，主要接受波斯藝術的精美線條和細密結構。相反地，拉吉普特的繪畫是由壁畫演化而來，具有雄健渾厚的氣派和揮灑自如的筆致。它與印度民族的詩歌、神話和史詩傳統有更密切的關係，不僅題材上如此，風格也更接近印度的傳統。這些細密畫主要描寫黑天大神和牧女們的豔情生活，表現出既矯飾又天真的色情主義作風，風景和人物的刻畫上，則具有田園詩般的情調。

　　拉吉普特繪畫保存了印度傳統繪畫的平面佈置和人物造型筆法。真實的事物常常被抽象化、幻覺

化了，這一切根源於印度人對宇宙的看法。印度文化歷來認為，生活中萬事萬物都是幻，實際的空間以及所包含的一切都是無意義的。繪畫要傳達的是人們的宗教感情，為了表達這種情感，畫家可以根據自己的審美理想，自由構思人物活動的天地，而不局限於真實的場景。這樣一來，我們常常會看到，畫家筆下的大自然或背景常有濃豔、誇飾和鋪陳的效果，色彩也是很鮮明的，這與繪畫本身的豔欲主義風格一致。拉吉普特繪畫主要分為拉賈斯坦尼派（平原派）和帕哈裡派（山區派），帕哈裡派的最高成就是康格拉繪畫。

從內容上看，大多數拉吉普特繪畫表現的是性愛。它們強調女性的心理和對於性愛的細膩感覺。對黑天大神的虔誠和愛的感情，是畫家創作的靈感；而這種靈感基於現實生活中的男歡女愛，且以直率或隱蔽的方式表現。黑天大神是拉吉普特細密畫的男性主角，他是一個風流情種和做

▲手持花箭的愛神，梅瓦爾細密畫，1694 年

愛藝術的高手，他漂亮迷人，善於勾引女人，使所有牧女都對他如痴如醉，他對所有女子都一視同仁，與她們調情做愛。透過黑天的經歷和感受，畫家們描繪出各樣的女人形象，和她們複雜的性情和多變的心理。在畫家筆下，這些女性有的天性羞澀、有的性格快樂、有的機智，有的不太熱衷性愛遊戲，有的則對性愛遊戲充滿激情、有的喜形於色、有的則含而不露；有的多情善感、有的奔放熱情，有的喜歡穿衣打扮，有的喜歡香水、藝術和戀人的肖像；有的喜歡奇裝異服，有的喜歡濃妝和亮麗色彩，有的苗條、婀娜多姿，有的豐碩肥美，典雅莊重；有的輕盈健美，有的則步態高雅。

也有些女人具有特殊的風味，她們看來青春美麗，但對性愛遊戲顯得冷若冰霜，類似我們所謂的冷美人。她們生性無常，難以琢磨，性格外露時顯得尖酸刻薄，性格內向時則神祕莫測。她們好像沉睡的火山，平靜安寧得有點不識情趣，但她們一旦被喚起性愛的情趣，則會像火山一樣爆發不可遏止的激情。少女們初嘗禁果時，也常常表現喜怒無常的天性。

成熟女性常表現出誘惑性的魅力，她們精於各種性愛遊戲，言談舉止中不知不覺地向喜歡的男人布下天羅地網。這類女人也是情態各異，有的熱衷於性愛，有的善於表現其妖魅，有的氣質高雅，有的善於駕馭男人，有的願意馴順於男人，有的熱情似火，有的則如溪水般緩緩流淌。

拜倫說：「對於男人來說，愛只不過是生活中的一個部分，而對於女人來說則是全部的生活。」此話尤其適合形容印度女人。女人就像花草一樣，有了性愛的滋潤便會充滿生命力，否則便會枯萎。

羅陀是印度豔欲主義文化中的理想女性，按印度傳統的說法，每

個女人都是羅陀的化身，每一個詩人都有自己心目中的羅陀，所以羅陀的形象永遠是迷人的，也是變幻不定的。印度中世紀細密畫中，羅陀的形象也是多樣的，下面這幅畫的羅陀像依據當時的王宮女詩人班尼・坦尼的肖像繪製而成，是一幅極為有名的繪畫。

克里山格爾王朝的沙萬・辛赫大王（一六九九至一七六四），被弟弟強迫退位後，便與王宮女詩人班尼・坦尼，模仿黑天和羅陀的傳說在一起生活。沙萬・辛赫寫詩作畫，詩和畫描寫的都是，黑天和羅陀在朱木納河和布林達班森林裡的豔情生活。畫裡的女主角面貌（突出的、長長的鼻樑，修長的眉毛、彎月似的眼睛和稜角分明的下頷），不同於印度傳統繪畫中羅陀的形象，一方面它可能是沙萬・辛赫愛戀的女詩人班尼・坦尼的真實寫照，另一方面這幅繪畫也深受異域文化的影響，融合了波斯繪畫的風格。

16 王宮裡的情侶

　　拉吉普特細密畫中的「拉格瑪拉」畫極其有名，也極為別致。「拉格瑪拉」本是一部論述音樂曲調之詩集名稱，後來因為這部詩集的插圖極其有名，便用它來指代這部詩集的插圖，也延伸為相同風格的細密畫，即「音樂的繪畫」。按字面意思來解釋，「拉格」指的是音階或曲調，「瑪拉」的意思是花環或花飾，實際上指的是用來闡明音階的一首首詩歌，所以「拉格瑪拉」一詞從字面上解釋，便是「音樂的花環」，但其真正的含義則是指「音樂詩」。而當它用來表示細密畫時，實際上包含了音樂、詩歌和繪畫三方面的內容，所以也有學者將它譯作「詩樂畫」。

　　按我們的欣賞習慣，說畫中有詩或詩中有畫很好理解，因為詩畫本來就相通，但將音樂與繪畫結合在一起，對我們來說畢竟有點隔閡。不過，印度的「拉格瑪拉」畫卻不是標新立異，而是對印度由來已久的傳統繼承，對它稍加揣摩，便會有耳目一新、別有洞天之感。

　　正如詩人、畫家常常從自然界中吸取靈感一

樣，約在吠陀後期，印度音樂家發現動物的鳴聲存在不同的音差，進而構成奇妙無比的大自然音樂。《阿達婆吠陀》中就已出現關於七聲音階的說明：以孔雀、雲雀、山羊、鶴或鷺鷥、夜鶯、馬、象七種動物的叫聲，來分別代表七個音階。這樣一來，七種音階透過動物形象而具體化了。所以從吠陀時代起，音階或曲調這種抽象的東西早已被具象化了，從這種意義上說，音樂與繪畫在吠陀時代的印度人思維中，已經相互溝通了。再者，「拉格」一詞在梵文中的原意是「色彩、情緒」或「著色」，說明音樂一方面是人類情感的表達，另一方面又與特殊的場景相互關聯。也就是說，情與景總是結合在一起。所以，印度音樂的音階或曲調不僅化為具體形象，而且與特殊的顏色或色彩密切結合。不同顏色表現的是不同的情感和意義：紅色是熱情，黃色是驚奇，棕色是性感等。樂調分作多種，用以表現人的感情和心理的不同狀態，繪畫中的主人翁是樂調的形象化體現，表現出不同樂調的精神，並與特定的季節和一天中特定的時辰相關。詩也只能用一定的樂調相配，因此樂調也可以詩畫的形式表現出來。詩是描寫音樂的感情；畫則以描繪人物的特殊情境為主。經由詩的語言心象，音樂的內涵可以更精確地表達出來，而繪畫則進一步將音樂的意象轉化成視覺的意象。

按拉格瑪拉「音樂的繪畫」要求，畫家的作品必須和音樂的主題協調，要喚起音樂的旋律，把它轉變為具有視覺意義上的形象或色彩。在康拉格畫派中，繪畫是依照樂理的暗示構圖並展示意義，其中的色彩與特殊的曲調、旋律結合起來，富有鮮明的動感，從美學的角度說，音樂、舞蹈、雕刻、繪畫和詩歌常常有共同的韻律。

從十六世紀到十八世紀，經過拉吉普特畫家的手，音樂幾乎變成

了繪畫，這在世界藝術史上極為罕見，只有印度的繪畫、詩歌、音樂等，從理論和實踐中如此緊密地融為一體，相互依存，互相輝映。

從內容上說，拉吉普特細密畫主要表現是愛情，受印度豔欲主義文化傳統的影響，愛情更多表現為豔情或象徵意義上的性愛，但與波斯細密畫中的春宮圖不同的是，它們表現的雖然極其豔情，但卻不淫不穢。如《宮廷裡的情侶》繪畫，傳說是邱卡（Chokha）的手筆，是一幅人見人愛的細密畫。它的構圖富有豔情意味，色彩富於音樂性：在朦朧的月夜，戶上的一片大理石台上，宮中的情侶毫無顧忌的互相擁抱，身邊散置著大大小小、顏色繽紛的絲枕，瀰漫著強烈的豔欲氣氛，又富有典雅高貴的色彩。畫中女子的身體洋溢著富於韻律的曲線美，極其性感。背景中天空的色彩既寫實又象徵，像是烏雲又像海洋。它沿用印度傳統慣用的筆法，以遠處天空中出現的如潮烏雲，象徵性愛。從音樂的角度看，這幅畫出現的季節應該是雨季，表現的是雨季來臨時的旋律，這種旋律又與畫面的色彩相互協調，灰色田野和淡綠的烏雲，則使豔欲的亮麗色彩顯得更加濃郁。

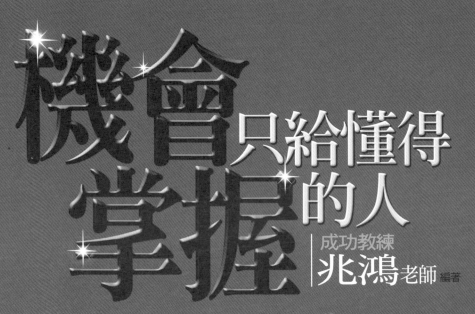

機會只給懂得掌握的人

成功教練

兆鴻 老師 編著

百萬年薪七步走

這是一本幫助你達到百萬年薪的教戰手冊，
每一步都是兆鴻老師在邁向百萬年薪的道路上，
親身從自大、挫折、自卑到成功等狀態中，
所得到的寶貴經驗。
若你想要晉身「百萬年薪」，
卻始終無法達成，這就是你需要的書。

大千世界一禪床

佛陀也有煩惱

Zen

慕雲居 著

TOP SALES

馬里 編譯

超級業務不教你的煉金術

喬‧吉拉德傳奇：最偉大的推銷員的故事

喬‧吉拉德
是世界上極少數最偉大的推銷員之一：
一個滿是衝勁並且能夠把他的靈感和態度與其他人交流的人。
喬把這一特徵稱為「火花」。
用他自己的話來說，是「小火花能燃起熊熊大火。」

虛心、努力、執著、充滿熱情是喬‧吉拉德成功的關鍵所在

我的 老千生涯

之1 細說老千

騰飛—著

一個職業老千高手的真實自述，一段畸形賭徒人生的滄桑回首；
自爆職業老千神秘面紗，揭露賭博騙局與黑暗內幕；
天涯社區執行總編宋錚作序力薦，近千萬網友半年來熱烈追讀。

國家圖書館出版品預行編目資料

愛欲正見：印度文化中的豔欲主義 / 石海軍著. --
　初版. -- 臺北縣中和市：百善書房, 2009.09
　　面；　　公分. --（智慧經典；12）
　　ISBN　978-986-6832-34-5（平裝）

1. 性學　2. 印度

544.709371　　　　　　　　　　　　　　　98013193

智慧經典 012

愛欲正見：印度文化中的豔欲主義

著　　作　石海軍
印　　刷　普林特斯資訊有限公司
企　　劃　福隆工作坊
出　　版　百善書房
　　　　　地址：台北縣 235 中和市員山路 502 號 8 樓之 2
　　　　　電話：02-32343788　　傳真：02-32348050
E - mail：　pftwsdom@ms7.hinet.net
網　　站　http://www.tripub.com.tw
劃撥帳號　19508658 水星文化事業出版社
總 經 銷　商流文化事業股份有限公司
　　　　　台北縣 235 中和市中正路 752 號 8 樓
　　　　　電話：02-22288841　　傳真：02-22286939
版　　次　2009 年 9 月初版—刷
特　　價　新台幣　320　元 (缺頁或破損的書，請寄回更換)

ISBN：　978-986-6832-34-5

《愛欲正見》由重慶出版社授權水星文化事業出版社出版

尊重智慧財產權・未經同意請勿翻印　　(Printed in Taiwan)

愛欲正見

愛欲正見